L'Afrique noire face à l'impératif de la réduction des naissances

Collection « Études africaines »

dirigée par Denis Pryen et son équipe

Forte de plus de mille titres publiés à ce jour, la collection « Études africaines » fait peau neuve. Elle présentera toujours les essais généraux qui ont fait son succès, mais se déclinera désormais également par séries thématiques : droit, économie, politique, sociologie, etc.

Dernières parutions

BRACK (Estelle), *Les mutations du secteur bancaire et financier africain*, 2016
RIDDE (Valéry), KOUANDA (Seni), KOBIANE (Jean-François) (éds.), *Pratiques et méthodes d'évaluation en Afrique*, 2016
NKERE (Ntanda Nkingi), *Clitorisation de la fille Mushi : antithèse de la Mutilation, Génitale Féminine*, 2016
UWIZEYMANA (Emeline), *Quand les inégalités de genre modèrent les effets du micro-crédit*, 2016.
MANKOU (Brice Arsène), ESSONO (Thomas), *L'impact des TIC dans les processus migratoires féminins en Afrique Centrale, Cas des cybermigrantes maritales du Cameroun*, 2016.
BUKASSA (Ambroise V), *Congo Kinshasa, Quand la corruption dirige la République*, 2016.
EKANZA (Simon-Pierre), *Mako, administrateur français en Côte d'Ivoire (1908-1939), Un commandant à un poste colonial, au cœur des transformations économiques et sociales*, 2016.
WAIS (Ilyas Said), *L'ambivalente libéralisation du droit du travail en République de Djibouti*, 2016.
KABAMBA MBIKAY (André) (dir.), *Prospective pour une paix durable en RDC – Horizon 2050*, 2016.
KWILU LANDUNDU (Hubert), *Sociologie de la santé au Congo-Kinshasa*, 2016.
KAMTO (Maurice), DOUMBE-BILLE (Stéphane), METOU (Brusil Mirand) (dir.), *Regards sur le droit public en Afrique*, 2016.
ROCHE (Christian), *La Casamance face à son destin*, 2016.

Essè Amouzou

L'Afrique noire face à l'impératif de la réduction des naissances

L'Harmattan

Ouvrages du même auteur :

Participation des Organismes de Développement face à la Réduction de Pauvreté, L'Harmattan, 2013.
La Démocratie à l'Epreuve du Régionalisme en Afrique Noire, L'Harmattan, 2013.
Mouamar Khadafi et la Réalisation de l'Union Africaine, L'Harmattan, 2011.
Histoire critique de la Sociologie, L'Harmattan, 2011.
Aide et Dépendance de l'Afrique Noire, L'Harmattan, 2011.
Afrique 50 ans après les indépendances, mars 2010, L'Harmattan.
Le Mythe du Développement durable, février 2010 L'Harmattan.
Le Développement de l'Afrique à l'épreuve des réalités mystiques et de la Sorcellerie, janvier 2010, L'Harmattan.
Pauvreté, Chômage et Émigration des jeunes africains, Quelles alternatives ?, mars 2009, L'Harmattan.
Pourquoi la Pauvreté s'aggrave-t-elle en Afrique noire ?, février 2009, L'Harmattan.
L'Influence de la Culture sur le Développement en Afrique Noire, janvier 2009, L'Harmattan.
Impact de la Culture occidentale sur les Cultures africaines, janvier 2009, L'Harmattan.
La Sociologie : de ses Origines à nos Jours, avril 2008, L'Harmattan.
Les Handicaps à la Scolarisation de la Jeune Fille en Afrique Noire, L'Harmattan, février 2008.
Sous le Poids de la Corruption : Etat de la Situation au Togo, 127 pages, février 2005, éd. du Verseau.
Initiation à l'Étude des projets de développement, éd. du Verseau, Lomé, 2009.

5-7, rue de l'École-Polytechnique ; 75005 Paris

http://www.librairieharmattan.com
diffusion.harmattan@wanadoo.fr
harmattan1@wanadoo.fr

ISBN : 978-2-343-07815-1
EAN : 9782343078151

Avant-propos

Depuis des années, les pays d'Afrique subsaharienne font face aux problèmes sociaux dont la résolution conditionne leur développement. Entrés sur la scène géopolitique internationale avec des handicaps historiques et économiques importants, ces pays se trouvent aujourd'hui dans une situation qui les rend incapables de répondre aux aspirations de leurs citoyens. Alors que les populations sont généralement perçues comme atout pour le rayonnement économique et culturel des pays, le rythme de la croissance démographique vient clairement accentuer les problèmes existants. En effet, dans une situation où le chômage et la précarité étranglent de nombreux pays d'Afrique subsaharienne, il est pertinent de réfléchir dans une perspective de durabilité en explorant les ressorts démographiques du problème. Naît alors l'évidence que le rythme de la croissance démographique en Afrique subsaharienne est un handicap pour le développement. Le défi consiste alors à réduire les naissances afin de réaliser le développement économique, social et culturel.

LISTE DES TABLEAUX

LISTE DES GRAPHIQUES

Graphique 12 : Répartition de la population d'âge actif rurale et urbaine par niveau d'éducation

INTRODUCTION

L'Afrique subsaharienne est un ensemble géographique caractérisé par la pauvreté. En dépit des efforts menés par les pays d'Afrique subsaharienne, des partenaires en développement, des organismes de coopération internationale, les nations d'Afrique noire ont du mal à réaliser des performances économiques louables en vue de poser les jalons d'un développement soutenu. Dans les débats sur les causes des échecs des pays africains à se sortir du sous-développement, plusieurs causes sont évoquées. Au-delà des contingences historiques qui ne peuvent être durablement influencées, il importe de recentrer les solutions aux problèmes de la pauvreté sur des questions pratiques et des lignes directrices sur lesquelles on pourrait agir pour influencer les vecteurs de production surtout économiques. Les analystes classiques évoquent des facteurs internes liés à la corruption, la mauvaise gouvernance, la mauvaise gestion des ressources naturelles ou encore la prévarication orchestrée de l'extérieur. Mais il est pertinent de se pencher aussi sur les éléments structurels qui restreignent les potentiels disponibles pour leur investissement dans le combat pour le développement. En ce sens, les analystes se focalisent sur les milieux naturels pour expliquer le retard de l'Afrique subsaharienne sur les autres continents.

Mais au-delà des contingences physiques qui ne sont pas modelables, les efforts pour le développement doivent s'appuyer sur des segments plus flexibles. En ce sens, l'aspect humain constitue un paramètre de premier plan. Aussi est-il crucial d'interroger le paramètre démographique pour voir ses implications dans la question de la réduction de la pauvreté et du développement de manière générale. Depuis des siècles, les débats autour des questions démographiques ont été corrélés avec celles de l'accès aux ressources. Le milieu naturel étant perçu comme la source dont pourraient être tirés les biens matériels pour satisfaire les besoins vitaux des humains, il est indéniable que la disponibilité des ressources est fonction de l'effectif des populations vivant dans ce milieu naturel. Plus clairement, l'augmentation de la population dans une région donnée peut influencer le volume de biens disponibles pour chaque individu. Aussi élémentaire que puisse paraître cette corrélation, elle aboutit à des

projections dans de multiples domaines. Déjà Malthus avait anticipé la question lorsqu'il préconisait la réduction des naissances en vue de ramener la croissance démographique sous la croissance économique. Aujourd'hui, les préoccupations des analystes démographes dépassent cette échelle de perception des problèmes liés à la croissance démographique. La mondialisation a accru les interdépendances entre les différentes entités de sorte que la question démographique est corrélée à celle de la survie de l'humanité de manière générale. Les scientifiques et les analystes ne s'inquiètent pas seulement des effets d'une forte croissance démographique nationale ou régionale sur une économie donnée, mais sur le devenir de l'humanité dans un contexte de dérèglement climatique. De fait, les sources dont sont tirées les ressources de la planète ne menacent pas de s'épuiser seulement, mais les mécanismes d'exploitation utilisés depuis des siècles ont engendré des plaies durables si bien que de nombreuses catastrophes naturelles sont à craindre. En bref, la question démographique dépasse le cadre des nations pauvres ou riches pour toucher la société globale.
Pour les pays pauvres d'Afrique noire, le problème démographique se pose de manière diachronique. Ils se trouvent devant la nécessité d'aborder le sujet en tenant compte des exigences du développement, mais aussi du dérèglement climatique. En d'autres termes, le problème démographique pose à chaque pays une double exigence : celle du développement économique et celle de la durabilité des ressources. Les deux aspects du problème rejoignent généralement les préoccupations de la communauté internationale. Mais pour une fois, l'Afrique subsaharienne doit avoir son mot à dire sur le sujet de la population qui revêt un enjeu stratégique crucial. Depuis des décennies, l'Afrique subsaharienne semble en grande partie avoir laissé le champ libre aux organismes internationaux qui font le travail à la place des dirigeants. Cependant, l'acuité des enjeux qui sous-tendent les questions démographiques oblige les décideurs locaux à reprendre vite la main. Malgré la convergence des vues sur la nécessité d'une réduction du rythme de croissance démographique en Afrique subsaharienne, il est urgent que les politiques locales essaient de trouver leurs solutions au problème plutôt que de se mettre sous le couvert d'actions globales. La mise en place de politique nationale en vue de restreindre la fécondité doit être le fait d'une action souveraine. Car les leviers démographiques font partie des stratégies économiques et sociales placées entre les mains des instances dirigeantes pour garantir l'essor de leurs pays. La posture actuelle des pays de la zone

subsaharienne fait craindre une perte de leur souveraineté dans le domaine. Même si les experts se justifient de la désarticulation des politiques régionales ou nationales en la matière, il est urgent que l'évolution démographique des pays se fasse sous le contrôle des instances dirigeantes. La transition démographique que nombre d'observateurs attendent de voir se réaliser en Afrique doit se faire sans brusquer les grands équilibres existants, au risque d'induire les pays concernés dans de nouvelles erreurs. Il est temps que l'Afrique tire des leçons du passé, plus encore des erreurs dérivant des orientations exogènes qui lui ont été dictées. Il est actuellement établi que la réduction de la fécondité découle d'un certain niveau de bien-être des populations. Or, les ajustements structurels avaient sapé durablement les mécanismes pouvant garantir ce bien-être. Il est donc inévitable que la transition démographique tarde à se réaliser dans les pays d'Afrique subsaharienne, puisque les politiques menées antérieurement allaient à l'encontre du bien-être des populations.

La présente étude se focalise sur la question démographique en Afrique subsaharienne en relation avec les efforts pour le développement. Si le postulat de Malthus peine à avoir une valeur idéologique universelle, il semble avoir inspiré les pays même les plus conservateurs comme la Chine qui a adopté des mesures drastiques de contrôle des naissances. La politique de l'enfant unique en est une illustration. Il est toutefois justifié de rappeler que cette politique est le fait d'une décision profondément mûrie des autorités chinoises qui ont essayé de réglementer la fécondité à la lumière de leur vision économique, sociale et stratégique. De telles expériences doivent inspirer les pays d'Afrique subsaharienne qui doivent œuvrer à inscrire la question démographique dans une optique de développement.

CHAP 1 : GÉNÉRALITÉS SUR LES PROBLÈMES DÉMOGRAPHIQUES EN AFRIQUE NOIRE

1. Approche conceptuelle du sujet

1.1 Population

Ce concept se trouve au centre des débats, des projections et des simulations en vue d'adapter les activités de production aux exigences des individus. La notion de population est définie comme « l'ensemble des habitants d'un pays ». C'est aussi « l'ensemble des êtres humains qui constituent une catégorie particulière ». Cette catégorie peut se rapporter à un cadre géographique et on aboutit alors à un usage du concept qui est entendu comme un « ensemble d'individus soumis à une étude particulière ».
Les mutations sociales entretiennent des corollaires par exemple l'urbanisation, le développement de la scolarisation, le renforcement des structures de la santé et la baisse de la fécondité.

1.2. Développement

Le développement est généralement entendu au sens que lui confère F.PERROUX qui le définit comme : « la combinaison des changements mentaux et sociaux d'une population, qui la rendent apte à faire croître, cumulativement et durablement, son produit réel et global ». Les changements mentaux renvoient, en ce sens, à la sacralisation de la science en face des croyances traditionnelles. La science se trouve aux antipodes de la religion et aiguise le mode de pensée contre les habitudes et la routine.
Depuis la vague des indépendances, l'expansion du concept Tiers-Monde s'est accompagnée d'une plus large utilisation de la notion de développement. La notion implique du point de vue de la pensée, de l'action et du programme, des objectifs communautaires, nationaux, régionaux et même internationaux. Pour LEGENDRE dans le Dictionnaire actuel de l'éducation, le développement s'entend comme « un changement graduel et continu d'un fond ou de ses parties vers un stade supérieur de progrès de croissance ou d'évolution »

(LEGENDRE, 2005, Dictionnaire actuel de l'éducation : 381). La notion renvoie également à l'amélioration qualitative et durable d'une organisation économique et de son fonctionnement (cf. Baoutou Bahama, ISPSH : 2009).

1.3. Démographie

La démographie tire son origine de l'étymologie grecque par « démo » qui signifie « peuple » et graphie qui signifie « forme ». Sur la base de cette étymologie, la démographie peut-être définie comme « l'étude quantitative des populations humaines basées sur les données formées par les autres acteurs de l'Etat-Civil et les recensements » (Willems, 1970, *Dictionnaire de Sociologie* : 78).

2. Implications notionnelles et pratiques du sujet

Tout comme les grands ensembles géographiques mondiaux, l'Afrique subsaharienne avait connu une situation démographique stable. La croissance naturelle de la population se faisait aux côtés des mécanismes de régulation naturelle qui encadraient l'évolution. L'arrivée d'acteurs internes va engendrer une rupture de cette ligne d'évolution pendant que des événements aux suites incalculables vont précipiter les dérives démographiques en Afrique noire. Il s'agit de la Traite des Noirs qui a remis en cause les équilibres démographiques de la sous-région pour de longues périodes.
Pour l'Afrique subsaharienne dont la transition démographique est amorcée, il est judicieux de penser véritablement les corollaires de l'évolution démographique avant de concevoir des pistes de solution. Car la maîtrise démographique doit prendre en compte les lignes d'action purement scientifiques, mais aussi les pratiques propres aux segments culturels, ethnographiques ou même cultuels. Aussi les conclusions théoriques ne suffisent pas à convaincre les pays en développement à œuvrer dans le sens de la réduction des naissances. Le seul argument valable réside dans le fait que les ménages sentent le poids de leur effectif dans leurs capacités de production ou encore lors de la répartition des ressources disponibles. Rapportées à l'échelle des nations africaines, la taille de la population, ou mieux son degré de croissance contribue à accroître les problèmes existants et c'est en ce sens que se pose aujourd'hui la question démographique dans sa relation avec la lutte contre la pauvreté. Pour de nombreux pays africains confrontés à des difficultés financières, il est urgent de

trouver des fonds pour financer le développement. Or, la croissance démographique engendre des dépenses qui réduisent les capacités des pays en développement à investir dans des secteurs pouvant porter la production à des niveaux de rentabilité acceptables (FNUAP 2012 : 35) :

> *Du point de vue de la production agricole, la disponibilité des aliments s'est progressivement améliorée, mais la productivité agricole demeure faible, bien plus que dans d'autres régions. La plupart des pays d'Afrique subsaharienne sont des importateurs nets de produits alimentaires et nombre d'entre eux sont tributaires de l'aide alimentaire distribuée lors des crises humanitaires devenues trop fréquentes. Même lorsque les denrées alimentaires sont disponibles, des millions de personnes n'ont pas les moyens ou la possibilité d'en acheter en raison du sous-développement [...].Mais la sécurité alimentaire ne se limite pas à la disponibilité et à l'accès. Conjuguée à une utilisation adéquate des denrées alimentaires, elle contribue au développement humain. L'accès insuffisant à l'eau salubre, à l'énergie et à l'assainissement s'ajoute à des maladies comme le VIH/sida et le paludisme pour perpétuer l'insécurité alimentaire en Afrique subsaharienne.*

Autant l'Afrique subsaharienne affiche un retard notoire en matière de développement, autant elle se distingue aussi par une situation peu avancée en matière de transition démographique. Les données des années précédentes révèlent que l'Afrique subsaharienne présente le PIB le plus bas de toutes les régions du monde. L'indice de développement humain est de 0,472 et cet indice est en grande partie déterminé par la pression des individus sur les rares ressources existantes.

CHAP2 :
POPULATION MONDIALE
ET POPULATION SUBSAHARIENNE

1. Questions de populations aux échelles mondiales et africaines

La question de la démographie en Afrique noire est surtout marquée par des événements historiques qui ont déstructuré pendant des siècles l'évolution naturelle de la population. Il s'agit de l'esclavage en plus des autres drames humains. Par la suite, la combinaison de vecteurs multiples comme le recul des maladies endémiques et infectieuses, le renforcement des infrastructures médicales ont engendré une forte croissance démographique. Dès 2009, le continent africain a dépassé le seuil du milliard d'habitants. Même si le continent africain demeure sous- peuplé, le retard démographique découlant de la traite négrière, des pandémies, des famines et des guerres est en train d'être comblé. On y observe en effet une croissance démographique impressionnante : de cent trente-trois (133) millions d'habitants en 1900 (8% de la population mondiale), la démographie africaine atteint deux cent vingt-cinq (225) millions en 1950 (8,8%), sept cent soixante-sept (767) millions en 1999 (12,8%) avant de passer à un milliard en 2009 (14%). Cette tendance continue place le continent africain à la tête des zones à très forte fécondité dans le monde : 4,6 enfants par femme contre 2,5 au niveau mondial. Toutefois, la configuration de la démographie diffère selon les régions du continent. Ainsi, la région du Maghreb a accompli déjà sa transition démographique alors que l'Afrique Subsaharienne cherche à amorcer la sienne. Plusieurs pays de la région subsaharienne sont en train de voir la structure de leur démographie changer. C'est le cas du Kenya par exemple qui a connu une très forte fécondité dans les années 80 avant que le taux de fécondité ne descende considérablement. Les conséquences de cette expansion démographique sont aggravées par la conjonction des problèmes sociaux comme la misère, les guerres, l'analphabétisme et les drames humanitaires. Du reste, dans la partie subsaharienne de l'Afrique, les différentes régions sont en train de travailler à une maîtrise de la natalité, ce qui devra avoir pour effet d'accroître le rythme des changements économiques et sociaux en Afrique.

Tableau 1 : Évolution de la population mondiale dans le temps en milliards d'habitants

	1800	1925	1960	1975	1987	2 000
Milliards	1	2	3	4	5	6

La croissance de la population s'accompagne de l'accroissement des besoins en ressources naturelles pour procurer de la nourriture aux individus. Dans le contexte actuel du dérèglement climatique, les mutations impromptues intervenant dans les éléments du climat se traduisent par des problèmes en matière de gestion des ressources.

En Afrique subsaharienne plus que partout ailleurs, la connivence entre la croissance démographique et les problèmes sanitaires et alimentaires est largement évidente. Il est indéniable que les problèmes de la population interagissent avec les questions du développement. Depuis quelques décennies, les acteurs internationaux sont partagés entre l'alternative d'une régulation des naissances et celle du développement économique comme meilleur moyen de réduction de la fécondité.

D'un autre point de vue, certains observateurs estiment que les programmes de planification familiale ne peuvent agir vigoureusement sur la baisse de la fécondité que si les communautés visées ont atteint un certain niveau de développement. Bien plus, certains analystes voient dans le développement économique le meilleur moyen contraceptif. Par expérience, il est établi qu'un progrès socio-économique bien soutenu et ressenti à l'échelle de toute la population peut engendrer le recul de la fécondité. Cette hypothèse semble être confortée par les performances économiques de certains pays comme le Ghana où les mesures contraceptives connaissent aussi une large expansion. Mais pour provoquer une baisse de la fécondité sous l'effet des résultats économiques, il est indispensable que les retombées de la croissance économique soient plus équitablement réparties entre les différentes catégories de la population. Ce qui constitue encore un autre défi pour les pays d'Afrique subsaharienne lorsqu'on sait que la croissance économique reproduit généralement les disparités au sein des édifices sociétaux. Or, seul un développement plus équitable a vocation à interférer avec la gestion de la croissance démographique. Bien plus, une démographie galopante rend difficile la capacité des pays à répartir équitablement les ressources. Dans ce cas, le combat se déroule sur deux fronts : améliorer les conditions d'existence des

catégories les plus démunies et parvenir à investir des ressources suffisantes pour satisfaire les besoins sans cesse croissants d'une population en expansion. Nombre de pays d'Afrique subsaharienne, en dépit des taux de croissance économique actuels, ne disposent pas de moyens pour infléchir la courbe de croissance démographique tout en améliorant les conditions d'existence des centaines de milliers de personnes. En d'autres termes, il est possible que le niveau de développement dans ces pays fournisse des richesses en deçà des besoins de la population. Les impacts des dépenses sociales grèveront une large part du budget et les catégories les plus défavorisées vont en subir les contrepoids, si bien que les disparités entre riches et pauvres seront confortées. Pour Baum et Tolbert, « *le principal coût d'une rapide augmentation de la population est supporté avant tout par les pauvres qui voient s'évanouir l'espoir d'une vie meilleure* ».
En dépit du caractère crucial de la question démographique dans les efforts de développement, les pays d'Afrique sont peu enclins à formuler et exécuter des lignes politiques claires en matière de démographie et de planification familiale. Dans de nombreux pays, les décideurs ont mis du temps à percevoir la corrélation entre les problèmes de population et la question du développement économique. Du temps de la conférence de Bucarest sur la population en 1974, on comptait en Afrique subsaharienne de rares pays dotés de politique visant à réduire la croissance démographique : il s'agissait de l'Île Maurice, du Kenya et du Ghana. Cette politique consistait généralement en la promotion des mesures visant le ralentissement du taux de croissance démographique, la promotion de l'éducation sanitaire et de l'accessibilité aux services de santé. Une décennie après cette conférence, huit (8) pays africains disposaient d'une politique démographique et vingt-quatre (24) autres avaient mis au point des actions de planification familiale. Cette prise de conscience relativement tardive du problème contribue au fait que le continent noir conserve le taux de fécondité le plus élevé au monde. De nombreux ménages sont loin d'avoir assimilé les enjeux et affichent la volonté de continuer par procréer en plus des enfants dont ils disposent déjà. Ceci prouve que le retentissement des campagnes de sensibilisation aux mesures contraceptives arrive difficilement à défaire la force des vecteurs socioculturels très portés sur la fécondité. En effet, la paternité et la maternité gardent encore leur potentiel de prestige au sein de nombreuses communautés de la région. Le niveau élevé du taux de fécondité dérive aussi des conditions socio-économiques ainsi que de la

résistance face à la contraception au sein des populations dont les taux de scolarisation demeurent aussi les moins élevés au monde.

2. Du laxisme à la prise de conscience

Historiquement la situation de la démographie en Afrique subsaharienne se caractérise par un retard de transition imputable aux faits que sont la traite des Noirs et la colonisation. Le premier a engendré une rupture catastrophique dans la situation démographique endogène alors que le second va bouleverser la transition naturelle par l'introduction de nouveaux éléments dans la vie quotidienne des populations. S'ensuit un déséquilibre dans l'évolution naturelle de la démographie avec l'intervention de vecteurs externes. Si des historiens ont pu établir que l'introduction des centres de santé par l'administration coloniale a pu freiner la forte mortalité, il est pertinent de relever que l'entreprise coloniale s'est aussi accompagnée de l'expansion de maladies de tout genre qui vont remettre en cause, dans une certaine mesure, les acquis ainsi précités. Plus tard, l'inefficacité des politiques publiques a engendré des dérèglements se traduisant par une mauvaise maîtrise de la natalité. Les organisations locales et internationales ont voulu pousser les populations d'Afrique subsaharienne à infléchir le taux de natalité par la sensibilisation. Or, la sensibilisation ne peut avoir que des effets limités dans un contexte d'analphabétisme croissant. Elle trouve surtout sa légitimité chez les personnes menant une activité sexuelle non conforme aux normes conservatrices qui associent l'activité sexuelle au mariage. En dehors de ce cadre, de nombreux ménages n'ont pas été convaincus de la nécessité de réduire les naissances à ces périodes où le niveau d'existence est très bas et où la pression démographique sur les ressources était à peine perceptible.

En conséquence, l'Afrique subsaharienne a connu une forte accélération de la croissance démographique, sa population ayant été multipliée entre 1900 et 2000. La période coloniale a connu une embellie démographique qui va se poursuivre au lendemain des indépendances. Justement, l'Afrique subsaharienne après les indépendances est caractérisée par une série d'errements politiques, économiques et sociaux qui empêchent les différents gouvernements de pouvoir contrôler efficacement l'évolution des pays. Ceci est d'autant plus flagrant que les concurrences internes ou la volonté de puissance occupaient trop les leaders politiques et les experts nationaux qui ne

prenaient en compte que les questions relatives à des intérêts parcellaires. En conséquence, il est difficile d'établir avec certitude l'évolution démographique des pays de cette zone. Encore moins de prendre des mesures visant à orienter cette évolution démographique. À la différence des autres régions du monde en développement, les évolutions démographiques en Afrique sont peu maîtrisées. En l'absence de structures nationales pouvant contrôler les démographies nationales africaines, les organismes de coopération internationale et les observateurs ne peuvent que se hasarder la plupart du temps à des estimations. Ainsi, il est attendu que la population du continent noir passe de 750 millions à 1,5 milliard d'habitants entre 2006 et 2040.
Cette évolution engendrera a priori un doublement de la population africaine. Or, au même moment, la situation économique de la plupart de ces pays ne leur donne nullement les moyens de satisfaire les besoins de cette démographie. Dans un contexte de frilosité économique ou de croissance très fragile, les sociétés africaines doivent donc composer avec un doublement de leur population totale en moyenne. Ceci implique des actions soutenues puisque la pression démographique comporte un grand potentiel de déstabilisation politique, économique et sociale.

Graphique 1 : Perspectives de la population mondiale

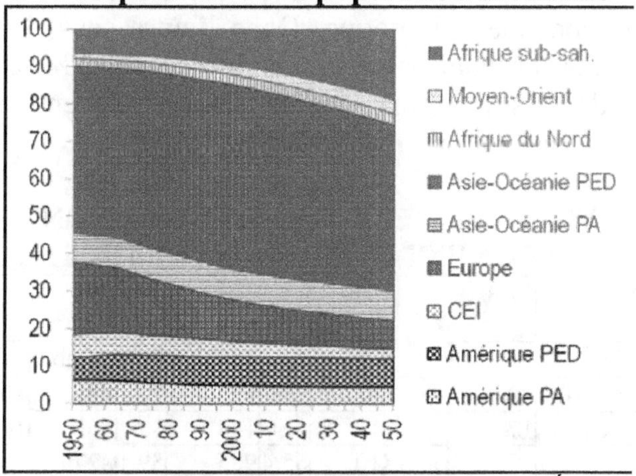

Notes : PA, pays avancés ; PED, pays en développement ; CÉI, Communauté des États indépendants.
Source : Nations Unies, Perspectives de la population mondiale (scénario moyen), révision 2012.

Alors que les nations africaines sont loin de remplir les Objectifs du Millénaire pour le Développement et que certains restent englués encore dans des problèmes d'instabilité économique et politique, les indicateurs démographiques ne présagent rien de positif, à moins que des politiques soient mises en œuvre pour exercer un véritable contrôle sur l'évolution des populations nationales.

3. Spécificité de la question démographique en Afrique subsaharienne

En comparaison des pays riches, des pays d'Asie ou d'Amérique latine, l'Afrique connaît une évolution démographique retardée qui se caractérise par une extrême jeunesse de la population. On parle donc d'une évolution démographique en décalage sur les autres régions du monde où la tendance démographique est ralentie par suite du vieillissement de la population. Au contraire, l'Afrique subsaharienne connaît une croissance forte et durable en matière d'évolution démographique. Cette extrême jeunesse se confirme par le fait qu'on estime qu'en 2005, deux Africains subsahariens sur trois étaient âgés de moins de 25 ans. Un léger coup d'œil vers les autres régions du monde nous instruit que les jeunes âgés de moins de 25 ans représentaient seulement 40% de la population chinoise et 30% de la population européenne à l'époque. Dans l'autre sens, la population vieille en Afrique subsaharienne est très faible, avec 5% des personnes âgées de plus de plus de 60 ans, contre environ 10% en Chine et 20% en Europe.

Tableau 2 : ÉVOLUTION DE LA POPULATION DANS LE MONDE PAR CONTINENT 1500-1990 (en milliers d'habitants)

Périodes Continents	1500		1750		1850		1900		1975		1990	
	nombre	%	nombre	%	nombre	%	Nombre	%	nombre	%	nombre	%
AFRIQUE	85	20	**80**	**10,6**	**100**	**8**	**122**	**7,3**	**411**	**10,3**	642	11,93
AMÉRIQUE	41	3,5	17	2,3	61	5	144	8,6	563	14,1	710	13,19
ASIE	225	52,7	491	65,3	810	65,4	985	59,1	2279	57	3113	57,84
EUROPE	62	14,5	128	17	195	15,8	284	17	474	11,8	607	11,28
Ex-URSS	12	2,8	34	4,5	70	5,6	127	7,6	256	6,4	290	5,39
OCÉANIE	2	0,5	2	0,3	2	0,2	6	0,4	17	0,4	20	0,37
Total	427		752		1238		1668		4000		5382	

Incidence démographique de la Traite

Au regard de ces données, il est évident que l'Afrique subsaharienne, malgré une croissance démographique déjà forte connaisse la poursuite de cette tendance contribuant à l'accroissement de la population mondiale à contre-courant de la stagnation ou de la décroissance de la population dans de nombreux pays développés et émergents. Cette forte croissance résulte de vecteurs combinés qu'on ne peut infléchir par des actions convergentes. Mais en outre, la volonté de contrôler la croissance démographique ne peut faire fi des tendances naturelles. Ce sont des tendances qui peuvent être infléchies pour ramener l'évolution démographique à la hauteur des niveaux non préjudiciables aux efforts de développement.

4. Situation de la démographie en Afrique subsaharienne

En regardant de près l'évolution des démographies dans les différentes régions du monde sur de longues périodes, on perçoit la corrélation entre les progrès techniques et l'évolution démographique dans l'optique du renforcement de la production agricole et énergétique, de la fluidité des échanges. Généralement, les innovations techniques, même si elles touchent des domaines totalement étrangers à la croissance démographique ont presque toujours des influences manifestes sur la fécondité. Les évolutions démographiques découlant des révolutions techniques peuvent aujourd'hui servir de modèle aux experts souhaitant cerner la portée des évolutions démographiques et les scénarios envisageables. Une longue rétrospective dans les temps préhistoriques nous amène à l'âge de la pierre taillée (vers 12000 av. J.-C.) qui vit l'avènement de l'agriculture, l'élevage et dans cette constellation, la population dans le monde était estimée à entre 5 et 10 millions. Cet effectif monta à 300 millions un millénaire plus tard, et à un milliard au début du XIXe siècle, à 2 milliards vers 1925 et à 3 milliards vers 1960. La population mondiale s'est accrue à 4 milliards vers 1975, puis à 5 milliards en 1987 avant de se hisser à 5,7 milliards en l'an 2000. En analysant, la progression de la population mondiale, on se rend compte qu'elle a évolué avec une célérité plus rapide que le rythme de croissance propre à l'Afrique ces dernières décennies. De fait, l'évolution de la population mondiale a pris de grandes proportions, doublant en l'espace d'un demi- siècle environ. Ainsi entre 1950 et 1995, la population mondiale serait passée de 2,5 milliards à 5,5 milliards d'hommes. Il est possible que le même phénomène se reproduise dans un demi-siècle. Dans ce cas, la population mondiale aurait doublé deux fois en l'espace d'un siècle. C'est sans doute la prise de conscience devant les conséquences de la forte célérité de la croissance démographique que les discours sur le contrôle de la croissance démographique se multiplient. Et depuis, lors on observe une certaine diminution du rythme de la croissance démographique. Mais en dépit des multiples stratégies déployées, l'élan pris par la démographie dans les décennies antérieures va continuer par entretenir un certain rythme de croissance démographique avant de s'essouffler. Tous les scénarios envisageables montrent que la taille actuelle de la population mondiale va occasionner de nombreuses difficultés au niveau économique, social et géopolitique. La solution aux problèmes passe par des actions touchant des niveaux économiques, techniques et sociaux même si en filigrane demeure cruciale la question du contrôle démographique.

Tableau 3 : Population et taux démographiques en Afrique subsaharienne, 1997

Région/pays	Population (millions)	Taux de natalité (P1000)	Taux de mortalité (P1000)	Taux de croissance naturelle (%)	Taux de mortalité infantile (P1000)	Indice synthétique de fécondité (ISF)
Afrique subsaharienne	**613,8**	**43**	**16**	**2,7**	**89**	**6,0**
Afrique orientale	257,7	44	17	2,7	98	6,1
Burundi	6,1	46	20	2,6	120	6,8
Djibouti	0,6	39	16	2,3	115	5,8
Erythrée	3,6	45	16	2,9	120	6,1
Ethiopie	58,7	46	18	2,8	120	6,6
Kenya	28,8	38	12	2,6	62	5,4
Madagascar	14,1	44	11	3,3	93	6,1
Malawi	9,6	51	22	2,8	134	6,7
Mozambique	18,4	45	19	2,7	118	6,5
Ouganda	20,6	51	22	2,9	81	6,9
Rwanda	7,7	39	20	1,9	85	6,2
Somalie	10,2	50	19	3,2	122	7,0
Soudan	27,9	35	14	2,1	70	5,0
Tanzanie	29,5	45	15	3,0	91	6,3
Zambie	9,4	45	24	2,1	109	6,1
Zimbabwe	11,4	40	14	2,7	53	4,4
Afrique centrale	**87,6**	**46**	**15**	**3,1**	**97 →**	**6,5**
Angola	11,6	51	19	3,2	124	7,2
Cameroun	13,9	41	13	2,8	65	5,9
Congo (ex-Zaïre)	47,4	48	15	3,4	95	6,7
Gabon	1,2	35	15	2,0	94	5,0
Guinée Equatoriale	0,4	44	18	2,6	117	5,9
Rép. Centrafricaine	3,3	42	17	2,5	97	5,1
Rép. Du Congo	2,6	40	17	2,3	103	5,3
Tchad	7,0	44	19	2,5	123	5,9
Afrique australe	48,7	28	12	1,7	56	3,4
Afrique du Sud	42,5	27	12	1,5	53	3,2
Botswana	1,5	37	11	2,6	41	4,6
Lesotho	2,0	37	11	2,6	81	5,2
Namibie	1,7	38	12	2,6	64	5,4
Swaziland	1,0	43	11	3,2	88	4,9
Afrique occidentale	**220,1**	**43**	**15**	**2,8**	90	**6,1**
Bénin	5,9	49	15	3,4	98	6,8
Burkina Faso	10,9	48	18	3,0	103	6,9
Côte d'Ivoire	15,0	39	13	2,6	89	5,7
Gambie	1,2	45	20	2,5	90	5,9
Ghana	18,1	43	12	2,9	66	5,5
Guinée	7,5	42	19	2,4	136	5,7
Guinée-Bissau	1,1	42	22	2,1	141	5,8
Libéria	2,3	43	12	3,1	113	6,4
Mali	9,9	50	20	3,0	134	6,7
Mauritanie	2,4	40	14	2,5	101	5,4
Niger	9,9	53	19	3,4	124	7,4
Nigéria	2,4	42	14	2,8	77	6,0
Sénégal	8,8	43	16	2,7	68	6,0
Sierra Leone	4,4	49	30	1,9	195	6,5
Togo	4,7	46	11	3,5	91	6,9

Les problèmes liés à la croissance démographique mondiale ont une plus grande acuité d'autant plus que l'augmentation de la population est due en très grande partie aux naissances enregistrées dans les pays du Tiers-Monde. À cette allure, il faudra s'attendre, dans le moyen terme, à un changement des équilibres démographiques qui verra les pays pauvres rattraper leur retard démographique sur les pays industrialisés. À ce rythme, les pays développés abriteront le sixième de la population dans le monde en 2025, au lieu du tiers actuellement. Au cœur du spectre de la démographie galopante se trouve l'Afrique subsaharienne qui, selon les prévisions onusiennes gardera une fécondité forte : 6,5 enfants par femme en moyenne en 1990 à 3,5 en 2025. Ce scénario aboutira à une croissance démographique de 2,8% en moyenne par an pendant 35 ans, et les populations africaines pourraient constituer le 1/4 de la population mondiale.

Tableau 4 : Population d'Afrique (en milliers d'habitants)

Régions d'Afrique Zones	Périodes		EST	CENTRE	SUD	OUEST	Pourcentage %
	1990	154 013	43 596	17 761	130 740	345 970	69,91
RURALE	2025	288 398	70 014	21 010	213 290	592 712	40,82
	1990	42 860	26 458	22 465	62 465	154 745	30,09
URBAINE	2025	254 138	122 328	59 123	294 165	729 754	59,18
	1990	196 873	70 054	40 086	193 072	**500 713**	20,43
TOTAL	2025	542 536	192 342	80 133	507 455	**1 322 466**	12,32
Pourcentage	1990	39,32	14	8,12	38,56	234 567	87,33
%	2025	41	14,6	6	38,4	654 531	12,90

Sources : Nations-Unies, World urbanization, *Prospects 1990,* New York, 1991.

Les projections sur les scénarios démographiques en Afrique telles qu'indiquées par les instances onusiennes sont critiquées par certains experts, qui reprochent aux experts onusiens de négliger la forte tendance au changement de comportement démographique en Afrique. Ces changements de comportement sont induits par la prise de conscience face aux contraintes économiques, sociales et politiques actuelles et n'obéissent pas forcément aux incitations des programmes de réduction de la fécondité. Il existe donc en Afrique subsaharienne, de plus en plus de ménages qui adoptent des comportements peu natalistes au regard des exigences socioéconomiques. Cette situation oblige à afficher une certaine distance vis-à-vis des projections démographiques sur l'Afrique subsaharienne. Soit que les infrastructures sont défaillantes et ne permettent pas d'avoir une vue exacte sur la réalité qui sert de base aux projections. Soit que les comportements des individus sont soumis à des changements imprévisibles en réaction aux conjonctures fréquentes. Mais au-delà de ces paramètres, il est indispensable de tenir compte des projections, car elles ont le mérite de servir d'outils d'analyse. Les données du tableau ci-dessus permettent de se représenter la configuration de la population en Afrique Subsaharienne. On parvient à l'évidence que cette population est plus rurale qu'urbaine (avec une évolution inverse et accentuée à l'avenir), des spécificités régionales qui impriment leur élan à l'augmentation de manière stable et un accroissement de la population en 35 ans de 264% prévue en 2025. La population africaine reste concentrée sur les côtes orientales et occidentales du continent et connaît une évolution qui rappelle le parcours démographique de l'Europe au cours du XIXe siècle avec une ampleur différente. Loin de prendre les experts et les acteurs au dépourvu, la croissance de la population africaine est prévisible avec des causes facilement identifiables à l'avance. Les incertitudes concernent aujourd'hui la durée de cette évolution que les décideurs nationaux et internationaux œuvrent à interrompre depuis quelques années. La fin de la croissance pourra permettre d'envisager une stagnation voire un recul de la natalité.

Revenant aux causes de la très forte démographie en Afrique subsaharienne, on peut interroger toute une série de facteurs comme le taux de natalité trop élevé et le recul constant du taux de mortalité surtout infantile. La baisse considérable du taux de mortalité infantile est la conséquence des améliorations observées au plan médical, alimentaire, hygiénique et éducatif. La baisse considérable de la mortalité infantile se traduit par un gain de naissances fulgurant qui vient gonfler le taux d'accroissement naturel qui est l'écart entre le taux de natalité et le taux de mortalité. C'est justement l'ampleur du taux d'accroissement naturel qui est à l'origine de tous les discours alarmistes sur la démographie. Cependant, la tendance haussière de l'accroissement naturel diffère selon les régions d'Afrique. Une des composantes du taux d'accroissement naturel est la mortalité infantile qui est très instable en Afrique subsaharienne, compte tenu des écarts de niveaux entre les pays du point de vue de l'efficience médicale et alimentaire. En effet, au-delà de l'homogénéité apparente des moyennes arithmétiques, où des données globalisantes sur les pays en voie de développement, on observe des disparités flagrantes. Ainsi en est-il du taux de mortalité infantile en Afrique subsaharienne qui varie considérablement d'un pays à un autre. Un des aspects cruciaux de l'accroissement naturel très fort en Afrique Subsaharienne est l'expansion urbaine.

4.1 Un taux de fécondité élevé

Point essentiel de la croissance démographique, le taux de fécondité entretient une croissance annuelle de la population en Afrique subsaharienne et la persistance de ce taux élevé peut alimenter la démographie africaine au point de la porter vers les sommets. Les estimations des Nations unies révèlent que la fécondité en Afrique noire était égale ou supérieure à 2,5% par an de 1960-1965 à 2000-2005. Cette fécondité est restée plus élevée entre 2010 et 2015 de l'ordre de 2,3%. À l'échelle mondiale, les populations d'Afrique subsaharienne restent aujourd'hui celles qui connaissent la plus forte fécondité au monde. Avec un niveau assez voisin de 7 enfants par femme en moyenne entre les années 1950 et les années 1970, la fécondité a amorcé une chute notoire dans la décennie 1980 pour descendre à 6,1 enfants par femme entre 1990-1995 et 5,5 enfants par femme entre 2000-2005. Mais ces taux restent encore des plus élevés au monde en dépit de la baisse enregistrée. Le maintien de l'Afrique noire au sommet de la fécondité mondiale s'explique aussi par un début tardif de la chute de la fécondité qui est amorcée de manière très variable selon les pays. Les sommets de la fécondité étaient atteints dans la palette de 6 à 8 enfants par femme dans les années 1960.

En dehors des pays confrontés à de graves problèmes de stérilité, la chute de la démographie a connu une plus faible célérité dans les autres pays, passant de un à moins de deux enfants par femme entre 1980-1985 et entre 2000-2005.

Au demeurant, il est pertinent de souligner que l'absence d'une politique bien articulée en matière de contrôle des naissances contribue à la croissance démographique. Ainsi en Afrique occidentale et centrale, il est difficile de noter une tendance claire. En conséquence, le taux de natalité prend des courbes inégales selon le niveau de vie des populations. C'est le signe que les actions entreprises restent encore tributaires de la situation des populations, selon qu'elles soient rurales ou urbaines. La transition de la fécondité n'est pas clairement structurée et la diminution de la fécondité se fait de manière hasardeuse au sein des catégories de population. En d'autres termes, les ménages ayant eu un niveau élevé d'instruction ont plus tendance à réglementer leur fécondité. De manière globale, les segments majeurs de l'évolution de la population s'articulent autour de tendances de la fécondité.

À la différence des appréciations hâtives, l'effectivité de la transition démographique ne peut se matérialiser par un recul de la fécondité à court ou moyen termes. Il faudra attendre des décennies avant de voir les effets des actions allant dans le sens de la réduction de la fécondité. Le vœu de la transition démographique qui est le signe d'une mutation structurelle envisage que la tendance haussière actuelle soit infléchie de manière irréversible. Cette transition sera le signe d'une tendance à la réduction de la natalité. Aujourd'hui, avec toutes les projections, il est inéluctable que la transition démographique, même si elle est amorcée ne sera accomplie que dans les décennies suivantes en Afrique subsaharienne. Pour le moment, le scénario le plus plausible est le suivant (FNUAP 2012 : 67) :

> *La profonde transition démographique actuelle nuit à la sécurité alimentaire et au développement humain de l'Afrique subsaharienne, et continuera de le faire dans les années à venir. Au cours des soixante dernières années, la population du continent a enregistré une augmentation moyenne vertigineuse (2,5% par an), passant de 186 millions de personnes en 1950 à 856 millions en 2010. [...] L'Afrique subsaharienne continuera néanmoins d'afficher la croissance démographique la plus rapide au monde pendant des décennies. Sa population atteindra probablement 2 milliards de personnes après 2050 ; 1 habitant de la planète sur 5 sera alors africain. Si aujourd'hui, l'Afrique subsaharienne n'est pas en mesure d'assurer la sécurité alimentaire de sa population, qu'en sera-t-il demain, lorsque sa population aura plus que doublé ?*

L'enjeu pour les pays africains consiste à la fois à contrôler l'évolution de la démographie tout en veillant à ce que la taille démographique actuelle ne constitue pas un frein pour le développement social et économique. Mais il est aussi important de noter qu'en dehors des problèmes environnementaux liés à la forte croissance démographique, c'est la pauvreté qui est le problème. En d'autres mots, c'est l'expansion de la pauvreté en Afrique subsaharienne qui rend nécessaires les politiques antinatalistes.

Graphique 2 : L'indice synthétique de fécondité des grandes régions du monde (évolution annuelle en %)

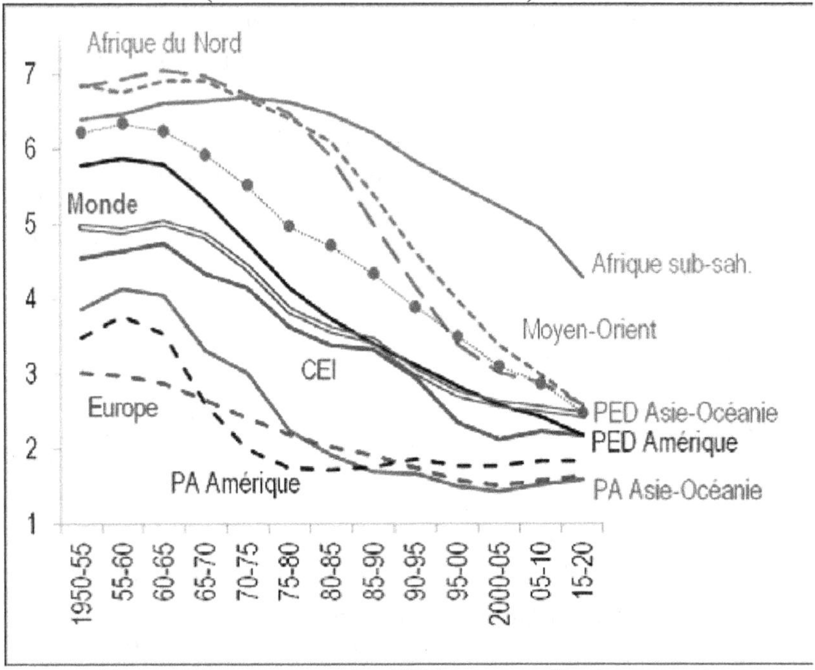

Notes : PA, pays avancés ; PED, pays en développement.
Source : Nations Unies, Perspectives de la population mondiale, révision 2012.

Selon des estimations plus précises, en se basant sur des projections relatives à la fécondité et à la mortalité, il est plausible que seule une douzaine de pays verrait le taux de fécondité descendre à 2 enfants par femme ou moins, en moyenne d'ici trois à quatre décennies avec une espérance de vie à la naissance dépassant les 70 ans. La maîtrise de la croissance démographique ne serait pas réalisée dans ces conditions et il est prévisible que l'Afrique subsaharienne conserve encore pendant trois ou quatre décennies une croissance démographique annuelle de 1,3%. Ce taux de croissance serait de loin le plus élevé de la planète.
Les politiques natalistes basées sur la réduction des naissances par le biais de la contraception ont des effets limités sur la fécondité qui conserve des niveaux élevés. Dans nombre de pays d'Afrique subsaharienne, seuls 20% des femmes appliquent une méthode moderne et efficace de contraception. Ce taux reste très bas en comparaison de l'Asie et de l'Amérique latine où 60% des femmes ont aujourd'hui accès à une contraception moderne. En Afrique noire, l'analphabétisme et la pauvreté restreignent pour les femmes l'accès à

la contraception moderne. Ainsi, en Afrique subsaharienne moins de 10% des femmes appliquent les mesures contraceptives en Afrique de l'Ouest et centrale et 20% en Afrique de l'Est.
Du point de vue culturel, la valorisation de la paternité et de la maternité entretient le fort taux de fécondité au sein des ménages d'Afrique subsaharienne. Les ménages ne font pas de projet familial en se demandant s'ils vont faire des enfants, mais plutôt le nombre d'enfants à avoir. C'est donc dire que la fécondité est entrée dans les habitudes culturelles et familiales si bien que chaque femme mariée ou encore chaque couple entend faire des enfants. Aussi est-il nécessaire de tenir compte de ce paramètre crucial dans la formulation et l'application des politiques de contrôle de la natalité. La corrélation entre le désir de gestation et le niveau de fécondité révèle que les femmes ont très souvent plus d'enfants qu'elles n'en voulaient au départ alors que les hommes vivent une expérience contraire. Les études menées dans certains pays d'Afrique noire comme la Côte d'Ivoire, le Kenya et le Niger ont établi que le début de la transition de la fécondité se signale par une baisse de la demande d'enfants avant que ne survienne la baisse de la fécondité non désirée. Ainsi, la baisse de la fécondité est précédée par la volonté des femmes de réduire les naissances, mais cette volonté est limitée par les grossesses non désirées ou prévues souvent dans un contexte familial dominé par le patriarcat. Les composantes distinctives qui concourent à cette mutation concernent l'âge, l'instruction, l'accès aux mécanismes de planification familiale et le niveau de vie. L'idée de transition démographique intervient surtout dans le débat démographique, car elle sonnera le début d'une mutation décisive qui ramènera le taux d'accroissement naturel à un niveau inférieur aux sommets historiques. Elle pourrait aussi se traduire par le début d'une amélioration des conditions sociales et c'est ce qui en accroît l'intérêt pour les experts en démographie. Pour le cas de l'Afrique noire, la question de la transition démographique répond à la diversité des situations nationales. En conséquence, les experts distinguent divers scénarios propres à des groupes de pays. Ainsi, les experts comme Dominique Tabutin et Bruno Schoumaker ont établi quatre grands types de transition qui se dégagent des situations des pays d'Afrique subsaharienne. Ces situations diffèrent en fonction des pays, mais traduisent de manière globale les scénarios existants à de rares exceptions près :

- Un scénario classique appelé « modèle encore traditionnel » qui correspond à la situation démographique directement dérivée de l'expérience coloniale. Ce modèle se caractérise par le recul de la mortalité et la poursuite d'une natalité élevée.

- un scénario de changement classique où on observe un recul continu de la mortalité sur près de cinq décennies, une baisse de la natalité depuis deux décennies, et une augmentation moins forte du taux d'accroissement naturel.

- un scénario qui montre l'empreinte dévastatrice des conjonctures politiques ou des catastrophes. La plus marquante de celle-ci en Afrique noire est la guerre et de nombreux pays ayant fait cette expérience souffrent de la mort de milliers de personnes ; ils subissent de grands dérèglements en matière d'équilibre familial. Cette situation agit à la fois sur la mortalité et sur la natalité. L'influence des morts brutales induites par les guerres est confortée par celle plus durable du VIH-SIDA. À côté de ces deux grands fléaux et de leurs impacts dévastateurs sur la population, la paupérisation agit de manière encore plus durable sur l'accroissement de la population. Alors que la pauvreté est plus perçue comme une situation quasi normale dans ces pays, l'impact du VIH est plus dévastateur et mérite d'être pris en compte dans les analyses de la démographie en Afrique subsaharienne.

4.2 Mortalité et transition démographique

Dans tous les scénarios démographiques en Afrique subsaharienne, les retombées de la pandémie VIH exercent des influences importantes sur les populations. L'expansion du VIH dans la décennie 1990 intervenait dans un contexte démographique caractérisé par la chute de la mortalité et la poursuite de la natalité. En résulta une forte expansion démographique qui fut interrompue par les énormes ravages du VIH SIDA. Les retombées du VIH SIDA sur la mortalité sont si importantes qu'elles ont infléchi l'espérance de vie qui avait commencé par se renforcer dans nombre de pays d'Afrique noire.

Entre 2000 et 2005 l'espérance de vie à la naissance en Afrique subsaharienne a connu une chute vertigineuse et est restée de 14 ans inférieurs à celle de l'Asie du Sud (48,8 ans contre 62,7). D'ailleurs, les problèmes financiers relatifs aux déséquilibres budgétaires ont contraint les pays de cette zone à limiter les investissements dans le domaine sanitaire, cette situation a contribué à faire reculer l'espérance de vie dès les années 1980. L'épidémie du VIH/Sida est venue aggraver cette situation et cette espérance est passée de 49,9 ans en 1985-1990 à 48,8 en 2000-2005 pour finalement se hisser à 50 ans en 2005-2010, soit 10 ans de moins que ce qu'elle aurait pu être normalement (Nations unies, 2007). L'Afrique subsaharienne subit les effets dévastateurs du VIH/Sida surtout qu'elle abrite les deux tiers des personnes infectées dans le monde et se distingue par le taux le plus élevé (plus de 70%) des décès liés à la maladie.

Dans les projections démographiques, l'impact du VIH/SIDA est non négligeable. Elle constitue bien plus un élément essentiel dans l'évolution des courbes démographiques en Afrique subsaharienne. Même si le nombre de nouveaux cas annuels d'infection au VIH/Sida semble avoir atteint son apogée et décline lentement, cette épidémie exerce encore une menace importante sur des millions de personnes, en particulier en Afrique. Il y a environ une décennie, le nombre de personnes vivant avec le VIH/Sida en Afrique subsaharienne s'élevait à environ 24,5 millions (entre 21,6 et 27,4 millions). Cette partie du monde comptait ainsi les deux tiers du total mondial. Toujours dans cette région, le nombre des personnes infectées prenait une courbe encore ascendante, car le nombre des nouvelles infections (environ 2,7 millions en 2005) dépassait toujours celui des décès (2 millions) (ONUSIDA, 2006a). Plus que le paludisme, le VIH/Sida semble produire des effets de dérèglement sur l'évolution de la démographie des pays d'Afrique noire. Mais cette tendance connaît une certaine régression, à en croire les données de l'ONUSIDA selon lesquelles « dans l'ensemble la prévalence du VIH dans la région [subsaharienne] paraît s'être stabilisée » et que « *dans l'ensemble de la région les taux de nouveaux cas d'infections ont atteint leur point culminant dans les années 1990 et quelques épidémies ont récemment régressé, en particulier au Kenya, au Zimbabwe, et dans les zones urbaines du Burkina Faso* » (ONUSIDA, 2006).

D'un autre point de vue, les maladies sexuellement transmissibles les plus mortelles à l'instar du VIH agissent sur les comportements sexuels. Les stratégies de mitigation de l'expansion de ces maladies interagissent forcément avec la fécondité et il est d'ailleurs plausible que les mesures de prévention contre ces maladies orientent l'évolution de la démographie. Ce qui est certain, c'est que la gravité de ces maladies sexuellement transmissibles modifie les habitudes et les comportements sexuels si bien que les campagnes de sensibilisation subséquentes tiennent à la fois lieu de mécanismes de prévention de l'explosion de la natalité. C'est le cas surtout des

campagnes de sensibilisation sur le VIH/SIDA où la promotion du préservatif a contribué largement à réduire la fréquence des grossesses indésirables, limitant ainsi un segment qui contribue beaucoup à la forte natalité au sein des catégories surtout jeunes.
Les experts en démographie mettent en relief la corrélation étroite entre l'évolution de la population et plusieurs autres aspects du développement. Pour les pays d'Afrique noire dont les ressources matérielles suffisent à peine à couvrir les besoins des populations, l'enjeu démographique relève d'une importance capitale. Si la tendance à l'augmentation se maintient, ces pays doivent mettre en œuvre des moyens importants pour satisfaire les besoins des populations en matière d'éducation et de santé. Ici se perçoit l'étroite corrélation entre démographie et développement, entendu que l'une influence l'autre. Les Objectifs du Millénaire pour le développement (OMD) ont une prise directe sur la question démographique. La réalisation de ces objectifs contribuerait à accroître la capacité de contrôle des naissances au sein des ménages, mais aussi à l'échelle des nations d'Afrique subsaharienne. De nombreux analystes entendent voir un bouleversement de la tendance démographique comme signe tangible des efforts vers la réalisation des OMD. Or, cette transition ne peut subvenir au plus tôt que dans trois à quatre décennies, ce qui remet en cause l'échéance fixée par les grands décideurs internationaux. Pour le moment, il est impérieux de garantir un niveau de bien-être suffisant à la population d'Afrique subsaharienne qui ne cessera de croître de manière effrénée qu'au prix d'efforts importants. On aboutit donc à un cycle difficilement maîtrisable où le contrôle de la croissance démographique est à la fois une condition, mais aussi un résultat de la concrétisation des OMD.

4.3 Recul de la mortalité, haute fécondité

Pour faire une genèse précise de la forte fécondité en Afrique subsaharienne, il convient de remonter au lendemain de la Deuxième Guerre mondiale où des progrès conséquents ont été réalisés dans la médecine avec le traitement efficace des maladies infectieuses comme le paludisme et la fièvre jaune. L'expansion des vaccins et d'autres améliorations médicales ont fait chuter la mortalité de façon notoire. Le résultat fut un raffermissement de l'espérance de vie jusqu'à environ 36 ans en moyenne. Or, cette espérance de vie à la naissance était très faible à l'origine et des maladies aussi bégnines faisaient des ravages immenses au sein des populations. Plus tard à la fin de la

colonisation, cette situation fut inversée si bien que vers la fin des années 60, l'espérance de vie avait grimpé au-delà de 41 ans et la mortalité infantile était retombée à un niveau si bas. Cependant, malgré toutes ces évolutions, l'Afrique subsaharienne est restée et demeure la zone enregistrant la plus faible espérance de vie au monde. Cette espérance est montée à 51 ans en 1997, mais reste toujours au niveau le plus bas au monde. Ces situations rendent incertains les effets d'une politique antinataliste insuffisamment planifiée et menée sous la pression d'instances extérieures. Cette politique peut avoir des effets indésirables que les pays concernés ne peuvent facilement maîtriser. Il revient aux pays concernés de discerner leurs besoins véritables plutôt que de se laisser convaincre par des organismes internationaux qui n'auraient rien à perdre si les pays d'Afrique subsaharienne souffraient par la suite des retombées de leurs décisions de réduire le taux de fécondité. Certes, une politique orientée sur le développement doit prendre en compte les aspects relatifs à la croissance démographique et les moyens de faire de cette masse démographique un vivier de ressources humaines pouvant soutenir des politiques de développement basées non sur la recherche obsédée des équilibres budgétaires, mais sur le bien-être de leurs citoyens.
Plus de la moitié des décès annuels en Afrique subsaharienne relèvent de maladies infectieuses et parasitaires. Puisque la plupart des décès engendrés par ces maladies infectieuses et parasitaires peuvent être évités avec l'efficacité des structures de santé publique, la mortalité due à ces maladies est le symptôme de l'ampleur de la pauvreté de l'Afrique subsaharienne et son trop faible développement économique. En effet, ces maladies sont liées souvent à l'accès à l'eau potable ; l'eau polluée étant responsable de la transmission de maladies comme le choléra, la dysenterie, l'hépatite A et E, etc.. Le paludisme sévit de façon endémique, et fait chaque année plus de victimes que le VIH SIDA. Les maladies infantiles fréquentes, comme la rougeole et la coqueluche, tuent aussi des milliers de personnes chaque année en Afrique subsaharienne, essentiellement dans les milieux où les infrastructures médicales sont inexistantes. Ces expériences ont poussé la plupart des pays africains à promouvoir les soins de santé et à organiser des campagnes de vaccination publique de concert avec des organisations internationales comme l'Organisation mondiale de la santé et l'UNICEF. La protection universelle des enfants contre la rougeole, la coqueluche, la tuberculose et les importantes maladies infantiles se trouve au cœur de

stratégies mises en place par les pays de la région avec l'appui de la coopération internationale. Tous ces efforts se sont traduits par une baisse des taux de mortalité en dépit du faible niveau du développement économique. En a résulté une augmentation de l'accroissement naturel qui alimente les projets d'une politique antinataliste dans la région. Certes, cette politique reste aujourd'hui un impératif, mais elle peut être mieux articulée que sous le terme de contrôle de la démographie. Il faut en effet tenir compte du fait que l'épidémie du VIH/SIDA remette en cause les gains d'espérance de vie dans certains pays africains au cours des prochaines décennies.

L'Afrique subsaharienne a amorcé la transition vers une mortalité réduite, mais le taux de fécondité demeure élevé sur fond de croissance rapide de la population. L'indice synthétique de fécondité (ISF), qui se rapporte au nombre total d'enfants que doit avoir une femme avec les taux de fécondité actuels, s'élevait à environ 6,6 dans les années 50.

Quarante ans plus tard, cette région reste toujours la plus féconde au monde avec un ISF de 6,0 enfants par femme. Même si l'indice synthétique de fécondité a diminué, il demeure le plus fort au monde. Les écarts entre les taux de fécondité des pays d'Afrique subsaharienne sont toutefois très élevés. Il y a quelques dizaines d'années, le taux de fécondité en Afrique occidentale se situait entre 6,9 et 5,5 selon les pays, mais avec de grandes divergences. Les comparaisons souffrent aussi du fait que les données de nombreux pays ne sont pas disponibles. Mais le constat le plus probant est que les taux de fécondité varient quelle que soit la zone de l'Afrique subsaharienne prise en compte. Sur le futur de la fécondité en Afrique subsaharienne, le Rapport sur le Développement Humain prévoit (FNUAP 2012 : 67) :

> *Le taux de fécondité restera sans doute élevé dans la région et il en ira donc de même pour le taux de croissance démographique. On constate à cet égard de grandes variations au sein du continent : les prévisions suggèrent que la croissance démographique entre 2010 et 2050 sera particulièrement rapide en Afrique de l'Est et de l'Ouest, mais plus lente en Afrique australe. Si les liens entre le système alimentaire et l'évolution démographique sont complexes, plusieurs constats sont cependant évidents.*

Vers la fin de la décennie 90, l'ISF s'élevait à environ 6,6 enfants par femme en Éthiopie, 6,9 en Ouganda et 5,8 en Tanzanie. Au Kenya, les enquêtes démographiques l'estimaient à 5,4 en 1994.
L'Afrique centrale arrive en tête de liste en matière de croissance démographique en Afrique subsaharienne. La République Démocratique du Congo est le pays le plus prolifique en matière de croissance démographique avec en 1997 un ISF de 6,5 enfants par femme malgré un taux d'infertilité très élevé dans la région. Le Gabon fait école pour ce qui est du faible taux de fécondité de la région au point que cela affecte l'évolution de sa population.
Pour le cas de l'Afrique australe, l'évolution de la population est influencée par le géant démographique, la République d'Afrique du Sud. L'efficience des services de santé de reproduction et d'alphabétisation a agi sur les comportements des ménages en matière de fécondité si bien que la région a les taux de natalité les plus bas d'Afrique subsaharienne. En conséquence, l'ISF de l'Afrique du Sud était retombé à 3,2 naissances par femme en 1997, ce qui est très proche des taux des pays en développement.
Ces taux de natalité font que la structure par âge des pays d'Afrique subsaharienne reste très jeune. La tendance des couples à désirer en moyenne six enfants quelques décennies plus tôt augmente les effectifs de génération en génération. La population âgée de moins de 15 ans représentait en 1997 45% de toute la population d'Afrique subsaharienne. Le Gabon et l'Afrique du Sud ont une fécondité assez faible. Ce qui se trouve en contradiction avec les autres pays d'Afrique subsaharienne. Mais de manière globale, la population d'Afrique subsaharienne est d'une extrême jeunesse. Ceci influence le développement économique puisqu'une partie importante des ressources doit être affectée à la couverture des besoins immédiats des jeunes pendant plusieurs années avant que cette masse de jeunes soit en mesure de contribuer au revenu national. Mais, cette situation ne doit pas alimenter le pessimisme des experts et d'autres institutions internationales, car le nombre élevé d'enfants constitue un atout ultérieur à la croissance démographique future. Si l'on considère que les femmes réduiront le nombre de leurs progénitures à plus de deux enfants pour garantir leur remplacement et celui de leurs maris, les naissances continueront par dépasser le nombre des décès en Afrique subsaharienne pendant encore 4 à 5 décennies.

4.4 Statut de la femme

Les femmes africaines ont traditionnellement assumé d'importantes responsabilités dans la production agricole. Tel est leur ressort socioprofessionnel en milieu rural surtout. Mais leurs rôles principaux sont liés à la reproduction et elles sont plus acceptées comme épouses et mères. Les dispositions des communautés traditionnelles ou bien issues des milieux ruraux sont au plan juridique restrictives des droits des femmes qui doivent se soumettre à l'autorité des hommes en matière de prises de décisions relatives au ménage et à leur vie personnelle. Le statut des femmes est davantage restreint par la pratique répandue de la polygamie. La maternité devient un moteur d'ascension sociale pour les femmes souvent marginalisées du point de vue économique et social. En outre, les femmes des zones rurales surtout ont aussi besoin d'avoir des enfants comme main d'œuvre et source potentielle de sécurité pour l'avenir. Leur existence est bien difficile dans une petite aire d'exploitation agricole réduite au fil des générations ou dans une maison retranchée dans la routine de la cuisine et des travaux ménagers. Les femmes sont affectées souvent à des tâches non rémunérées comme la recherche sur de longues distances de l'eau et du bois de chauffage. En plus, elles doivent s'occuper des soins des enfants en plus des activités champêtres pénibles ou des activités informelles dans les villes. Ce profil les fait apprécier les enfants comme source de main d'œuvre. Les enfants sont, à leurs yeux, une forme importante de sécurité pour leur vieillesse. Surtout que dans nombre de communautés, les femmes n'ont souvent pas le droit d'hériter ou perdent leur droit à la terre suite au décès de leur mari. Elles désirent des enfants, surtout des fils qui auront la charge de les prendre en charge dans leurs vieux jours. Ce qui engendre une forte fécondité dans la plupart des pays en développement. En Afrique subsaharienne, les conditions d'existence ont tendance à pérenniser des croyances culturelles et des comportements pronatalistes qui maintiennent la fécondité à un niveau élevé dans la majeure partie de cette région.

Le système d'exploitation agricole traditionnel encourage une forte fécondité. Le labour avec des outils aratoires avantage les ménages avec beaucoup de femmes et d'enfants qui constituent une main d'œuvre. En outre, comme la terre est de propriété communale, la manière d'accéder aux ressources agricoles est de s'appuyer sur des familles nombreuses. Étant contrôlée à perpétuité par des familles étendues ou des clans au sein des zones tribales, la terre est dévolue dans un système qui accroît l'importance des générations passées et futures.

Selon l'habitus socioculturel des communautés de la zone, une énorme majorité des femmes d'Afrique subsaharienne se marient avec souvent à un âge très précoce. L'idée du célibat, qu'elle soit volontaire ou forcée, ne correspond aucunement aux cultures africaines. L'infécondité est synonyme de mépris et de discrimination de la part des instances communautaires. L'infécondité engendre souvent le divorce qui est en temps normal réfréné par les normes coutumières et sociales. De fait, les femmes divorcées ou veuves réintègrent vite la normalité en cherchant à se remarier rapidement, et de là s'impose la pratique de la polygamie.

Les grossesses surviennent souvent peu après, ou même avant le mariage. La culture des familles élargies influence l'éducation des enfants. Dans certains pays, surtout en Afrique occidentale, la coutume permet de confier les enfants à un grand- parent, un autre membre de la famille, et même à une personne non apparentée pour des motifs divers. Dans l'esprit des familles, les enfants sont censés contribuer au bien-être de leurs parents directs et lointains.

Par ailleurs, le transfert de richesses vers des sphères en dehors de la famille nucléaire immédiate est plus vivace davantage en Afrique subsaharienne qu'ailleurs et selon la tradition, les enfants qui manquent à ces obligations sont sujets à des représailles de tout genre.

La religion est en grande partie dictée par des perceptions traditionnelles qui laissent les esprits des ancêtres imprégner l'environnement naturel de leur puissance. La psychologie des individus reste marquée par des systèmes de superstition même chez la majorité des Africains qui sont convertis à l'Islam ou au Christianisme.

CHAP 3 :
DÉMOGRAPHIE ET DÉVELOPPEMENT

Un des grands défis qui se posent aux experts se trouve dans la distorsion en Afrique subsaharienne entre la croissance de la population et le développement économique. La majeure partie des Africains de la zone subsaharienne sont de petits cultivateurs ou éleveurs aux revenus très faibles. Parmi les pays les plus pauvres au monde, 33 se localisent en Afrique subsaharienne, où environ sept habitants sur dix vivaient encore dans les zones rurales vers la fin des années 90. L'agriculture paysanne n'a pas évolué de la même façon en Afrique subsaharienne que dans les autres régions du monde. En effet, les populations rurales se livrent à des activités de production agricole caractérisée par des cultures sur brûlis, la propriété communale du sol et des labours à la houe plutôt qu'à la charrue.
La persistance de l'utilisation de la houe et autres instruments archaïques est due probablement aux sols latéritiques, aux limites physiques de plateaux dépourvus de larges fonds de vallées et à l'absence d'animaux de trait. Les Africains subsahariens et leurs enfants labourent souvent la terre avec des houes, déployant des efforts physiques immenses. Ce type d'exploitation contribue à l'appauvrissement des milliers de ménages confrontés à l'épuisement des terres et à la réduction des superficies cultivables. Dès lors, la zone est devenue le théâtre fréquent des grands drames humains.

En 1995, le produit national brut par habitant se situait à peine au-delà de 300 US $ en Afrique occidentale et centrale, et 210 US $ en Afrique orientale. Ces données prouvent qu'il existe bien une corrélation importante entre la pauvreté et le mode de vie rural.

On observe, dans cette région, des taux élevés de croissance démographique tranchant avec des économies exsangues ou stagnantes. Dans la plupart des pays de la région, les efforts de développement sont annihilés par un poids démographique toujours plus lourd. En effet, le rythme de croissance démographique en Afrique subsaharienne évolue sous l'effet du recul relatif de l'analphabétisme et de la vulgarisation des méthodes contraceptives. Mais, on est encore loin de la maîtrise de l'évolution démographique si bien qu'il faut s'attendre, dans les prochaines années, à voir croître l'effectif de la population en Afrique noire. Même si les taux de natalité sont en train de chuter et que les taux de mortalité sont renforcés par les épidémies, les endémies et les désastres humanitaires, il est indéniable que le cours de l'évolution démographique en Afrique subsaharienne se maintiendra. Selon les experts, la fécondité a chuté dans quelques pays de la zone et le VIH/SIDA a contribué à réduire l'espérance de vie dans nombre de pays, mais il est prévu que l'Afrique subsaharienne voit sa population doubler vers l'an 2050.

Loin de chercher à voir dans cette évolution des opportunités de croissance, les pays de la région ont plutôt pris l'habitude d'en faire un frein à leur développement, alors qu'ils n'utilisent jamais le levier démographique pour des finalités économiques. En conséquence, toute velléité de croissance est synonyme de problèmes. Ces problèmes résident dans la nécessité de mettre à disposition de cette population sans cesse croissante un appareil éducatif performant, des logements, des emplois et des infrastructures médicales adéquates. (Fargues 1985 : 74) :

> *Selon que l'on mette l'accent sur la croissance ou sur les effectifs absolus, on peut être conduit à deux analyses diamétralement opposées et toutes deux partielles. S'accroître à taux rapide, c'est en effet se contraindre à consentir des coûts élevés de court et moyen termes, en santé, en éducation, en logement. C'est surtout tenir le pari, audacieux pour de nombreux pays africains, que s'accroîtra au même rythme que la population, la capacité des terres à la nourrir, compte tenu des techniques en usage et de leurs progrès prévisibles, ou à défaut leur capacité à produire des biens d'échanges qui dispenseraient ces pays de l'autosuffisance alimentaire.*

Dans un contexte de compétition exacerbée, les pays d'Afrique subsaharienne se doivent de mobiliser des ressources conséquentes pour supporter l'expansion de leur démographie tout en assurant les autres obligations. Celles-ci concernent le financement du développement, les ressources nécessaires à la pérennité des institutions garantissant la présence de l'État. Ces pays doivent, en

outre, compter avec des problèmes de politique intérieure et internationale, tenant compte de leurs alliés sans toutefois sacrifier les intérêts de leurs populations. Les orientations économiques de la plupart des pays d'Afrique subsaharienne prennent en compte les tendances démographiques. Les experts ont souvent tendance à oublier que cette expansion est en corrélation avec les particularités régionales. Depuis la Conférence internationale sur la population et le développement du Caire en 1994, de nombreux pays associent au contrôle de la démographie les questions relatives à la santé de la reproduction. On peut distinguer plusieurs paramètres influençant l'évolution future de la population en Afrique noire.
L'Afrique subsaharienne se distingue généralement de la partie septentrionale du continent occupée par des pays arabes dotés de ressources et de moyens plus importants. De même, ces pays ont des statures culturelles et géographiques qui les placent dans une situation un peu plus favorable. L'Afrique subsaharienne s'en distingue par des caractéristiques humaines et physiques très diversifiées.

- **Contraintes sociales de la croissance démographique**

Une démographie qui explose accélère l'effectif de la population scolarisable et contraint les pouvoirs publics à mobiliser des ressources conséquentes. À défaut, les pouvoirs publics se retrouvent avec une population peu réceptive aux méthodes contraceptives et comprenant peu les enjeux liés à la réduction des naissances. On revient finalement à la case de départ puisque des citoyens non scolarisés vont reproduire des comportements peu compatibles avec le contrôle de la natalité. Il est d'ailleurs établi que le niveau de scolarisation joue un rôle déterminant dans la détermination du nombre d'enfants à générer au sein des ménages. En clair, un ménage instruit est plus enclin à réduire le nombre d'enfants et à espacer les naissances par rapport à un ménage non instruit. Du coup, la voie est ouverte à des dérives observables souvent au sein des sociétés d'Afrique noire : fréquence des grossesses précoces et rapprochées, multiplication des avortements clandestins, envolée des taux de mortalité infantile, juvénile et maternelle. Ce qui pousse Dr Babatunde à dire dans l'avant-propos de l'état de la population mondiale (FNUAP 2013 :) :

> *L'adolescente enceinte, qui suite à des pressions ou à des contraintes, interrompt ses études, se voit nier son droit à l'éducation. La fille à qui il est interdit*

d'accéder aux moyens de contraception ou même à l'information sur ces moyens se voit nier son droit à la santé. Inversement, la fille qui est capable d'exercer son droit à l'éducation et de poursuivre ses études risque moins de tomber enceinte que son homologue qui les interrompt volontairement ou est contraint de les interrompre.

Tous ces problèmes à envergure essentiellement sociale sont le symptôme d'un malaise économique se répercutant au sein des ménages et des familles par des déviances de tout genre. Le développement humain est donc tributaire de la maîtrise des vecteurs qui engendrent un débordement démographique.

Du coup, la relation entre développement économique et contrôle de la croissance démographique devient de plus en plus intrinsèque. Dans les pays d'Afrique subsaharienne surtout, les retombées d'une augmentation croissante de la population depuis des décennies se font ressentir de manière évidente. En dehors du fait que les aspects sociaux comme la santé et l'éducation ont une corrélation directe avec la thématique de l'explosion démographique, la croissance incontrôlée de la population augmente la pression sur les ressources existantes. Le quotient des ressources existantes par l'effectif de la population est toujours plus faible lorsque celle-ci croît à un rythme effréné. Cela contribue à produire des marginaux dont les actions vont à l'encontre même du développement. En plus, une des sources des problèmes alimentaires en Afrique subsaharienne concerne la réduction des superficies cultivables par suite de la croissance de la population. Ainsi de nombreuses régions rurales d'Afrique subsaharienne vivent déjà des situations de pression insupportables sur la tenure foncière. Cette pression se traduit par une réduction des superficies cultivables, les terres ayant été partagées à des générations successives de descendants dont le nombre sans cesse grandissant a fini par réduire les portions en des domaines peu rentables. En outre, cette pression démographique s'accompagne d'une surexploitation des terres qui finissent par ne produire que des récoltes en deçà des besoins des populations. Enfin, la crise terrienne s'accompagne d'une extension des espaces exploités à des couverts forestiers dont la présence contribuait à réglementer les précipitations. C'est donc dire que l'enjeu du développement durable entre aussi en ligne de compte dans la question du contrôle de la croissance démographique. Au demeurant, les experts s'accordent sur le fait que l'éducation et la santé jouent un rôle essentiel dans le processus de développement et de contrôle des variables démographiques.

<table>
<tr>
<td>Graphique 3 : Part de l'Afrique subsaharienne dans la production et les exportations mondiales, et évolution du prix des matières premières (1960-2013, %)</td>
<td>Graphique 4 : PIB par habitant de l'Afrique subsaharienne (1960-2013, en $ PPA et prix 2005)</td>
</tr>
<tr>
<td>
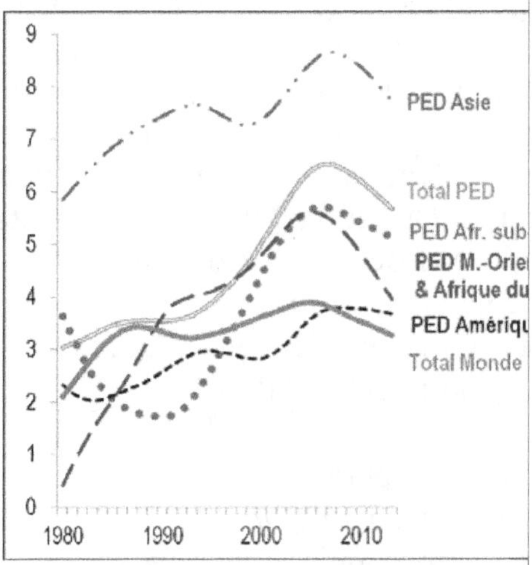

</td>
<td>
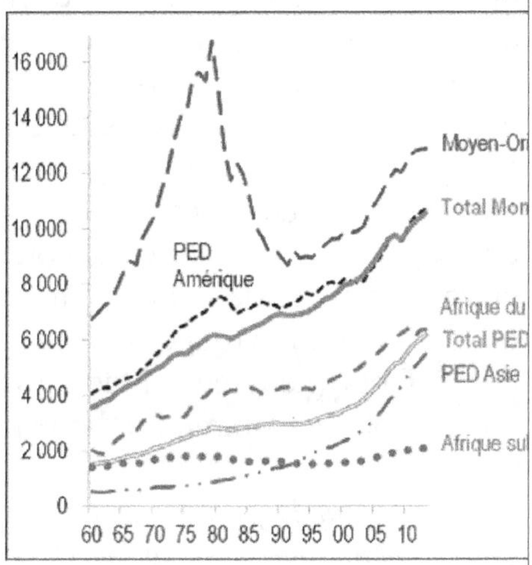

</td>
</tr>
<tr>
<td>Note : L'indice des prix est rattaché à l'échelle de droite. Sources : CEPII, base de données CHELEM-PIB-Commerce international et CNUCED.</td>
<td>Source : CEPII, base de données CHELEM-PIB.</td>
</tr>
</table>

1. Pauvreté et fécondité

La fécondité reste très forte en Afrique subsaharienne pour des raisons multiples et de divers ordres. Certains des facteurs économiques et culturels qui en sont la base se retrouvent presque invariablement dans le monde en développement alors que d'autres sont propres au contexte spécifiquement africain.

Le niveau de développement très bas de l'Afrique et sa forte dépendance vis-à-vis de l'agriculture ont perpétué plusieurs facteurs concourant à une fécondité élevée. Dans la majorité des pays concernés, la fécondité est plus élevée dans les zones rurales que dans les milieux urbains et chez les femmes moins instruites que chez celles plus instruites. Or, c'est en milieu rural que vivent souvent un grand nombre de femmes non instruites. En outre, les traditions religieuses et culturelles constituent un terreau favorable pour les familles nombreuses parce que les parents voient dans leurs enfants un espoir de sécurité matérielle future et de pérennisation de leur famille.

Depuis très longtemps, les experts ont exploré les retombées du niveau de vie sur la fécondité et ses variables que sont la contraception ou encore l'âge de la nuptialité en Afrique subsaharienne. Cette région concentre le plus grand nombre de personnes paupérisées au monde et se distingue par une fécondité élevée. On se rend alors compte que le niveau de vie des ménages détermine considérablement la fréquence des gestations. Ce constat est relativisé par le fait qu'avec presque le même niveau de précarité, les taux de fécondité varient en fonction des pays. C'est dire qu'en dehors du niveau de vie, d'autres éléments entrent en ligne de compte : il s'agit en l'occurrence des différences liées à l'âge du mariage (plus précoce chez les pauvres), à la mortalité des enfants (nettement plus élevée parmi ceux-ci) et à l'accès à la contraception. Comme l'indique le rapport FNUAP de 2013 :

> *Pour la plupart des adolescentes de moins de 18 ans, et surtout pour celles de moins de 15 ans, la grossesse n'est pas le résultat d'un choix délibéré. Elle est généralement, au contraire, la conséquence d'une absence d'options et de circonstances indépendantes de la volonté des intéressées. Les grossesses précoces révèlent l'impuissance, la pauvreté et les pressions des partenaires, des pairs, des familles et des collectivités.*

L'âge du mariage est plus précoce chez les catégories pauvres qui connaissent aussi un taux de mortalité infantile très élevé avec un accès très limité à la contraception. Cette situation se combine avec une forte demande d'enfants pour porter à des sommets le taux de fécondité au sein des populations les plus déshéritées.

2. Les pendants démographiques de l'urbanisation

L'Afrique subsaharienne a le statut de région la moins urbanisée au monde. Toutefois, le rythme de l'urbanisation est le plus rapide au monde. Près du tiers (32%) de la population de cette région habitait les zones urbaines en 1996, contre 11% en 1950. Les projections internationales estiment que 49%, soit près de la moitié de la population d'Afrique subsaharienne, seront urbains d'ici 2025. Le phénomène urbain influence la démographie et va se solder par des conséquences prévisibles : Pour le rapport sur le développement humain (2012 : 69) :

> *Au début des années 1990, deux tiers des Africains vivaient en zone rurale. S'il est possible que les prévisions surestiment le taux d'urbanisation, elles n'en suggèrent pas moins que vers 2035, l'Afrique subsaharienne basculera dans l'ère urbaine, c'est-à-dire que la moitié de sa population (d'après les estimations, 760 millions de personnes) vivra dans les villes. Les taux de croissance exceptionnels de la population rurale enregistrés dans les années 1970 et 1980 affichent aujourd'hui une progression plus modérée en Afrique subsaharienne, une tendance déjà enregistrée en Asie. Ces dynamiques démographiques suggèrent que l'insécurité alimentaire est en passe de devenir un problème plus pressant dans les zones urbaines que dans les zones rurales. À l'instar de la croissance des revenus, l'urbanisation aggrave la pression exercée sur les zones avoisinantes pour satisfaire la demande de denrées alimentaires de populations nombreuses et fortement concentrées.*

La prompte et rapide urbanisation en Afrique subsaharienne fait suite dans certains pays à des lois interdisant l'exode rural en Afrique orientale et australe pendant la période coloniale.
En analysant la démographie en Afrique subsaharienne, nul ne peut passer sous silence l'urbanisation dont la fulgurance en Afrique noire alimente en grande partie la fécondité. Les pays qui connaissent une très forte densité de population sont aussi ceux où l'urbanisation est galopante. Au nombre des grandes mégalopoles d'Afrique

subsaharienne se trouvent Lagos, Addis-Abeba, Kinshasa. Et ce n'est pas un hasard si le classement des pays les plus peuplés de la zone subsaharienne place en tête le Nigéria (141 millions), suivi de l'Éthiopie (79 millions), et de la République démocratique du Congo (59 millions).

Ces trois pays abritaient à eux seuls 43% de l'ensemble de la population de l'Afrique subsaharienne en 2005. Cette répartition place l'Afrique noire en tête des records en matière de démographie. Ainsi, l'Afrique de l'Ouest et l'Afrique de l'Est constituent les régions les plus peuplées du continent en 2005. Ces deux sous-régions sont aussi celles qui croulent sous le poids des problèmes sociaux. Tel est aussi le cas de l'Afrique centrale qui est la troisième sous-région la plus peuplée sur le continent noir.

Un des paramètres essentiels de la croissance démographique en Afrique noire est la croissance urbaine qui remodèle les équilibres entre les régions. Depuis les indépendances, le phénomène urbain a pris en Afrique noire une ampleur presque incontrôlable. Le continent compterait à ce jour près d'une quarantaine de villes peuplées de plus d'au moins un million d'habitants. L'urbanisation ne résulte pas d'une expansion des infrastructures, mais d'une affluence des ruraux vers les zones urbaines, ce qui fait que l'urbanisation constitue un problème supplémentaire doublé de la croissance de la population en général. Les statistiques révèlent que la population urbaine du continent s'est accrue de 1100% depuis 1950, dépassant largement l'accroissement de la population qui était de 400%. Comparée au mouvement mondial de croissance des villes, l'urbanisation en Afrique noire évolue moins vite que dans les autres régions du monde et se caractérise aussi par de grandes disparités d'évolution. Naturellement, l'Afrique australe se distingue exceptionnellement avec la forte empreinte urbaine de l'Afrique du Sud. Ce pays est aussi la zone où l'urbanisation semble un peu maîtrisée sur le continent noir et ceci permet à cette zone de connaître une urbanisation très forte. Le phénomène de l'urbanisation est corrélé à la question démographique en ce sens qu'il interfère énormément avec l'évolution de la population. Dans presque tous les pays du monde en effet, le taux d'accroissement naturel diverge selon que l'on soit en zone rurale ou en zone urbaine. Le phénomène de l'exode rural qui constituait le premier l'élément majeur de la croissance urbaine a été supplanté par l'accroissement naturel de la population urbaine. On observe ainsi que les migrations rurales-urbaines ont une part de moins en moins importante dans l'évolution

des populations urbaines. Celles-ci croissent plutôt naturellement avec une forte célérité et des fréquences variables.
Les installations des populations sur les aires urbaines sous la forme de maisons, les constructions d'infrastructures routières sont plus visibles que les accouchements. Ces faits s'insèrent cependant aussi dans l'analyse démographique par le biais de la corrélation entre les modes d'existence urbain et rural. L'urbanisation devient un indicateur d'importance, car ce phénomène met en lumière au sein d'une population donnée, le pourcentage de personnes vivant en zone urbaine. Dans le monde entier, le taux d'urbanisation va en croissant depuis des décennies. Alors que 34% de la population mondiale vivait en ville en 1960, ce taux est monté à 46% en 1990 et à environ 51% en l'an 2000. La décennie suivante a vu une nouvelle envolée urbaine avec le développement fulgurant de pays comme la Chine, l'Inde et le Brésil. Loin de rester en marge de cette tendance, l'Afrique subsaharienne connaît aussi une flambée du phénomène urbain. De 30,09% en 1990, ce taux doublera sans doute en l'an 2025. Toutefois, il est difficile de cerner le phénomène urbain en raison de sa complexité définitoire. L'urbanisation en Afrique noire résulte plus d'un afflux incontrôlé des populations souvent rurales vers des zones situées à la périphérie de villes nanties d'infrastructures encore parcellaires. Pour ce faire, le phénomène urbain en Afrique subsaharienne est plus identifié à travers les activités économiques menées dans l'espace urbain. Du reste, l'agglomération urbaine présente des contours imprécis et confus si bien la prise en compte du phénomène en tant qu'aspect d'un problème doit tenir compte de cette volatilité conceptuelle. Mais en définitive, le taux d'urbanisation reste un outil de travail très indiqué pour effectuer des analyses synchroniques.
Alors que l'Afrique était en 1960, le continent le moins urbanisé au même titre que l'Asie du Sud (18%), le taux d'urbanisation a doublé en 35 ans pour se situer à environ 37% en moyenne en 1995. De nombreuses villes ont connu un essor urbain incontrôlé avec des concentrations record de population. Abidjan, Lagos, Kinshasa sont devenus des mégalopoles concentrant des millions de personnes.

Tableau 5 : Indicateurs d'urbanité dans le monde

Catégories	Taux d'urbanisation		Nbre de personnes à accueillir dans les villes entre 1980 et 2020
	1960	Prévision 2020 (en millions)	
Pays développés	60	85	53 millions
Amérique du Nord	70	88	21 millions
Europe	59	84	32 millions
Pays en développement	22	58	1,141 milliards
Afrique	18	55	540 millions
Amérique Latine	49	82	420 millions
Asie de l'Est	25	59	619 millions
Asie du Sud	18	52	448 millions

** Tableau constitué à partir du dossier de la revue Histoire du développement : « la ville, malgré tout », cahiers de l'institut d'études sociales de Lyon, n° 8 janvier 1990.*

La croissance urbaine en Afrique subsaharienne suit un rythme dépassant largement celui des pays développés. Ce rythme est si soutenu qu'en un temps assez court, la région comptera un nombre important de personnes dans les villes avec une aggravation des problèmes relatifs au logement, à la santé, au transport et à l'alimentation. Les villes africaines se distinguent par un amoncellement de constructions sommaires où se tassent des personnes dans des conditions d'assainissement et d'hygiène chaotiques. Il est important de s'interroger sur ce qui motive les individus à quitter leurs résidences rurales pour venir s'installer dans les agglomérations urbaines. Les problèmes de l'urbanisation en Afrique subsaharienne deviennent d'autant plus cruciaux que la gestion actuelle de l'espace et de l'aménagement du territoire se traduisent par des échecs cuisants en Afrique subsaharienne. Pour cerner les causes de cette fulgurante croissance urbaine en Afrique noire, il faut observer de près les effets cumulés de la croissance démographique et de l'exode rural. Les zones rurales subissent une saignée démographique devant la chute de la productivité agricole et la rudesse des conditions d'existence. Les zones urbaines se vident dans la sous-région et séduisent facilement les ruraux qui y voient du point de vue culturel, économique et politique le cadre de leurs aspirations. Les populations rurales se trouvent confinées dans des zones périphériques où les décideurs ont peu tendance à orienter les politiques de développement économique et social. On observe une centralisation excessive du pouvoir politique dans les centres de décision situés dans les zones urbaines alors que les relais du pouvoir central dans les compagnes se comportent comme des potentats locaux qui prennent rarement à cœur le bien- être de leurs communautés. La centralisation excessive des instances décisionnelles entre les mains d'une poignée de personnes gravitant autour du pouvoir marginalise les zones rurales qui constituent cependant des milieux de production du point de vue alimentaire et économique. Au fil du temps, les pouvoirs publics ont fini par attribuer à la paysannerie un statut indigne allant parfois à les considérer comme des citoyens de seconde zone. Or, les populations rurales d'Afrique subsaharienne ont besoin d'être prises en considération aux niveaux économique, culturel, spatial et politique. Celles-ci affichent un dynamisme par le biais de leur contribution à la richesse nationale et de leur capacité d'organisation autour des créneaux de solidarité, de productivité et d'assainissement. Ils ont aussi offert à de multiples reprises des capacités d'autonomisation très indiquées pour relever les défis du développement.

Tableau 6 : Urbanisation dans les régions d'Afrique subsaharienne, 1950-2025

	1950	**1975**	**1996**	**2025**
Afrique subsaharienne	11	21	32	49
Afrique orientale	5	13	23	39
Afrique centrale	14	27	33	50
Afrique australe	38	44	48	62
Afrique occidentale	10	23	37	56
Population urbaine en pourcentage				

De l'exode, on est passé à une évolution plus endogène des populations africaines. Et comme les villes ont pris le pas sur les régions rurales, l'explosion démographique est plus manifeste dans les zones urbaines. Ceci constitue un facteur important de contrôle de l'évolution démographique, car les villes africaines offrent des infrastructures qui peuvent servir à l'éducation et à la sensibilisation des ménages en matière de procréation. De fait, l'agglomération la plus peuplée d'Afrique subsaharienne est Lagos, la capitale économique du Nigéria qui compte aujourd'hui plus de 10 millions d'habitants. Et cette évolution se poursuit avec une forte célérité et s'étend dans une moindre mesure à d'autres capitales africaines comme Kinshasa, Khartoum, Abidjan, Johannesburg, Le Cap et Kano. Ces grandes mégalopoles africaines poussent rapidement et s'étendent sur de vastes espaces occupés par une population sans cesse croissante. Leur croissance démographique s'ajoute à celle des campagnes qui continuent aussi de connaître un accroissement naturel élevé. Il faut dire que les populations rurales sont moins touchées par les actions de sensibilisation à la planification familiale par suite du fort taux d'analphabétisme et de la faible prégnance des services sociaux. Le phénomène de l'exode rural n'a pas vraiment entamé la natalité rurale, même si celle-ci s'essouffle ces dernières décennies.

3. Les impacts de la croissance démographique sur le développement

Actuellement, nombre de pays de la région nourrissent pour leurs populations des projets de bien-être basés sur l'amélioration des conditions d'existence. Cela ne peut être possible sans un renforcement des ressources disponibles et une maîtrise de la croissance démographique. Par le passé, les investissements dans les domaines sociaux ont été limités par les engagements des pays envers les organismes financiers internationaux. Mais par la suite, tous les décideurs internationaux et les gouvernants des pays de la zone subsaharienne se sont accordés sur la nécessité de créer des conditions idoines pour améliorer les conditions de vie des populations. Ainsi ont vu le jour les Objectifs du Millénaire pour le Développement dont la finalité est de faire parvenir leurs populations à un certain niveau de développement. C'est dans cet esprit que les décideurs internationaux et les dirigeants d'Afrique noire ont fixé, à la 55e session de l'Assemblée Générale des Nations Unies tenue le 8 décembre 2000 les

domaines d'actions prioritaires qui doivent sous-tendre les efforts des pays en développement pendant les quinze prochaines années. Ce sont les Objectifs du Millénaire pour le Développement qui sont articulés autour des points suivants :
« 1. Réduire l'extrême pauvreté et la faim ; réduire de moitié la portion de la population dont le revenu est inférieur à un dollar par jour.
2. Assurer l'éducation primaire pour tous : donner à tous les enfants, garçons et filles, les moyens d'achever un cycle complet d'étude primaire.
3. Promouvoir l'égalité et l'autonomisation des femmes.
4. Réduire la mortalité infantile.
5. Améliorer la santé maternelle.
6. Combattre le VIH/Sida et d'autres grandes maladies.
7. Assurer un environnement durable, intégrer les principes du développement durable dans les politiques nationales.
8. Mettre en place un partenariat mondial pour le développement. »

Malgré la mobilisation des énergies pour satisfaire ces huit points des objectifs, les retombées de la croissance démographique très forte ont remis en cause les efforts consentis. La très forte empreinte de la natalité pose des problèmes dont l'ampleur dépasse la capacité des ressources disponibles à répondre aux besoins les plus pressants. Pris en étau entre une démographie galopante et l'extrême précarité des populations, les décideurs politiques ne disposent des moyens matériels, techniques et financiers pour opérer sur les deux fronts. Pendant longtemps, les décideurs de nombreux pays d'Afrique subsaharienne ont affiché une indifférence coupable face aux souffrances matérielles des populations. En conséquence, les quinze années fixées pour réaliser les huit objectifs s'avèrent d'ores et déjà insuffisantes, car les pouvoirs publics devaient partir d'un point où la frilosité des infrastructures sociales appelait des investissements énormes pour répondre aux ambitions des OMD. Les nombreuses naissances ont fini par rendre impossible le projet qui sous-tendait les OMD. Le risque de déséquilibre au sein de la population ne peut être endigué que par l'accroissement conséquent des réserves en produits vivriers, ce qui requiert une augmentation des productions agricoles à la hauteur des besoins des populations. Les exigences de la démographie amènent à allouer des ressources colossales à des domaines différents des secteurs socioéconomiques. La forte croissance démographique induit une augmentation du ratio de dépendance. La contrainte qui découle de cette situation est que les États africains sont tenus de consacrer plus de ressources financières aux domaines de l'alimentation, du logement, de l'éducation et de la santé. Mais est-ce qu'ils le font efficacement ?

CHAP 4 :
DÉMOGRAPHIE ET MIGRATIONS

Les mouvements de population influencent aussi les changements démographiques. Même si l'Afrique subsaharienne a enregistré au XXe siècle un volume peu conséquent de migrants transcontinentaux, on observe de larges migrations entre les pays du continent et à l'intérieur des pays. Celles-ci sont dues à de nombreuses causes, comme les tensions politiques, les désastres naturels et les vagues de haute et de basse conjoncture économique qui engendrent des mouvements migratoires des plus marquants au monde. Les flux migratoires les plus courants vont des campagnes vers les villes.

1. Fondements historiques et théoriques des migrations

La population fait l'objet de plusieurs disciplines, en particulier les sciences économiques. L'acuité des questions de population s'est démontrée avec la conférence du Caire. Jean Bodin soulignait déjà au XVIe siècle « *qu'il n'est de richesses, ni de force que d'hommes* » et S. Fortreyva a appuyé cette importance des populations en concluant que : « *deux facteurs apparaissent principalement nécessaires pour qu'une nation soit puissante : la richesse et la population* ». La croissance démographique a certainement été le moteur du progrès de même que les systèmes d'exploitation des sols aussi bien en Angleterre qu'en France à l'époque de la Révolution industrielle. L'expansion démographique a contribué à la mise en place de mécanismes visant à accroître la productivité et à élargir les marchés dans le secteur non agricole. Or, dans les mécanismes de productions, le secteur agricole a généralement un effet d'entraînement sur les autres secteurs : développement des voies de communication, innovations technologiques découlant des inventions techniques, mais aussi de la large diffusion des nouvelles technologies au sein de la société).

William Petit au XVIIe siècle (1661) mettait aussi en relation l'augmentation de la population et le développement. Selon lui, la croissance démographique favorise la division du travail, par conséquent la hausse de la productivité et la baisse du coût de production. Elle réduit le temps et le coût de transport, accroît la rotation des stocks de marchandises et contribue en dernière analyse à une baisse de dépenses publiques par tête. Les économistes classiques sont parvenus à créer des concepts assez solides pour répondre aux exigences de cette situation :

- C'est ainsi que Adam Smith, David Ricardo et John Stuart Mill concentrent sur la démographie leurs analyses de la division du travail, de rendement décroissant et de la tendance des sociétés et parviennent à obtenir une situation stationnaire de la croissance économique.
- Thomas Robert Malthus va introduire de nouvelles perspectives d'analyses de la démographie économique en établissant une relation franche entre la croissance démographique et le progrès. Il utilise le concept de la « *trappe malthusienne* ». Selon ce concept, le pouvoir multiplicateur de la population (en progression géométrique) dépasse le pouvoir de production de ressources alimentaires (en progression arithmétique), freine l'expansion économique et se traduit en conséquence par la stagnation économique. Malthus conclut : « *de la difficulté de se nourrir, résulte un frein puissant, agissant constamment sur la population* ». Les motifs de ce « *power of population* » sont de trois ordres :
- le premier est préventif, lié aux peurs de régresser dans l'échelle sociale
- le second est lié à l'instinct de survie,
- le troisième est exogène et procède de l'état du monde : la peste, la guerre, la famine...

La trappe malthusienne repose sur le fait que la croissance démographique et la croissance de niveau de vie sont incompatibles (sur une longue période d'après les néo-malthusiens). Cette affirmation est totalement aléatoire et en Afrique où les ressources naturelles sont insuffisamment utilisées, la croissance démographique est nécessaire en ce qu'elle engendre l'augmentation de l'offre du travail dans sa montée vertigineuse. La différence entre la croissance démographique et la croissance économique ne peut être expliquée que par la sous-capitalisation matérielle et humaine.

Certes, le modèle d'analyse malthusien ne trouve pas de situation factuelle pour la corroborer, mais on ne peut pas nier une dépendance réciproque entre les phénomènes économiques et les phénomènes démographiques.

À côté des relations de nature univoques des économistes de l'époque, la démographie historique a adopté de nos jours une approche de causalité plus systémique et interactive. Les interactions actuelles sont plurielles et mettent à jour dans les deux sens des relations étroites entre éducation, environnement, fécondité, industrialisation... Le champ des positions en démographie économique est devenu plus expansif, mais les analyses en la matière ont pris des dimensions purement idéologiques.
La nécessité de gérer l'évolution démographique par le biais de la limitation des naissances est récente et dérive de la transition démographique, ainsi que de la peur des conséquences qu'elle pourrait engendrer. L'émigration a été l'une des premières solutions à l'explosion démographique envisagée par le politique, notamment en Occident. Il est donc clair que l'émigration n'est pas une solution exclusive à notre siècle où les populations des pays en développement se ruent en partie vers l'Occident pour résoudre le problème de déséquilibre entre la croissance économique et la croissance démographique. Elle a été aussi une solution organisée au niveau étatique par certains pays colonisateurs qui ont créé des colonies de peuplement de par le monde. Antoine de Montchrétien écrivit : « *depuis que nous jouissons de la paix, le peuple s'est infiniment multiplié en ce royaume. On s'y étouffe l'un l'autre, et serait quasi besoin d'y pratiquer l'exemple ancien de plusieurs notions septentrionales* » (c'est-à-dire l'émigration massive). C'est donc la course aux colonies où seront convoyés à la fois les excédents des populations européennes et les produits manufacturés issus de la révolution industrielle. De même François Quesnay a écrit un siècle après : « *lorsqu'une nation est très peuplée, la colonisation de territoires déserts est la meilleure manière de faire disparaître la tension qui en résulte* ». L'immigration fut utilisée en Europe comme solution à la « surpopulation », à la famine, à la pauvreté et à l'intégrisme religieux et politique.
Cette doctrine populationniste trouva un écho favorable chez Thomas More, est entretenue par Machiavel et fit son chemin avant de prendre la forme d'une politique de peuplement au XVIIIe siècle en France. Colbert et l'intendant Talon (1665-1672) se chargèrent de l'appliquer au Canada.
Il est indéniable que les pays africains confrontés à des problèmes démographiques ont toute la latitude de s'inspirer de ces épisodes historiques relatifs à l'évolution démographique.

Un regard historique permet de se rendre compte du fait que l'Afrique n'a jamais été le seul continent ni le premier continent dont les problèmes démographiques se traduisent par le déplacement partiel de ses populations engendrant des problèmes pour les autres continents. Du reste, l'émigration africaine actuelle n'a jamais été collective et organisée par une politique étatique ou un désir d'occuper politiquement des espaces géographiques étrangers. Et en réalité, à la différence de ce qui se passe actuellement, les politiques et les mouvements de peuplement français au XVIIIe siècle ne constituaient pas une saignée de ressources humaines (notamment les personnes les mieux formées), ni économiques (en particulier le transfert massif de capitaux). Les solutions démographiques informelles initiées par les ressortissants d'Afrique subsaharienne sans l'apport des États fragilisent la situation de cette région du monde. Les gouvernements dépensent des coûts énormes pour former des ressources humaines qui vont déserter la zone et servir sous d'autres cieux.

La politique de l'immigration au XVIIIe siècle en France permet seulement de relativiser les incidences de la croissance démographique sur la situation socio-économique. La voie était toute tracée pour les déplacements structurés et organisés de populations vers les nouvelles conquêtes coloniales. Les migrations vers les pays riches au départ de l'Afrique subsaharienne ne sont que des réponses individuelles et non collectives aux défis que pose la démographie en Afrique.

2. Démographie africaine et Migrations

L'Afrique étant toujours en transition démographique, sa population est caractérisée par une instabilité structurelle. Une des caractéristiques des populations africaines est leur grande mobilité. Le premier symptôme en était l'exode rural, mais le facteur mobilité va se renforcer au fil des années par des situations diverses. À côté des mouvements motivés par la recherche d'emplois ou de conditions de vie favorables, certaines migrations procèdent de contraintes politiques. Quels que soient les motifs, les migrations donnent lieu à des changements de comportement qui influencent les éléments de la mortalité et de la natalité. Du coup, on observe des divergences dans la courbe de l'évolution démographique. Il est notoire que l'Afrique occidentale vit au rythme des problèmes d'instabilité sur fond de drames humains. S'y ajoutent les effets des cataclysmes, des conflits, et de la désertification qui remettent en cause les équilibres démocratiques. Toutes ces situations anomiques alimentent de grands mouvements de population dans toutes les régions du continent. Ces mouvements ne sont pas forcément uniformes, mais prennent des orientations dictées par les motivations multiples. Ces motivations régissent aussi la situation administrative des migrants dans les pays d'accueil. De manière générale, les mouvements volontaires des populations partent des régions les plus paupérisées ou affectées par les cataclysmes vers les zones les plus favorables. Ainsi, les pays nantis de ressources naturelles ou réalisant de bonnes performances économiques attirent généralement les populations. Ainsi en est-il du Nigéria qui, en raison des hydrocarbures, a été la destination de nombreuses personnes en Afrique occidentale. La Côte d'Ivoire aux heures des embellies du café et du cacao a attiré des centaines de milliers de migrants en provenance du Sahel et de toute l'Afrique occidentale. Ce sont là des éléments non négligeables de l'évolution démographique sur le continent. Ces phénomènes ont des retombées diverses qui ne peuvent être exactement évaluées puisqu'elles sont perceptibles autant dans les pays d'accueil que dans les pays d'arrivée. À ceci s'ajoute le fait que les frontières en Afrique échappent à des relations historiques et socioculturelles existant entre des peuples et tribus écartelés de part et d'autre des frontières héritées de la colonisation. En ce sens, les mouvements migratoires ont fini par constituer des éléments importants de l'évolution de la démographie. Pour ce qui est de l'Afrique subsaharienne, les mouvements migratoires se répartissent entre les migrations intra- régionales (entre pays d'Afrique subsaharienne) et les migrations extrarégionales (vers d'autres pays). Selon les Nations unies, les migrants internationaux vivant en Afrique subsaharienne s'élèveraient à 15,9 millions en 2005 (avec 2,8 millions de réfugiés ; Nations unies, 2006). À côté de ceux-ci, on distingue aussi des groupes de populations africaines résidant dans les pays occidentaux. Elles y vivent durablement, y créent leur famille ou y font venir leurs familles restées au pays par le moyen du regroupement familial leurs perceptions en matière de procréation sont plus souvent influencées par le mode de vie de leur société d'adoption. Si l'on compare le nombre de migrants résidant en Afrique noire et celui des Subsahariens ayant émigré vers les pays du Nord, on se rend compte que l'Afrique subsaharienne joue plus le rôle de zone d'accueil que de départ. C'est en fait que les mouvements intrarégionaux de population en Afrique subsaharienne prennent une plus grande partie des migrations en direction des autres régions du monde. Les migrations internes à l'Afrique subsaharienne sont généralement conditionnées par la situation économique divergente d'un pays à un autre, alors que les migrations externes sont souvent entretenues par le rêve d'un Eldorado occidental. Selon les données de l'OCDE, le nombre total des Subsahariens résidant dans ses pays serait estimé, vers la fin du dernier millénaire, à près de 4 millions (OCDE, 2005).

Cependant, plus que les migrations internes à l'Afrique subsaharienne, les mouvements en direction des pays riches sont plus contrôlés avec de multiples mécanismes de restriction et de gestion des flux migratoires. Et de fait, les populations d'Afrique Subsaharienne résidant dans les pays de l'OCDE s'installent de préférence dans 5 pays : les États-Unis (930 000 Subsahariens), le Royaume-Uni (812 000), la France (565 000), le Portugal (348 000) et le Canada (271 000) (OCDE, 2005).

Les chiffres sur les migrants d'Afrique subsaharienne vivant dans les autres régions du monde souffrent d'une approximation dérivant des modalités de ces mouvements de population. En tenant compte des migrants de cette zone non répertoriés de manière administrative, il est manifeste que le nombre d'Africains subsahariens vivant hors de leur patrie pourrait être multiplié par 4. Ce volume considérable est relativisé par le fait que les migrations internes sont plus importantes dans cette zone. Ainsi, seul le quart des migrants partant d'Afrique subsaharienne émigrent hors de cette zone. De ce point de vue, l'Afrique subsaharienne fournit seulement environ 10% des migrants internationaux dans le monde. Ce pourcentage modique semble avoir une ampleur plus grande au regard de la très grande médiatisation des flux migratoires partant de l'Afrique Noire en direction des pays du Nord. Il serait en outre aléatoire de restreindre les motivations de ces mouvements de population à des stéréotypes tournant autour de la pauvreté, et des mouvements de réfugiés. Avant les difficultés économiques et la vague d'implosion de certains États africains dans les années 1990, les migrations partant d'Afrique Noire avaient une orientation plutôt intra- régionale. La détérioration des conditions sociopolitiques et économiques dans de nombreux pays du continent a engendré une plus forte réorientation des migrations vers les pays du Nord. Contrairement à ce que tendrait à faire croire la forte médiatisation des mouvements des populations en Afrique noire, les flux migratoires en provenance d'Afrique subsaharienne ne sont pas les plus débordants au monde. En outre, elles ne sont pas forcément le résultat d'une situation chaotique comme le prétendraient les médias, car ces masses de migrants sont indiquées pour occuper des emplois non qualifiés dans les pays du Nord. Les migrations sont aussi un moyen de déverser le trop-plein de chômeurs de ces pays vers d'autres cieux où le marché du travail et la situation économique sont plus attrayants.

On aboutit en conséquence à un flux massif de jeunes, généralement peu éduqués vers les marchés de l'emploi des nations industrialisées. Dans le paysage global des relations internationales, ces types de mobilité font désormais partie des volets de coopération dans le système international des nations.

Il est totalement erroné de croire que la mobilité en direction du Nord ou d'autres pays permet uniquement de déverser le trop-plein des pays de départ. Elles résultent plutôt de dynamiques socioéconomiques, politiques et culturelles complexes, qui à leur tour ont des influences certaines sur la croissance de la population. Bien plus, les pays d'Afrique subsaharienne ne disposent pas de données fiables pour évaluer le niveau de croissance démographique au sein de leur diaspora. Celle-ci est plus souvent comptée au sein de la population de leur pays d'accueil sous le créneau de « population étrangère » si elle n'arrive pas à se fondre simplement au sein de la population d'accueil par le biais de l'intégration. La genèse des migrations africaines relève aussi d'aspects culturels et historiques probants comme la langue et la colonisation. Dans cette optique Gourévitch (150 : 2009) s'intéresse aux mouvements des Subsahariens francophones en France à titre d'exemple :

> *Venue des pays du fleuve Sénégal, le Mali, la Guinée, la Mauritanie et le Sénégal, cette immigration est rurale, musulmane et clandestine [...]. D'abord individuelle et provisoire, elle devient familiale et définitive, l'Africain renonçant à revenir au pays limitant ses transferts de fonds et faisant venir auprès de lui sa femme, ou ses femmes, et ses enfants.*
> *La deuxième est citadine, souvent intellectuelle, et vient des côtes de l'Afrique de l'ouest [...]. Elle est motivée tantôt par l'impossibilité de valoriser ses compétences dans son pays d'origine, tantôt par les conflits internes ou les oppositions politiques. Dans ce dernier cas, elle*

n'est pas automatiquement définitive, l'Africain étant susceptible de retourner au pays lors d'un changement de régime.
La troisième vient de l'Afrique centrale. Dans le cas du Cameroun, elle ne fait que prolonger une immigration déjà existante ; dans le cas du Congo Brazzaville, de la RDC ex- Zaïre, du Rwanda, voire du Tchad, elle relève de la demande d'asile, vraie ou fausse, et du désir de quitter un pays surpeuplé ou en pleine anarchie pour gagner sa vie en Occident.

Une telle approche des choses laisse apparaître que les migrations constituent un phénomène historique qui obéit à des dynamiques opérant dans des contextes bien déterminés. Ces contextes sont aussi liés aux motivations des migrants et ces motivations déterminent dans une certaine mesure les comportements des migrants. Cela influence donc les orientations en matière de procréation. Les mouvements migratoires impliquant des individus nantis de qualifications offrent, comme le souligne Gourévitch, une possibilité de retour. En outre, les protagonistes sont au fait des enjeux et contraintes socioéconomiques de leur terre d'accueil et utilisent des moyens pour contrôler l'expansion de leur famille. Ces derniers seront plus progressistes et moins liés par les contraintes traditionnelles de leur background, ce qui les dispose à adopter des modes de vie plus ou moins proches de ceux de la population d'accueil.
Pour les pays de départ et pour l'Afrique subsaharienne, le volume numérique de ces individus prend de l'importance essentiellement au regard de leurs contributions directes ou indirectes au développement de leurs pays. Il est vrai que des statistiques du recensement démographique tendent à estimer leur nombre, mais l'absence d'instruments adéquats rend ces évaluations hasardeuses. En conséquence, il est aussi difficile de déterminer leur expansion démographique dans le pays d'accueil. Les scrutins électoraux peuvent constituer la base d'une telle évaluation, mais elle devient parcellaire au regard de la non-participation surtout des citoyens en situation irrégulière dans les pays d'accueil.
Tout compte fait, l'évolution de la population en Afrique subsaharienne est influencée par les mouvements migratoires, mais il est difficile d'évaluer l'ampleur de ces migrations sur la croissance démographique.

Or, la question du développement et de la lutte contre la pauvreté en Afrique subsaharienne ne peut être éludée sans celle de la croissance démographique. Théoriquement, l'expansion de la misère est perçue comme le symptôme de l'insuffisance des ressources existantes à couvrir les besoins des membres du ménage, de la famille, de la communauté et des citoyens. En ce sens, la corrélation entre démographie et développement économique se comprend. Mais si on relie la question de la pauvreté en Afrique subsaharienne à celle de la malgouvernance, alors la démographie aurait un rôle moins marqué. Tout ceci dépend de la perception qu'on a du développement. Il est notoire au niveau des ménages qu'un nombre limité de progénitures a plus de chance de tirer le meilleur parti des ressources familiales, de progresser dans le système éducatif et de se donner de meilleures chances au niveau socioprofessionnel. Mais, tout ceci n'a aucun sens s'il n'existe pas au préalable des moyens garantissant l'ascension sociale aux populations. Loin de voir dans la croissance démographique un frein au développement, il est indispensable de la considérer comme un corollaire de la pauvreté. Car la pauvreté restreint les chances des chefs de ménage de disposer des moyens concourant à une meilleure planification des naissances et à une gestion saine des ressources. En d'autres mots, la croissance démographique n'est pas seulement la cause de la pauvreté, mais elle en est aussi la conséquence. L'expansion de la population oblige les gouvernements d'Afrique subsaharienne à investir des ressources immenses dans les domaines sociaux, mais cette expansion est aussi le résultat de la défaillance publique. En réalité, le discours sur la pertinence du contrôle de la démographie dans la lutte contre la pauvreté relève à l'origine du point de vue des acteurs externes qui incitent les gouvernements à promouvoir le contrôle des naissances. Le problème de l'Afrique noire relève non directement de la croissance démographique en elle-même, mais plutôt de l'incapacité des ressources produites à satisfaire les besoins d'une population sans cesse en expansion. En effet, du point de vue numérique, il n'est pas judicieux d'inciter l'Afrique subsaharienne à réduire la natalité, car la sous-région a une densité encore peu élevée, comparée aux autres régions du monde. En témoigne la situation démographique moyenne des pays de la région (Fargues 1985 : 76).

> *Bien que l'Afrique soit un continent diversifié à beaucoup de points de vue, examinons le profil moyen*

d'un pays subsaharien. Pour 506.000 kilomètres carrés, soit 10% de moins que la France, il n'est peuplé en 1985 que de 9,5 millions d'habitants environ comme la France en l'an mil. Sa densité est presque six fois inférieure à celle de la France. Dans 40 ans en 2025, sa population sera de 29 millions de personnes et même en 2100 selon les Nations-Unies, avec 48 millions d'habitants, il n'aura pas encore rattrapé la France de 1985 et n'atteindra qu'une densité de 95 habitants au kilomètre carré.

Comme on le voit, le ralentissement de la croissance démographique ne produira pas par magie les ressources suffisantes aux besoins des populations. La logique des acteurs externes est simple : le travail de la coopération en sera facilité si les Subsahariens donnaient peu d'enfants. Cette logique se focalisait sur une démarche conservative que sur une réelle approche de développement.
Dans le sillage des théories malthusiennes, de nombreux experts adoptent une posture réductrice en présentant la réduction des naissances comme une voie de réduction de la pauvreté. Une telle approche correspond aux nombreuses théories de développement appliquées à l'Afrique subsaharienne et qui n'ont jamais mené au décollage économique espéré. Il convient de rappeler que les immenses pertes en vie humaines engendrées par les drames humains comme le génocide rwandais, les guerres du Biafra, les longues séries de massacres et de tueries au Congo démocratiques, les conflits sanglants au Libéria, en Sierra Leone, en Côte d'Ivoire et au Soudan ont causé d'énormes pertes en vies humaines assimilables à une réduction conséquente de la population dans ces zones. La même chose fut observable en Somalie, au Soudan du Sud, en Centrafrique et au Congo Brazzaville où des centaines de milliers de personnes perdirent la vie. De nombreuses catastrophes naturelles, les épidémies et les endémies opèrent constamment de larges coupes au sein de la population d'Afrique subsaharienne et cela peut être assimilé à une réduction naturelle des effectifs des populations. Les centaines de personnes qui sont arrachées à la vie en Afrique subsaharienne de manière impromptue laissent au contraire des vides immenses qui accentuent la précarité au sein de leurs familles. En conclusion, freiner la croissance démographique en Afrique subsaharienne est simplement un pas vers la planification des actions de développement

en prenant en compte le développement humain. Le contrôle de la croissance démographique se pose plus comme le résultat du développement humain que comme une solution miracle à la pauvreté. Et il est nécessaire de trouver un équilibre entre la réduction des naissances et les besoins de main-d'œuvre nécessaires au développement.

3. Les réfugiés

Les discours sur la nécessité de réduire les naissances découlent des situations catastrophiques qui s'enchaînent dans la région subsaharienne de l'Afrique. En plus des conditions économiques médiocres, des conflits militaires doublés des violences politiques ont fait partir de chez eux des millions d'Africains du sous-continent, obligés d'émigrer vers un autre pays. Signe de la récurrence de ces types de drames, l'Afrique subsaharienne compte l'une des plus nombreuses populations de réfugiés au monde. Selon le Comité des États-Unis pour les réfugiés, sur 14,5 millions de réfugiés dans le monde, 3,5 millions vivaient dans cette région en 1996. Ces situations affectent à la fois la démographie du pays d'accueil comme celle du pays d'arrivée. Les frontières deviennent moins étanches et la situation de guerre et de réfugiés fragilise les structures existantes dans le cadre de la lutte contre certaines maladies mortelles qui augmentent la mortalité. Tel fut le cas des pays déchirés par les conflits comme la Sierra Leone, le Libéria, l'Érythrée, la Somalie, le Soudan, l'Angola, l'Éthiopie, le Burundi, le Rwanda, le Congo, la Côte d'Ivoire, l'Éthiopie, le Soudan, le Tchad, l'Ouganda, le Congo Démocratique. Tel le cas aujourd'hui encore du Mali, de la Centrafrique, du Nigéria, de la Lybie et du Soudan du Sud.
On entend par réfugiés des personnes forcées de quitter leur pays natal de peur de subir des persécutions pour des raisons politiques ou religieuses. Il est prévu qu'ils retournent chez eux dès que les conditions se stabilisent dans leur pays d'origine.
Les organisations internationales comme le Haut-commissariat des Nations Unies pour les réfugiés et la plupart des pays d'accueil proposent leur rapatriement. Beaucoup de réfugiés ne manifestent cependant pas la volonté de rentrer chez eux. Souvent, des réfugiés ou leurs descendants finissent par s'intégrer dans un pays d'accueil s'ils y séjournent assez longtemps. Il arrive aussi que les autorités de leur pays de provenance retardent leur retour pour éviter qu'un afflux

soudain de citoyens engendre des perturbations sociales et économiques. Dans cette optique, on compte des centaines de milliers de réfugiés qui ont fui l'Érythrée durant les 30 années de la guerre d'indépendance contre l'Éthiopie. À la fin de la guerre en 1991, la plupart des réfugiés érythréens ne sont jamais revenus aux pays.
Confronté à une situation économique exsangue, le gouvernement érythréen ne prend nullement des mesures pour encourager le retour de ses citoyens refugiés. En conséquence, il n'existait aucune instance qui incite ces réfugiés à revenir dans leur pays. Ceci n'est pas un cas isolé en Afrique subsaharienne. Ainsi, le rapatriement des Rwandais réfugiés en Tanzanie connaît une bien meilleure fortune. À la fin 1996, la Tanzanie hébergeait environ 73 000 réfugiés en provenance du Rwanda, du Burundi et du Congo (ex-Zaïre), ce qui faisait de ce pays le plus grand abri de réfugiés en Afrique subsaharienne. Les réfugiés étaient regroupés dans des zones relativement éloignées au nord-est de la Tanzanie. Le réseau routier y était médiocre, l'approvisionnement en eau défaillant, alors que les besoins des réfugiés en bois de chauffage accentuaient la déforestation et la dégradation de l'environnement.
Les relations entre ces réfugiés et les populations locales ont été souvent tendues. Certes quelques décennies plus tôt, les populations d'Afrique subsaharienne, au nom de la tradition d'accueil, affichaient une grande sollicitude à l'égard des réfugiés. Mais cette situation a totalement changé et les réfugiés sont de plus en plus mal perçus par les autochtones vivant au voisinage de leur site. Pour éviter les problèmes, le Haut- Commissariat des Nations Unies pour les réfugiés et les autorités tanzaniennes ont œuvré pour le rapatriement des centaines de milliers de Hutus rwandais qui avaient quitté leur pays pendant et après la guerre civile de 1994 entre Hutus et Tutsis.
De nombreux réfugiés rwandais avaient redouté de regagner leur pays gouverné par les Tutsis alors que d'autres étaient découragés de rentrer par les chefs Hutus des camps, qui avaient trempé dans le génocide contre les Tutsis et les Hutus modérés au Rwanda. À la fin de l'année, des centaines de milliers de Rwandais réfugiés au Congo rentrèrent au Rwanda. Les dirigeants profitèrent de cette vague de retour pour annoncer alors la fermeture des camps, pensant que les réfugiés regagneraient leur patrie. Des centaines de milliers d'entre eux évacuèrent les camps, mais pour aller s'installer dans d'autres régions de leur pays d'accueil au lieu de rentrer au Rwanda. Les autorités tanzaniennes finirent par procéder à des rapatriements forcés

si bien qu'on estime à 470 000 le nombre de Rwandais ainsi rapatriés à la fin de 1996.

Tableau 7 : Migrations en Afrique subsaharienne

Pays d'accueil	Nombre de réfugiés (milliers)	Pays d'origine
Guinée	650	Libéria Sierra Leone
Congo (ex- Zaïre)	455	Rwanda, Angola, Soudan, Burundi, Ouganda
Soudan	395	Érythrée, Éthiopie, Tchad, autres
Tanzanie	335	Burundi, Rwanda, Congo, autres
Éthiopie	328	Somalie, Soudan, Djibouti, Kenya
Côte d'Ivoire	320	Libéria
Ouganda	225	Soudan, Congo, Rwanda
Kenya	186	Somalie, Soudan, Éthiopie, autres
Zambie	126	Angola, Congo, autres
Liberia	100	Sierra Leone
Sénégal	51	Mauritanie, autres
Rép. Centrafricaine	36	Soudan, Tchad, autres
Ghana	35	Togo, Libéria
Niger	27	Mali, Tchad
Burkina Faso	26	Mali, autres
Afrique du Sud	23	Angola, Somalie, Nigéria, Congo, autres
Djibouti	22	Somalie, Éthiopie
Rwanda	20	Congo, Burundi
Rép. Du Bissau	16	Angola, Tchad, autres
Guinée-Bissau	15	Mauritanie
Mali	15	Mauritanie
Mauritanie	15	Mali
Sierra Leone	15	Libéria
Burundi	12	Congo, Rwanda
Bénin	11	Togo, Nigéria
Togo	10	Ghana
Pays d'origine		**Pays d'accueil**
Libéria	755	Guinée, Côte d'Ivoire, Sierra Leone, Ghana, Nigeria
Somalie	467	Éthiopie, Kenya, Djibouti, Afrique du Sud, autres
Soudan	434	Ouganda, Congo, Éthiopie, Rép. Centrafr, Kenya, Érythrée, autres
Sierra Leone	350	Guinée, Liberia
Érythrée	343	Soudan, autres
Burundi	285	Tanzanie, Congo, Rwanda
Rwanda	257	Congo, Tanzanie, Ouganda, Burundi
Angola	220	Congo, Zambie, République du Congo
Congo (ex-Zaïre)	117	Burkina Faso

Mali	80	Sénégal, Mali
Mauritanie	65	Soudan, Kenya, Djibouti
Éthiopie	58	Ghana, Bénin
Togo	30	Guinée-Bissau, Gambie
Sénégal	17	Rép. Centrafricaine
Tchad	15	Algérie
Niger	15	Congo
Ouganda	15	Congo
Djibouti	10	Éthiopie
Ghana	10	Togo

Les déplacements de réfugiés concernent généralement des milliers d'hommes, de femmes et d'enfants sur une période relativement courte ou parfois longue avec des départs échelonnés sur de nombreuses années. C'est le cas du Rwanda avec les vagues de départ successives des Tutsis depuis les indépendances. En dehors des mouvements de réfugiés entre les frontières nationales, on observe des déplacements de millions d'Africains subsahariens à l'intérieur de leur pays en raison de conflits internes ou d'interventions militaires. Les données des experts chiffrent en 1997 à près de 3,7 millions d'habitants en Afrique subsaharienne, le nombre de réfugiés vivant en dehors de leur pays d'origine. Des millions d'autres avaient été déplacés à l'intérieur de leurs propres frontières. Dans la constellation démographique des pays d'Afrique subsaharienne, les estimations de la fin de l'année 1996 donnaient 1,2 million d'Angolais, 400.000 Burundais, 1 million de Libériens et 4 millions de Soudanais qui devraient vivre loin de leur domicile en raison de la guerre civile et des conflits ethniques.

CHAP 5 : POLITIQUES DE RÉDUCTION DE LA CROISSANCE DÉMOGRAPHIQUE EN AFRIQUE SUBSAHARIENNE

1. Comment réduire la démographie ?

Au regard des évolutions récentes, il est indéniable que l'Afrique subsaharienne connaissait des taux de fécondité et de croissance démographique très élevés. Les effets de ces taux très élevés sont constamment mitigés par des taux de mortalité maternelle et infantile des plus forts au monde. Le niveau élevé de ces taux de croissance démographique a suscité des inquiétudes alimentées par la déconfiture sociale qui règne dans ces pays. En clair, la problématique de la réduction de la population est indissociable de la lutte contre la pauvreté. La preuve est que les pays européens ont une population plus nombreuse que de nombreux pays d'Afrique noire, mais la réduction de la croissance démographique fait suite aux problèmes socio-économiques rencontrés par les pays concernés. On se rend dès lors compte que la réduction de la croissance démographique est une donnée relative relevant plus de la stratégie de développement que d'une exigence vitale. C'est dans cette optique qu'il faut comprendre les démarches entreprises. De ce nombre, se trouve le Programme d'action Kilimandjaro qui a contribué à faire prendre conscience et à faire naître de nouvelles politiques de population. Très prompts à prendre le problème au sérieux, des pays comme le Nigeria, la Tanzanie, la RDC (ex-Zaïre), la Zambie, le Soudan, le Libéria et d'autres pays d'Afrique noire ont conçu des politiques visant à réduire les taux de fécondité et de croissance démographique. La même dynamique fit que les gouvernements africains se réunirent en 1992 à Ngor (Sénégal) dans une session préparatoire à la Conférence internationale des Nations Unies sur la population et le développement (CIPD) de 1994. La réunion donna lieu à la « Déclaration de Dakar/Ngor sur la population, la famille et le développement durable ». Les actions devaient se focaliser sur la survie des familles. La Déclaration de Ngor/Dakar préconise des politiques globales

articulées autour des problèmes de population. Le champ d'action est aussi élargi à des domaines connexes comme la santé de la reproduction, la détérioration de l'environnement, la croissance économique et la pauvreté. Les pays de la zone doivent articuler leurs programmes autour des objectifs nationaux de réduction de la croissance démographique et de renforcement des mesures de contraception. De manière globale, il fut convenu que l'Afrique subsaharienne devrait œuvrer à faire passer le taux d'accroissement naturel de la population de 3,0 à 2,0% en 2010. Mais bien avant cela, la mitigation du facteur démographique parmi les pesanteurs de la lutte pour le développement a fait l'objet de la conférence de 1984.
Réunis à Arusha en Tanzanie pour préparer la Conférence internationale sur la population et le développement de Mexico, les gouvernements africains ont élaboré le Programme d'action Kilimandjaro en matière de gestion de la croissance démographique. À cette conférence a été émise pour la première fois une initiative globale de la part des gouvernements africains. De manière officielle, se faisait jour l'importance vitale des facteurs démographiques dans les efforts de développement économique et social. Les pays participants, bref les pays d'Afrique subsaharienne ont reconnu la nécessité de baisser les taux de fécondité et de croissance démographique en promouvant le planning familial au sein de leurs populations. Cette prise de position constitue une volte-face lorsqu'on se rappelle les conférences antérieures, notamment celle des Nations Unies sur la population de 1974. Ces pays ne considéraient pas la forte croissance démographique comme un problème en soi puisque la densité de leurs populations était encore faible. Le changement de position vient du fait que la forte croissance de la population impose des investissements lourds pour hisser les prestations sociales à la hauteur des besoins de leurs populations. En dehors de ce fait, la croissance démographique passait pour une norme tangible pour la plupart des pays, si bien qu'il n'était pas utile de concevoir des politiques destinées à réduire l'accroissement naturel. De fait, la densité de population en Afrique noire autorisait un accroissement naturel à l'époque. Il fallut attendre que les problèmes sociaux insolubles bloquent les capacités de ces pays à prendre en charge les besoins de leur population. Bien avant cette réunion, seuls de rares pays d'Afrique subsaharienne comme le Kenya et le Ghana avaient très tôt mis en place une ligne politique en matière de gestion de la démographie. Avec la conférence d'Arusha, les gouvernements

africains ont affiché leur positionnement face à la question de la population. De manière globale, la plupart des gouvernements s'inscrivaient dans une optique de réduction de l'accroissement naturel suite aux résultats fournis par une série de recensements et d'enquêtes qui ont révélé une prévalence contraceptive de 10 à 40%. Les balbutiements d'une politique démographique vont se confirmer suite à la conférence CIPD du Caire où plus d'une centaine de pays ont manifesté leur adhésion au principe de la stabilisation de la population mondiale.
La Conférence du Caire a recentré les politiques démographiques autour d'enjeux plus généraux qui concernaient l'amélioration du statut de la femme, la réduction de la pauvreté, la protection de l'environnement et la croissance économique. Sont dès lors établis des objectifs spécifiques de diminution de la mortalité maternelle et infantile et d'accès plus large au planning familial. Ce projet nécessitait un apport conséquent en matière d'éducation, de planification, mais aussi de disponibilité des services de santé de la reproduction. La promotion de l'équité genre devait converger vers la même finalité. En fonction des pays, l'accent fut mis sur des aspects comme la santé de la reproduction et sur l'égalité entre les sexes.

2. Les suites des politiques démographiques

2.1 Les entraves à la réduction de la démographie

Il est important de relativiser le positionnement des gouvernements africains face à la question, car il peut aussi bien résulter de la pression tacite ou expressive des Organisations Non Gouvernementales plutôt que de la volonté des dirigeants. Quoi qu'il en soit, la volonté d'infléchir le taux de fécondité ne peut se concrétiser par les seuls discours politiques. Face à des populations souvent ignorantes des possibilités contraceptives et ancrées dans des pratiques coutumières, il est impérieux d'accompagner sérieusement les pouvoirs publics d'Afrique subsaharienne. Or, à la suite des différentes conférences internationales, les partenaires internationaux et les organismes de coopération bilatérale et multilatérale ont promis de s'impliquer financièrement. Le moindre retard ou la mauvaise utilisation de ces financements pourrait compromettre les effets de cette mobilisation.

Or, les donateurs internationaux hésitent parfois à satisfaire les engagements pris pour soutenir les pays d'Afrique subsaharienne. Dans ces conditions, il fut difficile de matérialiser les visées de la CIPD, entendu que les problèmes de financement ont remis en cause les politiques de population destinées à faire baisser la fécondité en Afrique subsaharienne. Du coup, les politiques démographiques inspirées par les conférences internationales ont du mal à susciter des changements de comportements individuels au niveau des populations. Les politiques destinées à limiter la fécondité interviennent dans un enchevêtrement de vecteurs sociaux. Influencer les comportements de reproduction des millions de personnes exige des instruments efficaces pour aboutir à des résultats concluants. Au fil des années, les politiques de réduction de la fécondité et donc de la natalité ont eu du mal à s'imposer, car elles ont été trop mal articulées et confrontées à un manque criant de moyens matériels et humains. De fait, la plupart des pays d'Afrique noire étaient gérés sans programmes politiques, économiques et sociaux cohérents qui puissent orienter l'action gouvernementale. La politique en matière de démographie souffrait du même handicap et aujourd'hui, il n'est pas évident de préciser clairement les impacts des politiques menées en la matière.
C'est en fait que la question démographique n'a jamais été envisagée comme un problème existant pour soi. Toujours, la réduction de la démographie à l'échelle des pays africains se trouve forcément corrélée à des exigences qui, parfois ne trouvent pas l'adhésion des populations ayant une vision socio- culturelle endogène. Le problème de réduction de la fécondité est souvent appréhendé dans une perspective macroscopique corrélée avec les vecteurs comme le coût de la vie, l'égalité des sexes, autant de valeurs qui sont exogènes aux yeux des populations. Loin d'inscrire la réduction de la fécondité dans une optique générale du bien-être endogène avec les échappatoires pour des particularismes socioculturels, les experts nationaux et locaux ont toujours opéré de manière cavalière avec les populations. De manière classique la motivation des politiques de réduction de la croissance ne repose pas sur le désir de promouvoir le bien-être humain. Elle est plus orientée sur la nécessité, pour les pays d'Afrique subsaharienne, de réduire les investissements dans les secteurs sociaux afin de pouvoir satisfaire le service de la dette. Dans ces conditions, la politique de réduction de la croissance de la population est juste un paravent, puisque de nombreuses populations sont livrées à elles-mêmes dans nombre de pays. Aujourd'hui, avec l'avancée de la

scolarisation et la constitution d'une élite assez large, nombre de ménages comprennent par eux-mêmes les avantages d'une famille composée d'un nombre restreint d'enfants. Il suffira juste de les accompagner sans se leurrer sur le fait que la réduction de la natalité est simplement un aspect de la promotion du bien-être humain. Elle ne peut être la solution à tous les problèmes, loin de là, elle peut, à long terme faire surgir les problèmes de vieillissement de la main-d'œuvre auxquels sont confrontés plusieurs pays du Nord aujourd'hui. Et d'ailleurs, infléchir la natalité ne met pas à l'abri des problèmes sociaux. Autre est le contrôle et la maîtrise de la croissance démographique, autre est aussi l'installation d'infrastructures effectives pour soutenir la politique démographique. L'absence de services de santé et de planification familiale au sein des communautés les plus reculées des zones urbaines explique d'ailleurs les échecs successifs enregistrés par de nombreux pays.
Certes, les assises aboutissant à la formulation des politiques démographiques assurent aux décideurs africains une certaine vision de l'idéal à poursuivre pour garantir à leurs citoyens de meilleures conditions de santé de la reproduction. La base d'une telle politique ne peut être consolidée sans une définition et une identification claire et concise des problèmes relatifs à la population et à la santé de la reproduction. L'approche participative en la matière est une exigence incontournable, étant donné que la reproduction assure des fonctions sociales proéminentes au sein des communautés d'Afrique subsaharienne. Plus que l'effectivité des grandes projections des organismes et experts internationaux, la compréhension qu'ont les chefs de ménage du poids économique des enfants est plus décisive. C'est à cette seule condition qu'on pourrait impulser une certaine baisse de la fécondité qui pourrait effectivement réduire le taux d'accroissement naturel de manière significative en Afrique subsaharienne.

2.2 Des politiques démographiques fragmentaires

La fragmentation de l'espace africain au lendemain des indépendances a fait surgir des pays de tailles diverses ayant des capacités différentes d'expansion des orientations nouvelles au sein de leurs populations. Ces capacités dépendent aussi du degré d'efficience et de présence administrative des instruments étatiques dans les zones périphériques.

Depuis des décennies, le Nigeria a acquis la prééminence démographique en Afrique subsaharienne. Ce statut ne se pose pas a priori en termes de prouesses, mais l'enjeu essentiel est d'utiliser ces segments démographiques pour impulser des actions de développement conséquentes. Et au fil du temps, le Nigéria a acquis le statut de géant africain, même si des problèmes immenses restent à régler. Certes, ces problèmes relèvent aussi de sa très forte démographie, mais le contrôle de l'élément démographique associé aux mesures de promotion sociale conséquentes permet de bonifier cette situation.

Contribution des pays à la croissance de l'Afrique subsaharienne (en moyennes annuelles)

Graphique 5 : Part du Nigéria dans le PIB régional

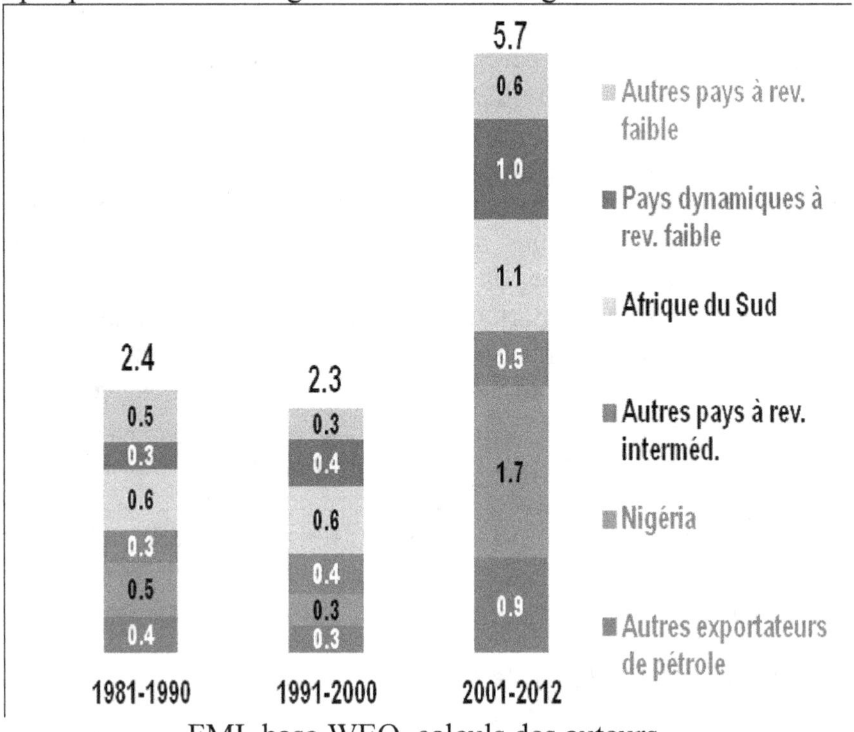

FMI, base WEO, calculs des auteurs.

La population du Nigéria se serait élevée en 1997 à entre 107 et 118 millions, un lourd poids démographique selon les experts, mais aussi un immense marché que se disputent depuis quelques décennies des firmes occidentales. Ce pays est de loin le plus peuplé du continent devant l'Éthiopie (dont la population était estimée à 58,7 millions en 1997) et le Congo démocratique (avec une population de 47,4

millions). Vient ensuite l'Afrique du Sud avec une population de 42,5 millions. Ces quatre pays subissant les effets d'une croissance démographique incontrôlée affichent des fortunes diverses dans le classement des puissances économiques sur le continent africain. Le Nigéria et l'Afrique du Sud se détachent du lot pendant que l'Éthiopie aussi s'emploie à amorcer un décollage économique laborieux. Seule la République Démocratique du Congo reste engluée dans des problèmes qui ne dérivent pas de la forte croissance démographique. En dehors de l'Afrique du Sud, les trois autres pays les plus peuplés d'Afrique Subsaharienne connaissent des problèmes de stabilité à des échelles différentes ; mais ce n'est nullement le résultat d'une croissance incontrôlée de la population. Bien au contraire, les pays les plus peuplés du continent sont les plus performants du point de vue du progrès économique. On ne peut nier le fait que ces pays iraient encore mieux s'ils n'avaient à gérer les effets d'une population galopante, mais la taille de leur population ne serait pas entièrement étrangère non plus à leurs acquis en matière de développement. Cela confirme le fait que la démographie galopante n'est pas en soi une pesanteur au développement, elle a besoin d'être prise en compte comme un vecteur dans l'élaboration des politiques économiques, sociales et dans les stratégies de réduction de la fécondité. Le problème de la trop forte croissance doit donc être référé à toute une série de paramètres permettant d'établir une corrélation claire entre les enjeux démographiques et socioéconomiques. Ceux-ci ne peuvent être circonscrits qu'à des segments endogènes qui prennent en compte les intérêts des masses populaires. Après la première vague des pays les plus peuplés du continent, suivent ensuite quatre autres pays qui sont le Kenya, le Soudan, la Tanzanie et l'Ouganda peuplés chacun entre 20 à 30 millions de personnes.
Toutefois, la nécessité objective de la réduction des naissances doit être mesurée à l'aune de la densité de la population. Même si l'Afrique subsaharienne est le théâtre de drames humains récurrents, il reste à établir la relation de causalité entre ces drames et la démographie galopante. Ce qui est sûr cependant, c'est que ces drames sont amplifiés au niveau des populations par le très fort taux de fécondité. Il est notoire qu'un ménage de taille réduite peut aisément survivre aux cycles de sécheresses et de famines qu'une famille de plusieurs membres. Ces nuances ont leurs importances si les instances publiques veulent vraiment faire de la réduction de la fécondité une question plus sociopolitique que juridique. En outre, il

est important que la réduction de la fécondité soit le résultat de stratégies sélectives selon les pays. Les zones à forte densité de population comme le Rwanda et le Burundi se trouvent devant la nécessité de trouver des solutions sûres aux problèmes fonciers. Dans cette optique, la réduction de la fécondité peut à long terme réduire la pression sur les ressources foncières. L'approche sélective dans la promotion des politiques antinatalistes se justifie d'autant plus que les pays de la zone connaissent des situations démographiques souvent variées. Même si la structure de la pyramide des âges de ces pays semble indiquer des analogies frappantes, les politiques de maîtrise de la croissance démographique interviennent dans des contextes spécifiques à chaque pays, des contextes dictés par la densité de la population, les pratiques socioculturelles en matière de reproduction, les contingences socioéconomiques et les orientations de la politique gouvernementale en matière de réduction des naissances. La diversité des situations démographiques nationales est illustrée par l'existence de groupes de pays se distinguant en fonction de l'effectif de la population. À la différence des mastodontes démographiques, il existe en Afrique noire près d'une vingtaine de pays avec chacun une population de moins de cinq millions d'habitants.
De toute la population d'Afrique subsaharienne, on estime qu'environ 13% vit dans des pays extrêmement pauvres avec des ressources naturelles peu compatibles avec les exigences du développement. De ce nombre se trouvent le Tchad, le Mali et le Niger, des pays de la sous-région sahélienne. Dans la même zone, on trouve des pays africains amplement dotés par la nature en minerais, diamants et autres ressources naturelles pouvant servir de base à des politiques ambitieuses de développement économique et social. Mais nombre de ces pays souffrent de la pauvreté en ressources humaines adéquates, en professionnels instruits.
Toujours en Afrique subsaharienne, certains pays auraient du mal à être convaincus du bien-fondé d'une politique antinataliste dans la mesure où leurs populations sont des moins nombreuses de la zone. De ce nombre se trouvent six îles ou groupes d'îles à l'instar du Cap-Vert, des Comores, de l'île Maurice, de l'île de la Réunion, des Seychelles et de Sao Tomé et Principe.
Un bref regard évolutif sur la population d'Afrique Subsaharienne aboutit aux constats suivants : la population de cette zone se chiffrait à environ 614 millions en 1997, soit 10% de la population du globe. Rapportées à la superficie de cette zone, ces données permettent d'avoir

une idée sur l'opportunité d'une réduction systématique de la population. Le taux de croissance de la population se chiffrait à 2,7% dans les années 90. Sur cette base, il était prévisible que la population devrait doubler en 25 ans. Ce qui justifie les incitations faites aux pays de la zone concernée, c'est que ce taux de croissance dépasse celui des autres grandes régions du monde. Mais il est important de discerner que ce taux est dû à l'écart entre le taux de natalité et le taux de mortalité. En effet, les taux de mortalité ont chuté substantiellement ces dernières décennies en Afrique subsaharienne, même s'ils demeurent les plus élevés au monde. Au même moment, les taux de natalité ont conservé un niveau élevé, alimentant une forte expansion démographique.

La population d'Afrique subsaharienne se répartit en multiples groupes ethniques avec des perceptions multiples de la famille. Cette multiplicité identitaire peut dégénérer en rivalités qui vont pousser les différentes entités à chercher une prédominance numérique. Ceci rend difficile l'acceptation de politiques antinatalistes au sein des familles. Il n'est pas rare que les femmes se heurtent à une incompréhension de leurs conjoints et de leurs familles qui interprètent leur désir de contraception comme une anomie comportementale.

Les effets de la croissance démographique sont amplifiés avec des situations conjoncturelles engendrées par des performances économiques médiocres, des pratiques de corruption dans le monde des affaires et de la fonction publique et l'instabilité politique. Les problèmes sociaux directement liés à la croissance de la population viennent simplement se greffer sur des situations néfastes, conférant à l'Afrique subsaharienne le statut de régions la plus pauvre au monde.
Cette pauvreté opère différemment au sein des ménages, ce qui fait que l'argument matérialiste en matière de réduction des naissances aurait du mal à trouver l'adhésion des couches les plus nanties. Car les conditions de vie en Afrique subsaharienne diffèrent selon que l'on soit dans les centres urbains ou dans les zones rurales reculées. Toutefois, les populations des zones urbaines d'Afrique Subsaharienne évoluent dans des cadres socioéconomiques ancrés dans les communautés traditionnelles avec des croyances et des perceptions religieuses régentant les relations interindividuelles et intercommunautaires. Ces communautés, malgré leur mode de vie urbain, conservent des pratiques confortant la démographie galopante. Ainsi, jeunes femmes et jeunes hommes se marient pour avoir

généralement un nombre d'enfants selon qu'ils le veulent. Des convictions religieuses ou socioculturelles font de la polygamie une norme au sein de certaines communautés. Ces convictions résistent d'ailleurs dans des cercles où l'urbanisation et l'éducation ont réalisé un grand travail de modernisation de la pensée et du mode de vie. Première activité socioéconomique dominante, l'agriculture reste le meilleur pourvoyeur d'emplois en Afrique subsaharienne et ceci n'est pas sans conséquence pour la démographie. Car les modes d'exploitation traditionnelle de la terre reposent sur une famille large dont les membres constituent autant de main d'œuvre pour l'expansion de la production. Cette réalité est à l'origine de la forte précarité, puisque la mentalité d'une main d'œuvre facile pour le travail de la terre ne fut nullement modifiée alors que les superficies cultivables se réduisaient devant la pression démographique sur la terre. Les communautés ne peuvent intégrer cet état de choses à leur perception de la vie sociale alors qu'elles sont en majorité analphabètes et que les institutions publiques ne les y encouragent nullement. Celles-ci ne le peuvent outre mesure, confrontées qu'elles sont à l'absence d'une articulation de la politique démographique basée sur des données fiables. En effet, les estimations démographiques et de santé de la reproduction pour l'Afrique subsaharienne reposent souvent sur des données fragmentaires et approximatives. Il n'existe pas dans ces pays une culture statistique rigoureuse permettant un enregistrement systématique des naissances et des décès. Dans ces conditions, les données obtenues à partir des recensements ne rendent pas exactement compte de la réalité des estimations des populations.
Les balbutiements de lignes politiques articulées autour du contrôle de l'évolution de la population ont fait comprendre aux différents acteurs publics des pays de la zone, l'importance des recensements. L'activisme des Organisations Non Gouvernementales et des organismes de coopération internationale ont abouti à la constitution de banques de données fiables fournies par des enquêtes démographiques nationales menées à de larges échelles. Très répandues sur le continent, ces enquêtes sont devenues la source la plus importante d'informations en matière de population et de santé de reproduction. Au niveau international, les initiatives les plus importantes sont l'Enquête mondiale de fécondité (EMF) et les projets d'Enquêtes démographiques et de santé (EDS). Les enquêteurs de l'EMF ont opéré dans dix pays d'Afrique subsaharienne lors des

décennies 70 et 80. Depuis le milieu des années 80, les Enquêtes Démographiques de la Santé initiées grâce à la coopération intérieure et extérieure ont permis de réaliser des dizaines d'enquêtes dans la région. On peut dès lors disposer des données sur la base desquelles les statistiques peuvent donner une idée sur l'évolution générale de la population ainsi que les vecteurs de cette évolution.

2.3 Mutations démographiques en Afrique subsaharienne

L'acuité des problèmes démographiques en Afrique subsaharienne est sous-tendue par la profusion des problèmes sociaux qui mobilisent les acteurs externes au chevet des pays africains. Ce sont ces acteurs qui aident à cerner les problèmes démographiques et incitent à articuler des stratégies nationales pouvant infléchir la fécondité. La dévalorisation de la vie rurale avait engendré un afflux massif des forces de production vers les zones urbaines. Or, le secteur économique formel des pays africains a échoué à garantir un refuge socioprofessionnel aux flots grandissants des demandeurs d'emploi. De nombreux citadins cherchent à cacher leur précarité professionnelle dans les activités du secteur informel comme le petit commerce de rue. Les difficultés professionnelles surviennent sur un terreau sociétal constitué par l'analphabétisme. Bien qu'il soit en recul dans la plupart des pays de la zone, de nombreux îlots d'analphabétisme subsistent, qui compromettent les chances de nombreux citoyens. Même les individus qui échappent à l'analphabétisme doivent compter avec des difficultés résultant du fait que la qualité de l'éducation est viciée par l'absence de financement adéquat des écoles. La démographie galopante alimente en partie des taux élevés d'abandon scolaire dont les victimes seront peu réceptives aux actions de promotion de mesures contraceptives. Celles-ci ont, par ailleurs, du mal à s'imposer dans un contexte où les décès subits ont installé une mentalité de compensation de la mortalité au sein des ménages. Et de fait, les taux de mortalité restent des plus élevés au monde et ils se confortent en raison des ravages de l'épidémie du VIH/SIDA. À ce fait s'ajoutent des incertitudes médicales qui restreignent l'espérance de vie et confortent le désir des jeunes mariés d'augmenter le nombre de leurs progénitures. De ce nombre, on trouve la malnutrition, le paludisme et les maladies infectieuses qui causent de grands ravages au sein de la population. Toutefois, les contextes politiques, économiques et sociaux de l'Afrique subsaharienne, loin d'être statiques, sont la proie de transformations profondes qui modifient les perceptions du bien-être, de la famille et du ménage. À supposer que l'Afrique subsaharienne parvienne à juguler la pauvreté et le sous-développement, comment seront dès lors orientées les politiques de réduction de la fécondité ? Il est aussi judicieux de s'interroger sur les retombées d'une transition démographique réalisée par la force d'actions exogènes basées sur des constats de précarité diffuse faits au sein des catégories de population. Même si la réduction de la natalité se pose comme une nécessité dans le combat contre le sous-développement et la pauvreté, il ne faut pas perdre de vue les conséquences sociales pouvant découler d'une transition démographique réalisée en un temps record sous la pression de conjonctures internes et de partenaires internationaux. En Afrique subsaharienne, les pays qui se sont dotés d'une politique démographique ont fait un pas dans le bon sens, mais il reste que les gouvernements mobilisent des ressources conséquentes pour soutenir de telles lignes politiques. À défaut, les institutions publiques vont encore attendre l'appui des instances exogènes qui vont exiger, en échange de leurs soutiens financiers, que les institutions publiques laissent les orientations gouvernementales et suivent des lignes tracées par des experts étrangers. Le débat sur la gestion de la question démographique ne doit pas faire l'objet d'une complaisance nourrie par les orientations internationales, mais chaque pays se trouve dans une situation économique, sociale et démographique qui doit inspirer une politique bien déterminée. Au-delà de toutes ces considérations, il est important de souligner que : « *Le taux de fécondité étant généralement plus élevé chez les personnes pauvres, la croissance démographique en Afrique subsaharienne accroîtra sans doute leur proportion au sein de la population totale, à moins que leurs revenus n'augmentent assez rapidement pour les sortir de la pauvreté* ». (PNUD, Rapport mondial sur le développement humain 2012 : 68).

La différence entre les naissances et les décès au sein de la population d'Afrique subsaharienne déjà réduite vers la fin de la colonisation s'est accrue avec une forte célérité au lendemain des indépendances. L'accroissement naturel au sein de la population de la région a augmenté de près de 2,3% dans les années 50 pour se hisser à 2,6 dans les années 60 et toucher les sommets avec plus de 2,8% au début des années 90. Suite aux conjonctures économiques, aux crises socioéconomiques récurrentes et aux crises politico- militaires répétées, l'accroissement naturel est retombé autour de 2,7% au milieu des années 90. Le niveau élevé de l'accroissement naturel entre 1950 et 1990 signifie une croissance continue de la population puisqu'au même moment, la mortalité recule grâce à la fréquence et à l'intensité des campagnes de vaccination qui réduisent de manière sensible la mortalité infantile. Le taux de mortalité général en est aussi affecté si bien que tous les indicateurs convergeaient vers une croissance fulgurante de la population de la zone. Le renforcement des politiques de santé publique a fini de faire le reste. En conséquence, des discours alarmistes ont commencé par poindre avec l'intervention massive des organismes internationaux dans les crises africaines et dans les drames humanitaires. Que ce soit sous la pression des mesures contraceptives ou des drames humains des années 1990, l'accroissement naturel s'est ralenti. Stabilisés entre-temps grâce aux progrès de santé publique en Afrique noire, les taux de mortalité sont devenus stables avant de monter à nouveau en flèche sous l'effet de l'épidémie du VIH/SIDA. Le sommet est atteint avec le taux d'accroissement naturel de l'Afrique subsaharienne qui grimpe à 2,7% en 1997. En ce moment, cette région du monde enregistrait la plus forte croissance démographique de la planète.

2.4 Transition de la fécondité

L'effectif actuel de la population d'Afrique subsaharienne résulte des tendances croisées reposant sur les niveaux de fécondité et les taux de mortalité qui ne cessent de baisser dans la zone. Selon les projections à moyen terme des Nations Unies, l'indice synthétique de fécondité moyen, parti de 6,0 en 1995, serait tombé à 4,6 en 2010, à 3,7 en 2020 et à 2,3 en 2040. Sur la base de cette simulation, la population serait passée de 588 millions en 1995 à 1,1 milliard en 2020 et 1,8 milliard en 2050. La population du Nigeria serait passée de 112 millions en 1995 à 238 millions en 2050. Pour sa part, entre cet intervalle de 55 années, l'Éthiopie serait passée de 56 à 136 millions d'habitants et l'Afrique du Sud de 42 à 92 millions. Dans le scénario où la fécondité devait décliner lentement jusqu'à 2,8 enfants par femme en 2040, la population d'Afrique subsaharienne avoisinerait les 2,1 milliards en 2050. Dans ces conditions, la population du Nigeria, pays le plus peuplé de la région, serait portée à 256 millions. En supposant un recul plus rapide de la fécondité jusqu'à 1,8 enfants par femme en 2040, la population d'Afrique subsaharienne toucherait le sommet du 1,5 milliard vers 2050.

La fécondité est censée influencer de manière décisive la taille future de la population africaine. Ceci explique les multiples tentatives de contrôle de cette fécondité par les instances gouvernementales. Pour l'Afrique subsaharienne, les taux de natalité vont baisser sous la pression des difficultés matérielles et des mesures d'expansion de la contraception comme le préfigurent déjà certaines régions. Pour John et Pat Caldwell, dont l'expertise fait autorité en matière de population subsaharienne, la fécondité baissera dans la région avec une plus grande rapidité. Les facteurs culturels comme le recul des contraintes traditionnelles, l'analphabétisme, le raffermissement du coût de la vie et les drames humains comme les épidémies, les famines et les troubles politicomilitaires exercent aussi des influences importantes sur la croissance démographique. Les experts en démographie s'accordent sur le recul de la fécondité, mais ont du mal à trouver un chronogramme bien établi pour prévoir les temps exacts de ce recul. De même, il est difficile de déterminer les causes de la forte fécondité actuelle en Afrique et de s'accorder sur les stratégies politiques ou les programmes pouvant accélérer la tendance à la baisse de la fécondité.

Pour comprendre les ressorts de la nouvelle évolution démographique en Afrique subsaharienne, il est important de suivre de près les pays à forte démographie qui constituent les phares de la tendance démographique en Afrique subsaharienne.

Une des grandes mutations dans l'habitus de la reproduction est marquée par la chute des taux de fécondité et une expansion considérable de la contraception. Ces dernières décennies, les pays en développement ont connu un recul notoire de la mortalité. Aux alentours de 1960, l'ISF était situé à de 6,0 enfants par femme en Amérique latine, en Asie du Sud et en Asie de l'Est, et à près de 6,7 en Afrique subsaharienne. Au milieu de la décennie 90, il n'était plus que de 3,0 en Amérique latine, 3,8 en Asie du Sud et 2,2 en Asie de l'Est. Au même moment, la pratique de la contraception connaissait une explosion sans précédent dans ces trois régions. Le pourcentage de femmes mariées âgées de 15 à 49 ans et utilisant les moyens contraceptifs est passé d'environ 13 à 80% en Asie de l'Est, de 7 à 40% en Asie du Sud et de 14 à 67% en Amérique latine. L'Afrique subsaharienne semble être restée en marge de ces mutations dans l'habitus de la reproduction. Elle affichait au milieu de la décennie 90 un ISF de 6,0 enfants par femme, soit seulement 10% en deçà de l'ISF de près de 6,7 des années 60. Dix-huit pour cent seulement des femmes mariées de ce sous-continent utilisaient la contraception vers 1995, soit une petite progression de 5% par rapport aux années 60.

Graphique 6 : Pyramide des âges de l'Afrique subsaharienne (population par groupe d'âge de cinq ans, en millions de personnes)
1960

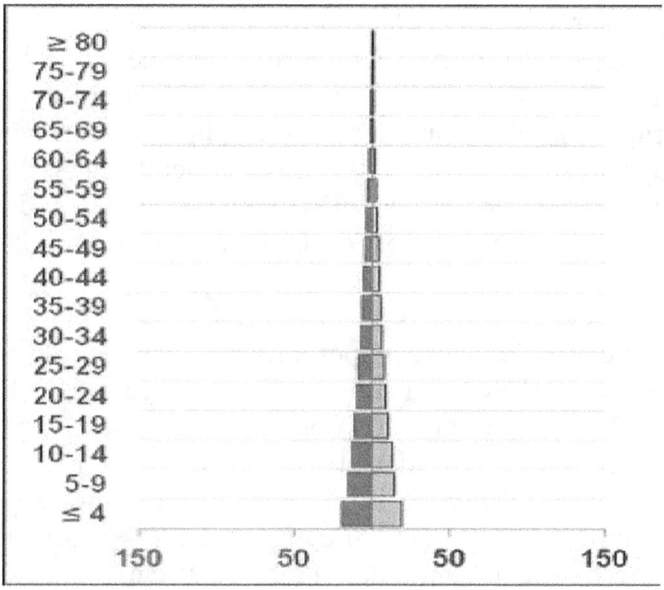

2010

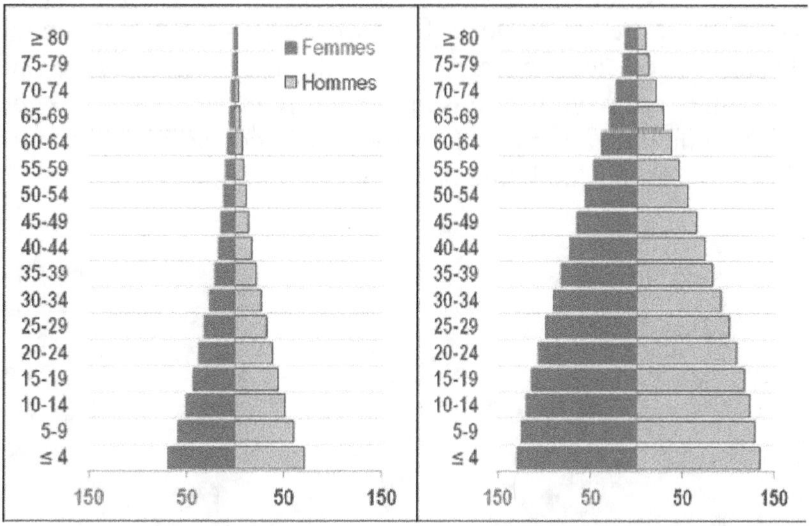

3. Perspectives de baisse de la fécondité

Les analyses des politiques démographiques postulent parfois que le succès des programmes de planning familial, et la baisse de la fécondité requièrent une espérance de vie à la naissance supérieure à 50 ans. La plupart des pays d'Asie et d'Amérique latine ont dépassé ce seuil dans les années 60. Tel est également aujourd'hui le cas des pays d'Afrique subsaharienne dont la fécondité a le plus reculé. Dans de rares pays, l'espérance de vie a dépassé le seuil des 50 ans dans les années 70. C'est juste ces dernières années que les divergences sociales offrent à la population de certains pays le privilège d'une longévité de plus de 50 ans.

Des pays affichant des gains importants en espérance de vie ont vu l'épidémie du VIH/SIDA inverser la tendance à la hausse de l'espérance de vie comme au Botswana, au Zimbabwe et dans quelques autres pays d'Afrique subsaharienne. On ne peut déterminer si ces reculs vont influencer la pratique de la contraception ou la fécondité et freiner la transition africaine vers une fécondité réduite.
L'éducation constitue un autre déterminant stratégique de la baisse de la fécondité. Dans tous les pays du monde, l'éducation des femmes influence leur décision d'avoir moins d'enfants et d'utiliser plus de contraceptifs, ce qui diminue la fécondité. Depuis les indépendances dans les années 60, les pays d'Afrique subsaharienne ont accompli de grands progrès pour rendre l'enseignement plus accessible aux jeunes filles sans pouvoir atteindre les niveaux d'éducation primaire qui prévalaient en Amérique latine dans les années 60.

Graphique 7 : Répartition de la population d'âge actif selon le niveau d'éducation (%)

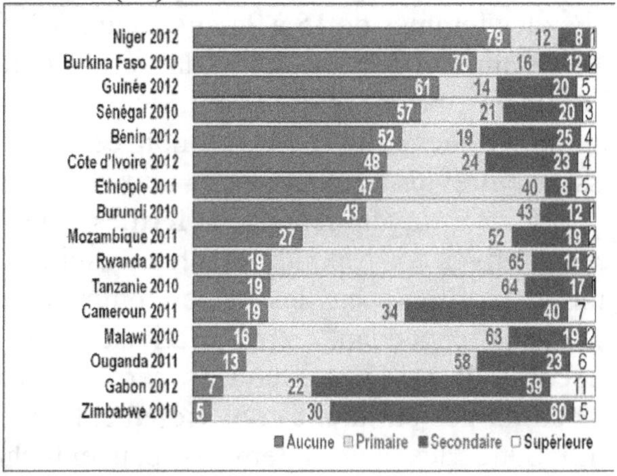

Note : L'année de l'enquête est indiquée à côté du nom des pays. Dans un souci de comparabilité, seuls les pays d'Afrique subsaharienne pour lesquels la dernière enquête DHS est postérieure à 2009 figurent.

Source : USAID, données DHS (Demographic and Health Surveys)

Pour certains experts, la transition de la fécondité ne pourra se faire tant que la proportion de filles inscrites dans les écoles secondaires n'aura pas atteint 20%. Partant d'une moyenne de 21% au milieu des années 90, l'Afrique subsaharienne est parvenue à dépasser ce seuil, mais la plupart de ses pays sont en deçà de cette moyenne, en dehors de la zone australe où près de 80% des filles en âge de fréquenter sont scolarisées.

Le taux de fréquentation plafonnait à 20% dans les autres régions subsahariennes et de moins de 10% dans plusieurs pays. Les conjonctures économiques récurrentes des années 80 et 90 ont réduit la possibilité de nombreux pays d'étendre leurs réseaux scolaires de manière conformément à la croissance de leurs populations. Les taux de scolarisation stagnent ou régressent dans plusieurs pays, à l'instar de l'Angola, du Bénin et du Togo. Ce recul dans le domaine éducatif risque de freiner la transition de la fécondité dans cette région.

La baisse de la fécondité en Afrique subsaharienne est conditionnée par le désir des femmes d'avoir moins d'enfants. Les Enquêtes démographiques et de santé (EDS) et d'autres enquêtes ont révélé que les femmes plus jeunes et souvent plus instruites que leurs mères et grands-mères ont une tendance à avoir un nombre limité d'enfants. Ainsi, selon les résultats de l'EDS de 1995 en Érythrée, la taille idéale de la famille se situait à 6,0 enfants pour l'ensemble des femmes (comme l'ISF), mais à 4,8 chez les femmes de 15 à 19 ans, 5,3 chez celles de 20 à 24 ans. Au Nigeria, le nombre d'enfants désirés se chiffrait à 5,3 chez les femmes de 15 à 24 ans contre 6,3 chez celles de 30 à 39 ans. Au Bénin, ce nombre descendait à 5,0 enfants chez les femmes de 15 à 19 ans, pour remonter à 5,8 chez celles de 30 à 34 ans. Les aspirations de fécondité moins prononcées chez ces femmes plus jeunes laissent entrevoir une baisse des taux de fécondité avec le passage de ces femmes à travers leurs âges fertiles dans la mesure où leurs naissances effectives correspondront à leurs aspirations.

Les préoccupations exprimées par les jeunes femmes sur la taille de leur famille doivent cependant être relativisées en raison des distorsions socioculturelles. Même éduquées, certaines femmes restent soumises à des contraintes culturelles qui violentent leurs perceptions individuelles. En outre, les jeunes femmes peuvent changer d'avis avec l'âge et on pourrait assimiler les « besoins non couverts » en matière de planning familial à un indicateur du potentiel de baisse de la fécondité ainsi que du besoin d'étendre les services de planning familial. Le « besoin non couvert » renvoie à la femme qui court le risque de grossesse et n'utilise pas des contraceptifs malgré son désir de ne plus avoir d'enfant ou de reporter la prochaine naissance de quelques années. La demande potentielle des services de planning familial est généralement en deçà des besoins non couverts. Certaines femmes vont remettre en cause leur désir de contraception sous l'effet des contraintes culturelles, sociales et médicales de la contraception. D'autres femmes tomberont enceintes sous la pression du conjoint et de leur famille. D'autres auront le désir d'arrêter ou de retarder une prochaine naissance, mais ne sont pas au fait de ce que la maternité peut relever d'un choix conscient. Les données des enquêtes confirment que les besoins non couverts sont très élevés en Afrique subsaharienne.

Et de fait, l'EDS de 1993 au Ghana indiquait que 39% des femmes mariées avaient envie d'éviter ou de retarder d'au moins deux ans la prochaine naissance sans pourtant pratiquer la contraception. Les EDS évaluaient les besoins non couverts à 28% en Érythrée (1993) et à un étonnant 62% au Sénégal (1997). Des experts démographes estiment que le taux de fécondité chuterait d'environ un enfant par femme en moyenne si l'on pouvait satisfaire une partie des besoins non couverts en renforçant les services de planning familial. Si l'impact sur les projections démographiques ne s'amplifie pas, cela est dû au fait que la majeure partie des besoins de l'Afrique subsaharienne en planning familial est focalisée sur l'espacement des naissances plutôt que sur leur arrêt. Cela répond à l'habitus psychoculturel des communautés où personne ne peut être accepté par les instances sociales en refusant de procréer. Mais, même avec les espacements, la baisse de la fécondité augmenterait si les femmes avaient les moyens d'espacer ou de réduire leurs maternités grâce au planning familial. Les pays en développement doivent compter au moins 20% de femmes mariées d'âge fertile recourant à une méthode moderne de contraception pour obtenir une baisse prolongée de la fécondité. Cette condition est vérifiée dans certains pays d'Afrique subsaharienne comme l'Afrique du Sud, le Botswana, le Kenya, la Namibie et le Zimbabwe. Par voie de conséquence, ces pays expérimentent un recul marquant de leurs taux de fécondité, la preuve qu'ils ont amorcé la phase de transition de leur fécondité. Ces pays sont aussi à la tête de la tendance à la transition démographique en Afrique subsaharienne. Après ceux-ci, viennent dans la zone des pays dont les taux de prévalence contraceptive moderne sont estimés à entre 10 et 19% et sont aux portes de la transition de leur fécondité. Une partie de ce second groupe de pays est en passe d'amorcer cette transition dans un proche avenir. Il leur faudra cependant surmonter des problèmes économiques et de santé qui risquent de retarder cette transition encore de longues années.

La plus grande partie des pays subsahariens en sont encore à leur troisième niveau et connaissent une prévalence contraceptive très faible (moins de 10%). Mais il est possible que ces pays finissent par prendre aussi des mesures allant dans le sens de la tendance à la limitation des naissances au sein des familles.

CHAP 6 : TRANSITION DÉMOGRAPHIQUE EN AFRIQUE SUBSAHARIENNE

Les orientations et la réceptivité des stratégies de gestion de la démographie ne sont pas étrangères à l'histoire des pays concernés. C'est ainsi que les anciennes colonies britanniques sont devenues indépendantes vers la fin des années 50 ou au début des années 60, et sont gouvernées depuis lors par des Noirs africains. Au Zimbabwe, les évènements politiques aboutirent à une scission au sein de la population. Les colons blancs s'affranchirent de la tutelle du Royaume-Uni en 1966 pour constituer un nouveau pays, la Rhodésie. Son gouvernement instaura l'apartheid, suscitant à l'échelle mondiale un boycott économique contre ce pays. Pour se pérenniser, les Blancs de Rhodésie installèrent des infrastructures économiques et sociales solides pour élever leur propre niveau d'existence. À partir de là, une part importante de la population vit dans de vastes fermes commerciales plus proches d'Europe et d'Amérique du Nord que des petites exploitations agricoles d'Afrique tropicale. Le Zimbabwe aura son indépendance en 1980, suite à une guerre civile longue et dévastatrice. La majorité noire vient aux affaires et l'évolution démographique n'est plus binaire.

Certains indicatifs placent le Zimbabwe aux portes de la transition de sa fécondité dès les années 80. Peu avant l'indépendance, l'espérance de vie à la naissance se situait au-delà du seuil critique de 50 ans et a avancé pendant la décennie suivante. Le gouvernement de Robert Mugabé a augmenté le budget de l'éducation nationale et les effectifs scolaires se sont accrus de manière spectaculaire. Très tôt, les autorités ont reconnu l'importance du facteur démographique dans le développement socio-économique.

Dans cette optique, fut mis sur pied un vaste programme de planification familiale, avec le soutien des bailleurs de fonds internationaux.

Le Programme national de planning familial du Zimbabwe a élaboré un mécanisme de distribution efficace qui offre des services à la population rurale et urbaine. À son accession à l'indépendance en 1980, le Zimbabwe affichait un taux de fécondité d'environ 6,4

enfants par femme, alors que seulement 8% des femmes mariées de 15 à 49 ans avaient accès à la contraception moderne. Selon l'EDS de 1988 dans ce pays, la fécondité aurait chuté à 5,5 enfants par femme et la proportion des femmes éligibles et utilisant la contraception moderne était montée à 36%. L'EDS de 1994 donnait respectivement 4,3 enfants par femme et une prévalence des méthodes modernes de contraception de 42% chez les femmes mariées.
Le Botswana faisait partie des pays les plus pauvres d'Afrique subsaharienne lors de son accession à l'indépendance en 1966. Une part importante de ses revenus résidait dans des sommes rapatriées d'Afrique du Sud par ses travailleurs migrants. Ces dernières décennies, les mines de diamants lui ont procuré des revenus par habitant les plus élevés d'Afrique. Les migrations des travailleurs du Botswana vers l'Afrique du Sud ont cependant considérablement modelé la configuration matrimoniale et la pratique de méthodes de planning familial au Botswana. Le taux de fécondité s'élevait à environ 6,5 enfants par femme au milieu des années 70 pour retomber ensuite à 5,9% en 1984 et à 4,9% en 1988, selon les deux enquêtes de santé familiale menées. La proportion de femmes mariées recourant à la contraception moderne s'est accrue de 19 à 32% dans le temps séparant ces deux enquêtes. Le recensement de 1991 présageait d'une baisse de la fécondité. L'ISF était estimé à 4,6 enfants par femme au milieu des années 90. L'histoire du déclin de la fécondité au Kenya correspond le mieux au scénario du reste de l'Afrique que celle du Botswana ou de l'Afrique du Sud. Les groupes ethniques du Kenya étaient influencés par toutes sortes de croyances culturelles pro natalistes qui constituaient des pesanteurs à la planification des naissances en Afrique subsaharienne. En effet, la population est essentiellement rurale et pauvre. Sur une population globale de 29 millions en 1997, 73% habitaient la campagne, et le produit national brut (PNB) par tête était trop bas, de l'ordre de 280 US $. Dès 1991, certains experts étaient pessimistes sur l'éventualité d'une baisse de la fécondité au Kenya. Contre ce pessimisme, la mortalité des enfants a chuté de façon spectaculaire dans les années, 70 suite à des campagnes de vaccination et à la consolidation des infrastructures de santé publique. En conséquence, l'espérance de vie à la naissance a franchi dans ce pays le seuil des 50 ans, un niveau meilleur que celui des autres pays d'Afrique subsaharienne. Le Kenya a aussi réalisé de grands progrès dans le domaine éducatif après la fin de la colonisation

britannique en 1963, de sorte que le pays atteignit dès les années 80 le seuil de 20% des filles scolarisées.

1. Les pays en transition démographique

Le modèle le plus prégnant de recul de la fécondité en Afrique subsaharienne et celui de l'Afrique du sud qui connut une réduction de l'accroissement naturel suite à l'expansion de la planification familiale. Pour parvenir à ce niveau, le gouvernement s'est investi à promouvoir le planning familial à partir des années 60. Les motivations étaient certes d'un autre ordre. En effet, l'action du gouvernement sud-africain était due en partie à la crainte que la croissance rapide de la population compromette la prospérité et le développement économique de l'Afrique du Sud. En outre, les dirigeants politiques et les administrateurs blancs redoutaient de voir la population noire en expansion rapide submerger les blancs beaucoup moins nombreux. Déjà en 1963, le gouvernement investissait dans les institutions privées et publiques de planning familial et promouvait la contraception dans le cadre du Programme national de planning familial.

Graphique 8 : Pyramide des âges : comparaison Afrique de Sud-reste de l'Afrique (population par groupe d'âge de cinq ans, en millions de personnes)

Afrique du Sud

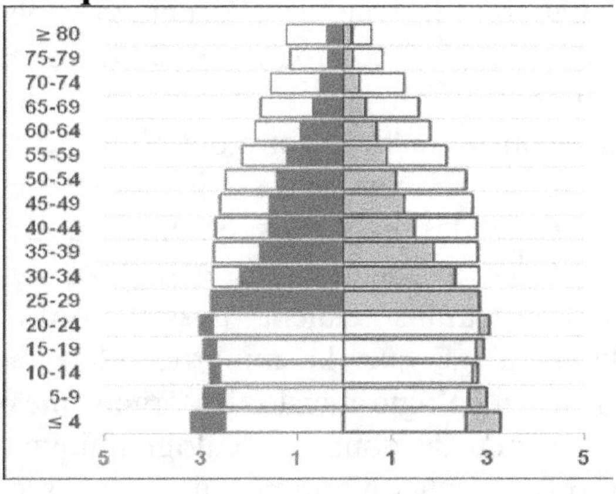

Autre Afrique subsaharienne

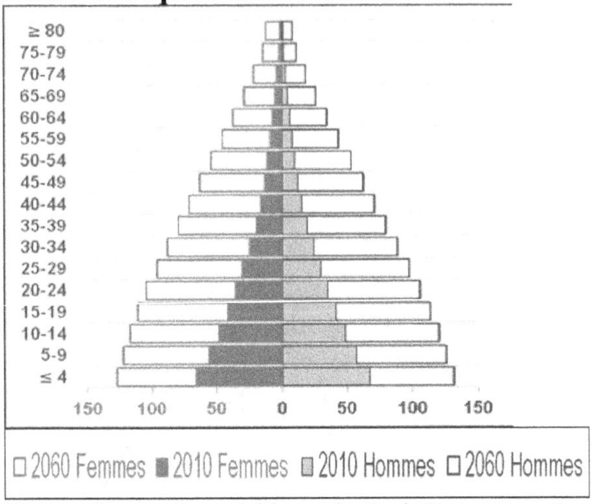

Notes : Ensemble « Afrique du Sud, Botswana, Lesotho, Namibie et Swaziland ». La pyramide de 2060 a été construite à partir du scénario moyen des Nations Unies.
Source : Nations Unies, Perspectives de la population mondiale, révision 2012.

Déjà largement en avance dans nombre de domaines, les résultats obtenus en Afrique du sud en matière de contraception furent impressionnants et sans précédent en Afrique subsaharienne. En effet, en 1983 plus de la moitié des femmes éligibles pratiquaient la contraception. Dès 1984, le pays adoptait un Programme de développement de la population, dans le but d'intensifier le programme de planification des naissances et d'encourager les mutations socioéconomiques engendrant la hausse de la demande de contraceptifs. En dépit de son succès relatif, ce programme a accru la culture de la planification familiale. À la fin des années 80, près de 58% des femmes âgées de 15 à 49 ans et de race noire ont réduit leur fécondité. Depuis des années, les pays comme le Zimbabwe, le Botswana et le Kenya passent pour des exemples en matière de transition de la fécondité en Afrique subsaharienne, en dehors de l'Afrique du Sud dont les motivations étaient aussi d'ordre idéologique. Pendant l'apartheid, alors que la minorité blanche dirigeait l'Afrique du Sud sous une idéologie raciste, les organismes internationaux disposaient de bien peu de données démographiques sur ce pays. Mais les informations récentes montrent que ce pays a connu la baisse de fécondité la plus significative d'Afrique subsaharienne. Du reste, la configuration ethnique de l'Afrique du sud est spéciale et sa démographie se compose comme suit : les Noirs 74% et les blancs 14%, les métis sont autour de 9% et les Sud-Africains d'origine asiatique à environ 3%. L'indice synthétique de fécondité (ISF) des Blancs s'est rétracté jusqu'au niveau de remplacement (2,1 enfants par femme), voire en-dessous dès le milieu des années 70 et reste continu dans les années 90. Chez les Indiens et les métisses, l'ISF se trouve à peine au-dessus du niveau de remplacement pour les années 90 après un recul de plusieurs décennies. Cette transition de la fécondité aurait été impossible sans une baisse notoire de la fécondité chez les Noirs, qui constituent la plus grande partie de la population. La baisse du taux de fécondité de la population noire remonte aux années 60, alors que l'ISF se trouvait entre 6,5 et 6,9 enfants par femme.

L'expérience sud-africaine peut inspirer les autres pays d'Afrique subsaharienne avec la seule réserve que les programmes avaient aussi en partie une motivation raciste. C'est pourquoi le recul de la fécondité au Zimbabwe peut mieux inspirer les stratégies pour le reste de l'Afrique. Succédant au régime apartheid, le gouvernement de Mandela a jeté les bases d'une politique nationale de la population visant à continuer sur la même lancée. Mais la base véritable du programme de planning familial de l'Afrique du Sud fut le fait du gouvernement d'une minorité blanche voulant ralentir la croissance de la population noire majoritaire. Les communautés noires visées auraient dès lors pu s'opposer à cette politique. Par voie de conséquence, le recul de la fécondité des femmes noires ne fut pas à la hauteur des objectifs, compte tenu du niveau des changements économiques et de la pratique contraceptive. Toutefois, de nombreuses femmes noires ont adopté le planning familial en dépit des visées politiques du programme. En outre, à l'époque de l'apartheid, une grossesse et la naissance d'un enfant risquaient de compromettre sérieusement les possibilités d'emploi des femmes en milieu urbain.

Le déclin de la fécondité en Afrique du Sud est la plus fulgurante transition de fécondité de la région. L'Afrique du Sud présente de nombreuses caractéristiques économiques et sociales ayant concouru à un tel recul. De fait, l'économie sud-africaine est la plus dynamique de la région, alors que son produit national brut par habitant approchait les 3 000 US $ en 1995, un chiffre très au-delà de celui de la plupart des autres pays de la région. En dépit de fortes inégalités,

les Noirs d'Afrique du Sud disposaient de revenus supérieurs à ceux des autres Noirs d'Afrique subsaharienne.
Les populations sud -Africaines avaient les moyens de vivre de manière décente dans des zones urbaines nanties des infrastructures désirées. Il y existe encore des bidonvilles et le pays affiche dans certains domaines des indicateurs peu envieux. Les taux de mortalité infantile y sont élevés, même plus que dans d'autres pays affichant un recul de leur fécondité. Toutefois, les taux de mortalité des jeunes enfants étaient inférieurs à ceux de la plupart des pays de la région. L'Afrique du Sud a pu atteindre le seuil approximatif de 20% de femmes noires ayant accédé à l'enseignement secondaire au début des années 80.
En se fondant sur l'expérience de l'Afrique du Sud, on peut estimer qu'un programme efficace de planification des naissances doté des ressources financières suffisantes aboutit à une baisse continue de la fécondité, surtout si cette tendance est soutenue par des changements économiques et sociaux qui augmentent le nombre de personnes désirant des familles peu nombreuses.
Pour le Kenya, les performances tiennent également à la profusion de l'aide financière. Le pays attire touristes et donateurs en raison de la splendeur de ses paysages et de sa faune. Prenant appui sur l'aide massive, le Kenya est l'un des premiers pays de la région à se doter d'une politique de population avec un programme de planification des naissances. Les bases ayant été jetées, les gouvernements successifs, malgré un certain désintérêt, ont vu cette politique de planning familial se poursuivre. Les autorités du Kenya ont vite perçu les impacts négatifs du taux élevé de la croissance démographique. Ceci a été à l'origine de l'intensification des activités de la planification des naissances. Une décennie après son indépendance, le taux de croissance de la population était proche des 4% en raison des taux de natalité élevés et de la baisse rapide des taux de mortalité. S'ensuivit une forte croissance démographique qui engendra une pression énorme sur les superficies cultivables. En conséquence, les terres à vocation agricole constituant une portion assez faible du territoire se sont morcelées dans beaucoup de régions du pays en des exploitations agricoles minuscules, compromettant ainsi la survie de beaucoup de ménages. La pression de la population sur les ressources foncières s'est accrue au début des années où la croissance économique est restée en deçà du rythme de celle de la population. Le taux de fécondité du Kenya a touché le plafond exceptionnel de plus de huit

enfants par femme au milieu de la décennie 70. Les enquêtes révèlent que la fécondité a baissé progressivement jusqu'à la fin des années 70 avant de prendre un rythme plus accéléré. L'ISF va passer de 6,7 enfants par femme de la fin des années 80 à 5,5 au début de la décennie suivante. La prévalence de la contraception moderne suit une courbe ascendante allant de 10 à 27% entre 1984 et 1993. L'EDS de 1998 affiche un nouveau recul de la fécondité avec une prévalence contraceptive plus forte. Aujourd'hui, le Kenya constitue un des modèles de recul de la fécondité en Afrique subsaharienne.
Au même ressort appartient la Namibie, un pays dont au moins 20% des femmes mariées utilisent une méthode de contraception moderne. En conséquence, la fécondité amorce une baisse depuis le début des années 80. Pour ce pays, dont la population se chiffrait à environ 1,7 million en 1997, l'EDS de 1992, qui présente les premières données démographiques et de santé pour ce pays, révèle un taux de fécondité de 5,4 enfants par femme et un taux de prévalence de la contraception moderne de 26% des femmes mariées âgées de 15 à 49 ans.

2. Pays de deuxième niveau

On compte dans la décennie 1990 sept pays d'Afrique subsaharienne avec des taux de prévalence contraceptive situés entre 10 et 19%. Certains de ces pays sont plutôt sous l'influence de voisins plus grands comme c'est le cas du Lesotho et du Swaziland. Tirés par l'Afrique du Sud, ces deux pays ont connu une chute énorme de la fécondité, à tel point qu'ils sont en passe de dépasser le seuil des 20% de prévalence contraceptive et d'amorcer ainsi la phase de transition de leur fécondité.
Le Ghana en Afrique occidentale, sans subir une influence du voisinage, a connu une expérience analogue. Les données de l'enquête EDS au Ghana en 1993 montrent que l'ISF de ce pays de 18 millions d'habitants est passé de 6,4 à 5,5 enfants par femme entre le milieu de la décennie 80 et le début de la décennie 90. L'effectif des femmes mariées âgées de 15 à 49 ans et pratiquant une contraception moderne est passé de 5 à 10% dans le même intervalle de temps. Par contre, les pays comme le Malawi, le Rwanda, la Zambie et la Tanzanie, doivent faire face à de multiples obstacles pour parvenir à une phase de transition de leur fécondité. Parmi ces pays, la Zambie jouit d'une situation particulière, car elle présentait un degré d'urbanisation exceptionnel en Afrique subsaharienne avec un pourcentage de 42%

de personnes vivant en milieu urbain dans les années 90. La conséquence logique de cette situation devait se traduire par une prévalence contraceptive accrue et une fécondité en baisse. Il n'en est rien, car les efforts d'expansion des mesures contraceptives sont annihilés par des problèmes économiques, de sorte que le revenu par habitant avait connu une baisse en 1995. Le pays avait, en 1995, scolarisé à peine 14% de filles en âge de fréquenter l'école secondaire. L'espérance de vie à la naissance qui était assez faible (44 ans) risque encore de baisser en raison des suites de l'épidémie du VIH/SIDA. L'EDS en Zambie indique que la fécondité est passée de 6,5 à 6,1 enfants par femme entre le début et le milieu des années 90, alors que le pourcentage de femmes mariées ayant accès aux contraceptifs modernes est passé de 9 à 14% entre 1992 et 1996. La Zambie ne pourrait amorcer une phase continue de baisse de la fécondité avant que la situation économique s'améliore et que se renforcent les services scolaires et de santé. C'est la preuve que la pauvreté est un obstacle à la réduction de la fécondité et donc de la croissance démographique. Le rapport mondial sur la population en 2013 l'atteste fermement (FNUAP 2013 : vii) :

> *Les adolescentes qui tombent enceintes appartiennent généralement aux ménages à bas revenu et leur état nutritionnel laisse à désirer. [...] Les filles qui restent scolarisées plus longtemps risquent moins de tomber enceintes. L'éducation les prépare à l'emploi et à l'obtention de moyens d'existence, accroît leur estime de soi, relève leur statut au sein de leur ménage et de leur communauté et leur permet d'exprimer plus facilement leur opinion sur des sujets qui affectent leur existence.*

Les experts qui estiment que la réduction de la croissance démographique serait synonyme de développement économique ont certainement une mauvaise appréciation de la question. Autant de réalités qui doivent inspirer les politiques nationales de contrôle de l'évolution démographique en Afrique subsaharienne.

Un autre cas problématique réside dans la situation de la Tanzanie confrontée à des difficultés économiques et aux effets ravageurs de l'épidémie de VIH/SIDA, ce qui risque de retarder la transition de sa fécondité. Le taux des filles scolarisées surtout au secondaire atteignait juste 5% au début des années 90, et le revenu par habitant ne

dépassait pas 120 US $. Les données de l'EDS de ce pays en 1996 indiquaient un taux de fécondité de 5,8 enfants par femme avec une prévalence des contraceptifs modernes de 13%.
La situation de la Tanzanie témoigne de la complexité de la question démographique en Afrique subsaharienne. Les indicateurs des années précédentes ont des effets visibles sur la démographie actuelle ; et ce n'est que des décennies plus tard, que les actions entreprises à présent influenceront la génération qui alors aura atteint l'âge de la fécondité. Toute politique antinataliste doit soigneusement tenir compte de tous les paramètres énoncés pour éviter de créer des vides démographiques ou de désaxer l'évolution de la population en Afrique subsaharienne. La politique de diminution de la population en Afrique doit pouvoir dépasser les points de vue purement idéologiques pour se focaliser sur les besoins des pays. Les perceptions les plus réalistes s'appuient sur la corrélation entre la volonté des ménages et des femmes de réduire leur maternité, suite à des conditions sociales et économiques difficiles. C'est dire que seule l'éducation, la santé et le développement humain sont des pas décisifs sur la voie de la transition démographique et donc de la réduction de la natalité.

3. Pays de troisième niveau

La plupart des pays d'Afrique subsaharienne sont encore loin d'avoir franchi le premier pas sur la voie de la transition de leur fécondité. Depuis 1990, moins du dixième des femmes ont accès à la contraception moderne. Le Nigeria semble afficher un déclin continu de la fécondité dans les zones les plus urbanisées du sud-ouest. Le taux de fécondité national y est cependant élevé, toujours proche des 6,2 enfants par femme, et la prévalence des contraceptifs modernes s'élève à seulement environ 7%. Le système de santé publique du Nigéria a connu d'énormes problèmes et les services publics de planification familiale ont été aussi à la traîne dans ce pays le plus peuplé d'Afrique subsaharienne. On est encore loin de la transition de la fécondité. Or, la stagnation des pays les plus peuplés de la zone risque de limiter les résultats des mesures contraceptives à l'échelle de la zone. De même, l'Éthiopie, qui est le deuxième plus grand pays d'Afrique subsaharienne en terme démographie, peine à voir les effets de la politique nationale de la population destinée à réduire la fécondité.

La situation de la fécondité dans nombre de pays de la sous-région est étroitement corrélée à leurs conditions économiques. Les pays économiquement exsangues sont ceux qui ont un taux de scolarité des jeunes filles assez bas au niveau du secondaire et une couverture en planning familial défaillante. Tel est le cas du Congo Démocratique qui présente un ISF de 6,7 enfants par femme et où seulement 3% des femmes mariées utilisaient la contraception moderne.

À la différence du Congo Démocratique, l'Ouganda se trouve dans une situation plus prometteuse. Après de longues années désastreuses dues à l'instabilité politique et aux suites ravageuses du VIH/SIDA, l'Ouganda présente aujourd'hui une situation plus favorable à la transition de la fécondité. Le taux de fécondité y reste cependant fort avec 6,9 enfants par femme et la prévalence de la contraception moderne est de 8%.

Dans la zone occidentale de l'Afrique, le Sénégal vérifie aussi la corrélation entre le développement humain et les symptômes de baisse de la fécondité. L'EDS de 1997 montre pour le Sénégal un recul de la fécondité, allant de 7,1 enfants au milieu de la décennie 70 à 5,7 deux décennies plus tard. Cette mutation n'est toutefois pas redevable au succès de la contraception ni à un changement de perception sur la maternité. Elle relève bien plus de l'augmentation de l'âge du premier mariage dans les zones urbaines qui abritent environ 43% de la population. Par contre, les conditions socioculturelles restreignent l'audience des mesures contraceptives qui sont passées de moins de 1% au milieu des années 70 à 8% en 1997. L'augmentation de cet accès à la contraception coïncide avec des efforts ayant abouti au relèvement du taux de scolarisation de manière globale.

Au demeurant, l'Afrique subsaharienne offre un tableau assez contrasté en matière d'évolution de la maternité et surtout d'expansion de la contraception moderne. Ces divergences dérivent de la diversité des taux de scolarisation, mais aussi des politiques menées en la matière. En bref, cinq pays rassemblant environ 14% de la population d'Afrique subsaharienne ont fait le pas vers la transition de leur fécondité. Sept autres pays, abritant autour de 12% de cette population, ont pu relever la prévalence de la contraception moderne de 10 à 19%, sans toutefois remplir les autres conditions augurant d'un changement démographique rapide. Toutefois, les autres pays d'Afrique subsaharienne, ayant près des trois quarts de sa population, ont moins de 10% de prévalence de la contraception moderne. Rares sont parmi eux, ceux qui montrent une tendance vers une transition de leur fécondité.

4. L'avenir de la transition de la fécondité

De manière globale, les pays subsahariens n'ont vraiment pas amorcé la transition de leur fécondité à la différence de la révolution contraceptive enclenchée dans la plupart des pays en développement. Ce retard n'est pas que négatif, mais peut être une réaction structurelle et naturelle à la situation de précarité sociale dans la région. En outre, ces pays peuvent tirer les leçons des expériences faites pendant des décennies par d'autres pays pour ce qui est des programmes de planification familiale. Après l'amorce de la transition de la fécondité, la connaissance et la pratique de cette planification massive peuvent inspirer tous les pays du sous-continent. Il suffit de résoudre les problèmes causés par les ravages de l'épidémie du VIH/SIDA, qui a fait naître une crise de la santé reproductive capable de compromettre la transition de la fécondité.

Le constat d'une progression lente vers la transition démographique en Afrique subsaharienne est le symptôme de lenteurs dans la réalisation du développement humain. Or, ce développement humain favorise l'expansion de la contraception. Il est primordial de noter que les pendants de la transition vers la fécondité que sont une forte scolarisation et de bonnes performances économiques sont des stades décisifs vers l'accomplissement de la transition démographique. À cela doivent tendre les stratégies de contrôle de l'évolution démographique en Afrique subsaharienne.

Il est indéniable que les taux de fécondité finiront par baisser en Afrique subsaharienne. Cette tendance est d'ailleurs déjà observable dans de nombreux pays. La question cruciale reste quels scénarios présideront à la baisse effective de la fécondité en Afrique subsaharienne ? Les incitations des organismes internationaux tendent à faire suivre à la fécondité des pays de la zone, le modèle de la révolution contraceptive expérimenté par d'autres régions du monde en développement. Or, les communautés d'Afrique subsaharienne disposent d'une organisation sociale et de valeurs propres pouvant faire obstacle aux exigences antinatalistes exogènes.

La situation de l'Afrique du Sud montre des symptômes d'une large expansion de la pratique contraceptive sous réserve que les

gouvernants affichent une volonté politique évidente. Toutefois, l'Afrique du Sud qui est un pionnier en matière de politique contraceptive dans la région affiche un taux de fécondité des femmes de 3,6 enfants, un niveau plus élevé que le niveau de remplacement. Le Zimbabwe et le Botswana, situés au voisinage de l'Afrique du Sud, ont connu une augmentation de l'utilisation des contraceptifs et un recul de la fécondité pendant un petit nombre d'années. Ces deux pays subissent malheureusement les retombées de l'épidémie de VIH/SIDA qui exerce de fortes pesanteurs sur la transition de leur fécondité. Mais, il n'existe pas de prévisions fixes sur l'impact de cette épidémie sur la fécondité.
L'espérance de vie est en train de reculer au point même de revenir en deçà du seuil des 50 ans fatidiques indiqués pour le déclin continu de la fécondité. La chute de la fécondité est effective au Kenya, même si après deux décennies de recul, le taux de fécondité culmine encore à 5,4 enfants par femme, un taux parmi les plus élevés au monde. Or, le taux de pratique contraceptive moderne se chiffrait à 27% en 1993, un taux des plus élevés d'Afrique, mais très faible à l'échelle du monde.

5. Fécondité des adolescentes

Après quelque temps d'indifférence, les pays d'Afrique subsaharienne ont commencé par accorder une certaine attention aux besoins de santé de la reproduction chez les adolescentes. Cette attention relève de plusieurs situations : on observe dans certains pays une augmentation du nombre de maternités assumées par ce groupe d'âge ; ce groupe est aussi le plus exposé et le plus touché par l'épidémie de VIH/SIDA. Par ailleurs, ce groupe d'âge appartient à la catégorie qui porte la fécondité et tient un rôle plus important dans la transition de la fécondité. En dernier lieu, les jeunes adultes constituent un pourcentage important et croissant de la population de nombreux pays. Les projections démographiques des Nations Unies estiment que le nombre d'individus de la tranche de 15 à 24 ans en Afrique subsaharienne serait passé de 113 millions en 1995 à 178 millions en 2010. Or les filles de cette tranche d'âge sont au cœur des préoccupations (FNUAP 2013:ii) :

> *L'adolescente qui est contrainte de se marier, par exemple, a rarement son mot à dire en matière de procréation, quant au moment de la conception et*

quant à la fréquence des grossesses. Les initiatives de prévention des grossesses, campagnes de publicité ou programmes de distribution de préservatifs, manquent de pertinence à l'égard des filles qui n'ont aucun pouvoir de décision en la matière.

La grossesse est une expérience très courante chez les jeunes de moins de 20 ans en Afrique subsaharienne. Selon les données des enquêtes EDS, les femmes âgées à l'époque entre 20 et 24 ans et qui seraient devenues mères avant 20 ans s'élèveraient à 55% au Botswana, 52% au Kenya, 70% au Mali et 54% au Nigeria. Les perceptions sociales n'ont rien contre le fait qu'une fille se marie avant 20 ans dans cette région. Or, c'est justement la hausse des taux de fécondité chez les adolescentes célibataires de certains pays qui alimentent les prévisions les plus pessimistes. Car la détérioration du tissu familial engendre la perte de valeur et en dépit du recul des taux de fécondité générale dans cette région, la proportion des jeunes mères célibataires est en hausse essentiellement en milieu urbain. La cause est que l'amélioration de la santé depuis quelques décennies a engendré un rythme de croissance physiologique rapide chez les adolescentes qui deviennent fécondes très tôt, alors que l'âge moyen au premier mariage augmente dans la plupart des pays. Dès lors, l'écart temporel entre la première grossesse et le premier mariage des filles s'accroît, ce qui se traduit par l'augmentation du nombre des mères célibataires de moins de 20 ans. En outre, l'éclatement des structures communautaires dans les zones urbaines libère les jeunes gens des restrictions de leurs comportements sexuels. En résulte une flopée de grossesses imprévues portées par des jeunes filles vivant dans le célibat. Dans cette région, le mariage est encadré par des normes sociales et culturelles, de sorte qu'il procède d'une démarche de longue durée. Cette flexibilité rend aléatoire toute fixation de l'âge du mariage des jeunes et ainsi que la détermination des naissances prémaritales. L'habitus socioculturel considère la grossesse comme normale lorsque les parents ont accompli les formalités incluant les entités familiales des deux conjoints et si le père reconnaît la paternité de la grossesse. La grossesse et la formation scolaires étaient perçues comme incompatibles, si bien que la grossesse engendrait directement la déscolarisation de la jeune fille. Avant, elle était habituellement renvoyée de l'école sans autorisation de retour et rejoignait ainsi les rangs des individus potentiellement exclus de l'axe normal de l'ascension sociale. Sur la base de cette

perception des communautés, on peut avoir une idée précise des naissances jugées normales et celles provenant de mère célibataire.
Certaines enquêtes sur le terrain observent une grande différence dans la fécondité des adolescentes célibataires d'Afrique subsaharienne. Les enquêtes menées au Botswana et au Kenya aboutissent au constat de la hausse du nombre d'enfants engendrés par ces adolescentes célibataires. En conséquence, ces pays connaissent aussi une augmentation de l'âge au mariage et de l'effectif des jeunes filles inscrites dans l'enseignement secondaire.
D'autres recherches de terrain menées dans d'autres pays comme le Libéria (d'avant la guerre civile), l'Ouganda et le Zimbabwe aboutissent à des résultats analogues avec de légères variations. Par contre, les pays comme le Burundi, le Ghana, le Mali, le Nigeria, le Sénégal et le Togo se distinguent par une petite augmentation ou carrément une stagnation du nombre de grossesses chez les adolescentes célibataires, mais le même constat est valable pour la fréquentation des écoles secondaires par ces jeunes filles. Toutes ces études convergent vers une natalité hors mariage en nette hausse dans les pays d'Afrique subsaharienne. Cette situation n'est pas sans conséquence sur le plan social, car ces naissances constituent des épouvantails pour la formation et l'éducation des jeunes filles et accroissent les risques encourus par la mère et l'enfant. Le même risque concerne aussi les adolescentes enceintes qui se font avorter de manière clandestine avec une instrumentation aléatoire.
Dans ce domaine encore, l'Afrique subsaharienne se distingue des autres régions sous-développées du monde, notamment les pays d'Asie. En Asie surtout, la fécondité a baissé avec les femmes qui arrêtaient la maternité après le nombre de naissances souhaité par le ménage. Ces pays ont connu une pratique plus importante de la contraception et une baisse de la fécondité chez les adolescentes, mariées et célibataires. Tous ces éléments combinés ont abouti à la transition de la fécondité dans la région. Ces pays sont aussi passés quelques décennies plus tôt par le scénario de l'Afrique subsaharienne, mais la montée de la fécondité des adolescentes célibataires dans certains de ces pays a suscité un gros intérêt pour les programmes répondant aux besoins spécifiques de ces jeunes filles en matière de santé de la reproduction. Les programmes d'éducation à la vie familiale dispensés dans les écoles et autres centres de jeunes visent à doter les jeunes d'une information essentielle les poussant à

prendre conscience des avantages découlant du retard du début des activités sexuelles.
La mise à disposition de contraceptifs pour les adolescents célibataires se trouve confrontée à des réserves morales et religieuses. De nombreux jeunes n'assimilent pas le préservatif à un outil de contraception ou de protection contre les IST, mais plus comme un instrument d'incitation aux rapports sexuels. Les personnes favorables à cette stratégie pensent qu'il y a tellement de jeunes adultes célibataires sexuellement actifs qu'il est important de leur garantir un accès aux contraceptifs pour éviter des grossesses non désirées, les avortements, la propagation du VIH et d'autres MST. D'un autre point de vue, les perceptions socioculturelles des communautés d'Afrique subsaharienne militent contre l'expansion de la conception. En effet, le libre accès des jeunes aux contraceptifs est en train de briser les tabous qui alimentent la complexité de la sexualité et consacrent encore l'autorité des parents sur la jeunesse.
La situation de l'Afrique subsaharienne fait voir des phénomènes contradictoires. Les taux de natalité et de croissance démographique sont les plus élevés au monde ; l'épidémie du VIH/SIDA fait des ravages énormes plus importants que dans les autres régions du monde et ruine les gains de longévité dans certains pays. Le rythme de la croissance urbaine est aussi le plus rapide au monde avec des conséquences sociales, économiques et culturelles prégnantes. La forte empreinte de l'urbanisation fait que les initiatives prennent en compte essentiellement ce qui se passe dans les zones urbaines. En dehors de ces aspects, l'analyse de l'évolution des démographics subsahariennes doit aussi prendre en compte les lourdes conséquences des crises politiques et militaires qui engendrent des flux incontrôlés de réfugiés. En découle une situation aléatoire qui remet en cause les acquis de toute sorte. Les mouvements de population dus aux situations d'instabilité jouent un rôle énorme dans la question démographique.

Depuis des années, des milliers de personnes passent les frontières nationales en direction de pays voisins pour échapper à des exactions ou à des crises politicomilitaires. La résonance de ces situations est dramatique puisque les pays subsahariens sont parmi les plus pauvres au monde. L'instabilité accroît les effets de la pauvreté, lorsque les populations sont obligées de quitter leur pays, de laisser leurs biens, leurs activités génératrices de revenus pour fuir la violence politique et militaire. Ces crises accroissent les difficultés, étant donné que la croissance démographique en Afrique subsaharienne semble incompatible avec les ambitions d'un développement social et économique inspiré du modèle occidental.

Les taux de mortalité infantile et maternelle en Afrique subsaharienne demeurent les plus élevés au monde, justifiant de facto les programmes destinés à promouvoir la protection de la maternité. La circoncision féminine est en baisse, mais ces résultats ne seront visibles que quelques décennies plus tard. Pour le moment, des dizaines de millions de femmes et de filles subissent les suites néfastes des mutilations subies pendant leur enfance. Les adolescents et jeunes adultes constituent la tranche d'âge la plus dominante numériquement, mais aussi la plus exigeante en matière de demande dans le domaine de l'éducation, de la santé publique, de la santé de reproduction, de l'emploi et du logement. Le problème s'accroît du fait que les pays concernés par cet effectif sont plus confrontés à la rareté des ressources. Aussi l'argument essentiel des tenants de la politique antinataliste réside dans la nécessité de réduire le rythme de croissance démographique de manière à ramener cette croissance en deçà de la croissance économique.

À la Conférence de Harare au Zimbabwe d'août 1997, le Président Sam Nujoma de Namibie évoquait l'idée d'une renaissance africaine dont le moteur serait l'avènement d'un nouveau leadership orienté sur un pragmatisme économique et politique et un renforcement de la position de l'Afrique dans le monde et dans l'économie internationale. Nous en sommes loin pour le moment puisque le positionnement de l'Afrique et surtout de l'Afrique subsaharienne dans le rang des grands ensembles mondiaux dépend des conditions humaines idoines. En d'autres termes, une renaissance africaine n'est possible sans un contrôle manifeste de la natalité. C'est pourquoi la question achoppe sur la capacité véritable des nations d'Afrique subsaharienne à trouver des réponses adéquates aux problèmes de population et de santé de la reproduction.

CHAP 7 :
Les causes de l'émigration des jeunes Africains vers l'Europe et l'Amérique

1. Le chômage des jeunes en Afrique noire

« *Le monde s'enfonce dans une crise de l'emploi sans précédent. L'Afrique subsaharienne demeure la région du monde la plus touchée par cette crise* », tel est le constat sans équivoque dressé par Dramane Haïdara, spécialiste des stratégies du développement de l'Emploi au bureau dakarois de l'Organisation internationale du Travail (OIT). Les données actuelles confirment les affirmations de Haïdara à la conférence des jeunes leaders panafricains tenue à Dakar, du 13 au 17 janvier dernier. La mobilisation des décideurs autour de la conférence de Dakar prouve l'acuité du sujet pour le progrès et la stabilité des pays d'Afrique subsaharienne.
Financée et organisée par les agences des Nations unies, cette conférence consacrée au chômage des jeunes en Afrique visait à évaluer le chemin parcouru par les pays africains pour l'atteinte des Objectifs du Millénaire pour le Développement (OMDs). Au nombre des finalités du OMD, figure la nécessité d'« *assurer le plein emploi et la possibilité pour chacun, y compris les femmes et les jeunes, de trouver un emploi décent et productif* ». L'emploi des jeunes est aussi une priorité dans la politique gouvernementale des chefs d'État d'Afrique et par exemple au Sénégal dont le Président Macky Sall a promis, en arrivant au pouvoir, de créer 500 000 emplois pour les jeunes pendant son mandat. Ces discours et données prouvent que la situation de l'emploi en Afrique noire est préoccupante, car l'ensemble des dirigeants
La première image qui transparaît de l'Afrique subsaharienne dans l'imaginaire des citoyens des différents pays du globe est celle du manque. Certes, le manque est le symptôme de la pauvreté qui se perçoit par l'incapacité d'un individu donné à remplir de manière satisfaisante ses besoins les plus fondamentaux. En Afrique, la précarité qui est la forme la plus expressive du manque ne résulte pas forcément du manque de diligence des catégories touchées. Celles-ci manifestent généralement un désir ardent de sortir de la précarité,

mais semblent y être confinées par des contextes humains, techniques et économiques complexes.
Les ressorts les plus profonds de la pauvreté en Afrique subsaharienne résident dans des défaillances organisationnelles de l'édifice sociétal qui livrent l'individu à des mécanismes de précarité que les instances gouvernementales s'emploient rarement à défaire. En ce sens, la précarité forme une sorte de cercle vicieux qui prive les enfants des milieux défavorisés des atouts nécessaires à la compétition ultérieure pour l'ascension sociale. Ce système de perpétuation de la pauvreté fait l'objet du présent ouvrage qui l'analyse à la lumière d'un phénomène qui a pris la forme d'un fléau social : le chômage.
En Afrique Subsaharienne, entre des millions de jeunes cherchent chaque année, à intégrer le marché du travail, et ce marché ne croît pas au rythme de la demande pour pouvoir les accueillir. Rares sont les jeunes qui trouvent un emploi à la hauteur de leurs capacités et de leurs attentes, car dans certains pays, les salaires sont extrêmement bas. Parmi les jeunes sans emploi ou en déguisement de chômage, il y a de plus en plus de diplômés, et leur nombre ne cesse de croître. Ces diplômés quittent les universités sans emploi qui les attende. Nombre d'entre eux ont choisi des filières moins professionnelles, comme les sciences sociales, plutôt que des formations techniques. Mais aujourd'hui, la différence n'est pas très conséquente, car le chômage ne résulte pas uniquement de la discordance entre l'offre et la demande surtout en Afrique subsaharienne.
En premier lieu, l'absence de travail génère un sentiment d'exclusion et d'inutilité qui entraîne les déviances comportementales comme les violences, toxicomanies et extrémismes. Las des années d'enseignement perdues, ces jeunes font de leurs gouvernements la cible de leur frustration. Ils sont sur la voie de la marginalisation et évacuent leurs ressentiments en prenant les devants des mouvements de contestation. Ils manifestent dans les rues, intègrent les mouvements de sédition politique et militaire. D'autres peuvent même aller jusqu'à rallier les militants des mouvements terroristes.
Ensuite, le chômage oblige souvent les jeunes à attendre pendant plusieurs années avant de vivre dans des conditions décentes, de pouvoir satisfaire aux exigences financières du mariage et de pouvoir élever des enfants. Le chômage en Afrique subsaharienne touche souvent les jeunes, car ces derniers ne disposent pas de réseaux de connaissance solide pouvant les pousser vers des positions professionnelles dominantes. Il convient de noter que dans nombre de

pays africains, le diplôme et la qualification seuls ne sont pas le gage de la réussite sociale. Dans de nombreux cas, les processus de recrutement impliquent des éléments subjectifs comme l'identité, les relations sociales, le niveau d'influence des référents. En période d'embellie économique, les jeunes sont les derniers à être embauchés, mais lorsque survient la crise économique, ils sont les premiers à être affectés du point de vue de l'emploi.

Dans les zones urbaines d'Afrique subsaharienne, la majorité des jeunes exercent des emplois précaires qui sont des professions exercées par des jeunes pour éviter le chômage. Leur degré de productivité est faible et ils exercent le plus souvent dans le secteur informel. Ils gagnent moins que le salaire minimum et ne sont pas en mesure d'assurer à leur famille des conditions de vie décentes. Tous ces signes sont des symptômes d'une grande pauvreté et les enfants de ces jeunes sont fortement exposés à la précarité, compte tenu des conditions dans lesquelles ils vivent et travaillent.

Dans les zones rurales, la situation des jeunes n'est pas plus reluisante. Comme la majeure partie de la population rurale, le secteur agricole occupe ces jeunes. Mais du fait de la forte dépendance des phénomènes naturels, les jeunes se retrouvent dans une situation de sous-emploi pendant la saison sèche. En conséquence, un grand nombre de jeunes travaillent en partie au cours de l'année et gagnent moins que leurs homologues des villes utilisent moins leurs qualifications.

La situation des jeunes chômeurs en Afrique subsaharienne relève de la structuration du marché de l'emploi, où l'offre et la demande sont discordantes. Les entreprises en Afrique subsaharienne ont tendance à afficher une grande prudence avant d'entreprendre des nouveaux investissements, car ils doivent compter avec le coût élevé des intermédiaires et les réglementations rigides tant pour l'embauche que pour le licenciement. En outre, la mondialisation de l'économie voit les jeunes d'Afrique subsaharienne enregistrer des retards sur les jeunes des autres régions du monde où les mécanismes de formation sont plus efficients et à la pointe de la technologie. Ainsi, les causes du chômage renvoient en Afrique subsaharienne à la faiblesse des niveaux de compétences et aux limites de la formation professionnelle, qui à elle seule, ne suffit pas pour remédier au fort chômage des jeunes. Enfin, la fragilité de la croissance économique en Afrique subsaharienne, les incertitudes liées au contexte socio-économique, la discrimination à l'encontre des jeunes inexpérimentés

et des ethnies indésirables, à un accès médiocre à l'apprentissage de base, à des politiques publiques qui découragent le travail et aux difficultés d'accès à l'emploi.
Beaucoup de jeunes désertent les zones rurales campagne pour la ville dans l'espoir d'y trouver des emplois et de meilleures conditions de vie. Mais comme la plupart des pays ne se sont pas encore engagés sur la voie de l'industrialisation, les centres urbains ne sont pas en mesure de les caser professionnellement les différentes catégories de jeunes qui y affluent. Comme les économies africaines sont fortement ancrées sur la production agricole, il est envisagé que les activités rurales, agricoles créent des emplois pour la plupart des nouveaux arrivants sur le marché du travail.
Les experts réfléchissent souvent aux moyens d'améliorer la situation de l'emploi en Afrique Subsaharienne en se basant sur l'amélioration de la qualité de la formation : il est essentiel que les pays continuent à développer la formation, l'éducation continue et l'enseignement, ainsi que tous les moyens d'améliorer les compétences, en accordant une attention particulière aux jeunes. Mais il est clair que la formation professionnelle ne doit plus se résumer à ramener les jeunes déscolarisés à l'école » les jeunes pour lesquels le système éducatif de base a échoué. Il faut un système de formation qui assure aux jeunes un maximum de compétences durables, et de compétences pour l'apprentissage tout au long de leur carrière. Elle doit améliorer les compétences liées à des technologies précises et les développer par la suite sur le lieu de travail.
Les difficultés des gouvernements d'Afrique subsaharienne tiennent au fait que la démographie se trouve au-delà de la possibilité des décideurs politiques. Ainsi la gratuité de l'enseignement primaire décrétée dans de nombreux pays a du mal à tenir en raison de la forte emprise démographique. Mais, les enfants nés des hordes successives n'ont pas encore atteint l'âge scolarisable, et lorsque cette masse aura atteint les cinq ou six ans, on verra plus clairement les effets de la démographie sur la scolarité, surtout au niveau du primaire.
La question démographique est fortement liée à celle du chômage des jeunes. Le marché de l'emploi n'est infiniment extensible dans les pays d'Afrique noire, où les priorités sociales sont cruciales. Déjà à l'amont, les infrastructures scolaires sont submergées par le nombre d'apprenants, ce qui influence la qualité de la formation et donc les capacités des jeunes à s'insérer professionnellement. À l'aval, les programmes de promotion de l'emploi ne touchent qu'une proportion

marginale de jeunes, puisque le nombre des chômeurs est trop élevé pour être intégré dans les circuits des fragiles économies nationales.
Du reste, les économies d'Afrique subsaharienne sont fortement dépendantes des grandes économies mondiales plus solides. Cela se traduit par le fait que les conjonctures économiques mondiales produisent des effets dramatiques sur les économiques encore peu structurées d'Afrique subsaharienne. Mal articulées, les économies des pays d'Afrique subsaharienne ne sont pas très porteuses d'emplois nouveaux. Or le renouvellement des emplois et leur multiplication revêtent des enjeux cruciaux pour des pays dont la structure démographique révèle une forte proportion de jeunes. Ces jeunes confrontés au chômage adoptent des habitudes de fécondité prolixe qui vont alourdir les infrastructures sociales. En dépit de la forte démographie, la non-articulation des économies nationales engendre une étroitesse des marchés de consommation à l'échelle nationale. L'étroitesse du marché national et le faible niveau du pouvoir d'achat sont des symptômes manifestes de la fragilité des économies nationales d'Afrique subsaharienne, incapables de fournir de l'emploi à des milliers de jeunes. L'emploi dépend des investissements et ces derniers de la stabilité politique des pays. Or l'Afrique subsaharienne connaît des cycles d'instabilité où les pays se relaient dans la résurgence de crises politiques et militaires. Ces crises sont en grande partie alimentées par le chômage, qui lui-même découle de l'exubérance démographique. Les jeunes désœuvrés et manipulés sont prompts à intégrer les mouvements de rébellion, à contester l'ordre politique et social existant et à participer à des actions de déstabilisation de leurs pays. Ainsi, les mouvements de rébellion de la Côte d'Ivoire, de la Centrafrique, de la République Démocratique du Congo, du Soudan du Sud comptent des jeunes, qui se font enrôler en raison du manque de perspectives professionnelles. Or, les mouvements de contestation politique et militaire recèlent un potentiel d'instabilité qui va décourager les investisseurs locaux et étrangers. L'investissement qui est le garant de l'emploi ne peut s'accommoder de l'instabilité politique générée par le chômage des jeunes. En conséquence, on se retrouve dans un cercle vicieux où le manque d'emploi alimente des déviances préjudiciables à la création de nouveaux emplois.
Les crises politiques et militaires fréquentes montrent aux investisseurs étrangers et locaux les risques qu'ils encourent en investissant leurs fonds en Afrique subsaharienne. La faiblesse des

niveaux d'investissement entretient une économie exsangue puisque le chômage empêche les populations de constituer un marché de consommation attractif pour les populations. Focalisées sur la production de ressources brutes plutôt que sur leurs transformations, les économies d'Afrique subsaharienne ne sont pas de grandes productrices d'emploi. En effet, l'importation des produits manufacturés et leur commercialisation produisent peu d'emploi que leur transformation. De nombreux pays de la zone subsaharienne de l'Afrique se distinguent par un dynamisme économique limité à la capitale alors que les autres villes ont une forte empreinte agricole. Les capitales qui concentrent l'essentiel des activités économiques et commerciales sont submergées par une foule de chômeurs qui n'ont pas les moyens de participer à la dynamique économique locale. Et cette absence d'occupation se traduit chez les femmes par une forte tendance à la fécondité. En effet, une femme qui travaille règle ses maternités selon les exigences professionnelles. La démographie galopante et la marginalisation économique des milliers de jeunes créent une armée de chômeurs qui assaillent chaque jour les grands pôles économiques locaux comme les ports, les aéroports, les gares routières…

2. Le caractère archaïque des moyens de production en Afrique décourage les jeunes

Pour de nombreux acteurs, le recours à une agriculture moderne serait un moyen très important de création d'emplois et de richesse, en vue d'absorber un grand nombre de jeunes candidats à la migration ou vivant dans les villes dans une situation de désœuvrement. Les régions rurales pourraient devenir plus attrayantes pour les jeunes travailleurs, ce qui, à la longue, freinerait l'exode rural. L'économie de beaucoup de pays africains dépend encore de la production d'une ou deux marchandises de base. Ils pourraient diversifier leurs activités, en transformant ces marchandises ou en développant l'industrie manufacturière légère. Les gouvernements des pays concernés pourront-ils trouver vraiment les moyens pour revaloriser le secteur agricole au point d'y attirer suffisamment de jeunes ? Le milieu rural en Afrique subsaharienne est marqué par des symptômes de précarité qui repoussent les jeunes à revenir s'y installer. Les jeunes en provenance des milieux ruraux ont cru trouver en la ville le lieu de leur destinée, malgré le chômage. S'y ajoute la question de la

démographie galopante et on comprend qu'il n'est pas aisé de reproduire en Afrique subsaharienne, l'expérience française des années 1970 où la modernisation agricole a engendré des vagues de retour de familles citadines vers les campagnes. En Afrique subsaharienne, il est indispensable de passer d'une agriculture centrée sur la subsistance à une agriculture qui focalisée davantage sur la commercialisation, des gains de productivité par l'innovation technologique et l'appui des infrastructures.
Quelle que soit l'approche de solution envisagée, il est indispensable de garder en vue que les pays d'Afrique subsaharienne sont tiraillés entre des priorités multiples. Ainsi, alors que l'Union européenne est en train de se concentrer sur les problèmes de l'emploi en prenant des mesures vigoureuses et en investissant des milliards d'Euros, les pays d'Afrique subsaharienne restent d'abord englués dans des problèmes durables que vient aggraver le chômage. Toute velléité de promotion de l'emploi est réfrénée par des pesanteurs socioéconomiques existantes si bien que les retombées se trouvent souvent en deçà des espérances. Les crises du chômage dans la région relèvent de facteurs structurels et la résolution des problèmes de chômage dépend des solutions apportées à ces problèmes structurels. Pour le moment, les gouvernements et les experts cherchent à proposer des problèmes au chômage en marge des problèmes structurels. Ce qui relève d'une gageure. Un de ces problèmes structures réside par exemple dans la forte fécondité résultant du manque d'expansion des mesures contraceptives. Si cet aspect de la question trouve une réponse efficace, alors les marchés de l'emploi en Afrique noire compteraient moins de concurrents. Le premier vecteur sur lequel agit la démographie en termes d'emploi est le secteur agricole. L'effectif de la population accentue la pression sur les ressources foncières de sorte de nombreux espaces ne peuvent plus être rentabilisés. Il existe des politiques de revalorisation agricole, mais leur retombée est restreinte par la démographie galopante. En témoigne, le rapport 2012 sur le développement humain en Afrique subsaharienne (70) :
Par ailleurs, on constate une dégradation des terres et une perte de fertilité des sols accrue qui conduisent à la diminution des rendements. L'épuisement des sols est aggravé par la faible utilisation des intrants et l'absence d'innovation technologique65. Les estimations sur la quantité des terres arables déjà dégradées varient, mais tout le monde s'accorde à reconnaître que le problème est de taille et susceptible de

se renforcer puisque les villes et les infrastructures en expansion empiètent sur les terres de culture.
Une évaluation mondiale des terres agricoles publiée au milieu des années 1990 estimait que 23% avaient été dégradées67. La proportion en Afrique subsaharienne (30%) est la deuxième la plus élevée au monde. Les preuves d'une dégradation accélérée des terres s'accumulent69. D'après les estimations, les pertes de rendement dues à l'érosion des sols dans la région varient considérablement (de 2% à 40%) et en font le champion mondial de la dégradation des terres.

En fait, la réticence des jeunes d'Afrique noire à s'impliquer dans des stratégies de revalorisation des activités agricoles est induite par la rudesse des conditions de travail dans les milieux ruraux. En dépit des vagues de révolution verte, l'agriculture des pays en développement est restée à un niveau de technicité peu avancé. En dehors de quelques rares fermiers disposant de moyens suffisants pour moderniser les moyens de production, la majorité des agriculteurs en sont encore à des modes d'exploitation familiale où la force physique reste l'unique gage de production. Ainsi, la mécanisation agricole reste à la portée d'une portion élitiste d'agriculteurs. Ce sont souvent des fonctionnaires enrichis qui se retirent à la périphérie des villes pour exploiter de grandes surfaces et dont la production est souvent convoyée vers l'extérieur. En dehors de ces cas isolés, les ménages vivant même de leur production agricole doivent s'appuyer sur des outils archaïques rendant le travail ingrat et difficile. Le manque de politique volontariste de revalorisation des zones rurales africaines entretient une réputation négative du fermier et des activités agricoles au sein des populations. Du coup, les jeunes des centres urbains se définissent par opposition à la population rurale et se forgent une identité figée par leur cadre de vie. Les souvenirs des souffrances et des privations de leurs parents restés au village les incitent à s'accrocher à l'image valorisante de la ville, les jeunes refusent de revenir à un mode de vie centré sur la production agricole avec les incertitudes que revêt la dépendance des phénomènes naturels. En effet, le rapport 2012 du PNUD sur le développement humain indique (72) :

> Le changement climatique aura pour corollaire des chocs climatiques plus fréquents et variables. Si les infrastructures sont endommagées, la distribution des denrées alimentaires en pâtira, ainsi que la capacité des

> personnes à vendre ou à acheter celles-ci. Pire encore, en Afrique subsaharienne les épisodes de violence sont généralement associés à des saisons de végétation exceptionnellement chaudes, et sont susceptibles de s'accentuer avec le changement climatique.
> Le réchauffement continu est en outre susceptible de provoquer d'autres changements indésirables dans la distribution et la production halieutique au sein de la région88, ainsi que dans la distribution des aliments sauvages importants pour de nombreux ménages, notamment lorsque d'autres sources alimentaires viennent à manquer.

Depuis, des décennies, les pays africains connaissent une explosion urbaine résultant de la valorisation des espaces situés hors des zones rurales. Alors que l'habitus séculaire de production reste centré sur le travail de la terre, les efforts ont été plutôt portés sur l'urbanisation, de sorte que le cœur de l'activité économique et politique reste concentré sur les zones urbaines. Mais l'explosion urbaine en Afrique subsaharienne relève plus de la ruée des masses de jeunes vers des zones nanties d'infrastructures fragiles que d'une construction bien structurée de grands centres urbains. Cette situation augure déjà des difficultés sociales comme le chômage, l'insalubrité et la marginalisation des milliers de personnes hors de la dynamique sociétale des zones urbaines. Mais avec les mirages de l'urbanisation, les conditions semblent remplies pour que les villes exercent sur les jeunes ruraux un attrait irrésistible. Progressivement, la situation des populations des zones rurales s'est considérablement dégradée du fait que l'attention des décideurs était focalisée sur les villes. Même dans les pays où les pouvoirs publics se sont efforcés de promouvoir la production agricole en créant des zones d'excellence agricole, les productions sont toujours acheminées vers les zones urbaines. Ainsi, au fil des décennies se sont créées de nettes divergences entre villes et campagnes. Alors que les campagnes affichent un désir de production manifeste, les villes s'érigent en consommatrices, allant même à préférer des produits importants aux produits agricoles locaux obtenus à prix de sacrifices immenses par les producteurs agricoles vivant dans les campagnes. La ville est le pôle des dynamiques économiques, politiques et sociales, elle concentre les indices de la modernité et de la vie insouciante alors que les zones rurales sont confinées dans la précarité. Les campagnes sont affublées des stéréotypes d'immobilisme, d'archaïsme et de rudesse des conditions de travail. Cette image renforcée au fil des décennies par les orientations politiques alimente le refus des jeunes de se reconvertir dans le métier de la terre, même lorsqu'ils se trouvent en situation de chômage. Dans leur rêve, rares sont les jeunes qui aspirent à une vie paisible à la campagne, loin du brouhaha des villes. Ils ne se destinent pas au métier d'agriculteur et jugent le travail de la terre comme un métier ingrat et sans lendemain. Même dans le langage populaire des populations d'Afrique subsaharienne, le retour au village est parfois perçu comme l'échec de l'aventure urbaine. Sur la base de ces perceptions, de nombreux projets de réinstallation des jeunes dans les zones d'exploitation agricole ont tourné court. Ces derniers n'ont pas su résister aux attraits de la ville lorsqu'ils ont réussi à accumuler pendant quelques années des ressources suffisantes pour tenter à nouveau l'aventure urbaine. Malgré, les avantages ainsi tirés de la terre, les jeunes aspirent à d'autres modèles d'existence.

Mais en réalité, il est difficile de s'en sortir dans le domaine agricole si on laisse persister certaines coutumes réfractaires au progrès humain. L'absence de mécanisation poussait les anciens à s'appuyer sur la force physique d'une progéniture nombreuse. Cette méthode montre aujourd'hui ses limites puisque les générations suivantes se retrouvent avec des portions de terre non viables en raison du morcellement de la ressource foncière entre les descendants au fil des générations. Le caractère archaïque du travail agricole pousse les jeunes à aspirer à d'autres modèles d'existence. Ils abandonnent les zones rurales en raison de la non-valorisation des opportunités qui y existent. Par conséquent, les politiques de modernisation de l'agriculture en Afrique noire ont échoué et contribué à forger une image négative du monde agricole qui souffre du manque des infrastructures et de la marginalisation socio-économique. La croissance démographique très forte dans la zone est en train de compromettre la possibilité de s'appuyer sur l'agriculture pour réaliser de bonnes performances économiques. À cela s'ajoutent des contingences d'un tout ordre ; pour le PNUD (2012 : 72) :

> L'étude de 5 000 espèces de plantes en Afrique subsaharienne révèle que le changement climatique peut réduire ou modifier entre 81% et 97% des environnements adaptés à leur culture. Il est possible que d'ici 2085, entre 25% et 42% de ces environnements disparaissent complètement. Les conséquences sont particulièrement dramatiques pour les communautés qui

dépendent de ces espèces végétales à des fins alimentaires ou médicales.

Dans le contexte de la revalorisation de l'agriculture comme source d'emploi, il convient de rappeler que le contexte international y est favorable, puisque le dérèglement climatique restreint les opportunités disponibles. Or la pauvreté combinée à la forte croissance démographique risque de peser lourdement sur les ressources. Faire revenir les jeunes à la terre est une solution envisageable, mais il est crucial de veiller à ne pas suivre des modèles qui s'avéreraient des voies sans issue à l'avenir.
L'agriculture a beau être le principal vecteur d'insertion économique dans de nombreux pays d'Afrique subsaharienne, elle n'attire souvent pas les jeunes, qui la considèrent comme un moyen d'existence peu valorisant. Les disparités entre les niveaux de vie urbains et ruraux renforcent l'attrait exercé par les villes et au rejet de la vie des ménages confinés dans les campagnes. En Afrique généralement, de nombreux jeunes considèrent l'agriculture comme une activité peu valorisante. En Afrique subsaharienne, les jeunes appuient leur perception négative de ce secteur par des arguments comme le bas niveau des salaires, le statut inférieur des enfants dans les zones rurales et les tensions sociales. Au regard de ces situations, les gouvernements doivent rendre l'agriculture plus attrayante aux yeux des jeunes, en lui donnant un plus grand attrait économique et social. L'innovation technologique, moteur du développement économique et social le moyen efficace d'élargir les possibilités des jeunes dans le domaine de l'agriculture des idées et des technologies innovantes, appuyées avec un esprit d'entreprise, peuvent aider les jeunes à canaliser leur créativité, à transférer les connaissances, les informations et les idées, et à rester connectés entre eux. La promotion de l'Agriculture en rapport avec le chômage des jeunes a suscité dans certains pays la mise en place des Écoles pratiques d'agriculture et d'apprentissage à la vie pour les jeunes, établies par l'Organisation des Nations Unies pour l'alimentation et l'agriculture (FAO) et testées sur le terrain dans différents pays. Le but est de cherchent à autonomiser les jeunes vulnérables en les formant aux moyens de subsistance et aux compétences nécessaires pour faire face aux risques afin de bénéficier d'une sécurité alimentaire. Les écoles offrent une formation globale en techniques agricoles, en compétences commerciales et en aptitudes à la vie quotidienne.

Les segments non agricoles dynamiques de la chaîne de valeur agricole sont particulièrement importants. Les possibilités que ces initiatives fournissent aux entrepreneurs innovants stimulent l'attrait exercé par le secteur sur les jeunes dans la mesure où elles génèrent des retombées financières plus importantes. Des activités comme la commercialisation, la transformation, l'emballage, la distribution, le commerce, l'approvisionnement, le stockage, les ventes et la restauration peuvent changer l'image de l'agriculture et inciter les jeunes à se lancer dans des entreprises de production agricole.

Les informations numériques offrent un lot d'informations exploitables pour le développement agricole. Cela donne aux jeunes de nouvelles possibilités d'augmenter la productivité et la rentabilité, et de développer de nouvelles compétences professionnelles. Il existe des sources de données interrogeables fournissant des conseils agricoles et des prévisions météorologiques. Le mécanisme comporte aussi des canaux d'informations sur les marchés et les conditions météorologiques ainsi que des services d'appui divers : soumission de plans commerciaux en vue de la participation à des concours internationaux de projets d'entrepreneuriat, communications destinées aux clients et extension de réseaux.

L'innovation, l'esprit d'entreprise et le renforcement des connaissances doivent se fonder sur des institutions qui réglementent la technologie, stimulent le retour d'information des utilisateurs et allouent les ressources. Il est également crucial, à cet égard, de disposer des infrastructures appropriées, notamment dans les zones rurales. Les zones rurales ne disposent pas malheureusement pas des structures appropriées et femmes et jeunes en milieu rural sont particulièrement limités par le manque d'actifs financiers et de possibilités d'éducation.

La croissance de l'agriculture en Afrique subsaharienne a des effets multiplicateurs sur l'ensemble de l'économie de la région, la modernisation du secteur agricole, à toutes les étapes de sa chaîne de valeur, offre de multiples opportunités pour les jeunes acceptants de se convertir dans l'agriculture. Mais il faut les convaincre par des politiques volontaristes en la matière. La forte population de jeunes, les avancées en matière d'innovation et le potentiel prometteur du développement agricole constituent les trois principaux atouts sur lesquels la région peut s'appuyer pour inaugurer une nouvelle voie d'avenir. Mais ces opportunités ne peuvent être exploitées sans une gestion conséquente des retombées de la démographie. Par le biais des programmes innovants portés par la FAO et la coopération internationale, l'agriculture africaine a de réelles chances de sortir des affres de l'oubli dans lequel elle avait sombré en raison du désintérêt politique subi au fil des décennies. Deux organisations panafricaines fédèrent les efforts visant à assurer et à soutenir l'engagement des gouvernements : le Programme détaillé de développement de l'agriculture africaine (PDDAA) et l'Alliance pour une révolution verte en Afrique (AGRA). Ces deux instances découlent de la Déclaration de Maputo datant de 2003, dans laquelle les chefs d'État de la Conférence de l'Union africaine se sont engagés à soutenir le PDDAA et ses quatre piliers et à augmenter les dépenses publiques affectées à l'agriculture à hauteur de 10% des budgets nationaux jusqu'en 2008. De rares pays d'Afrique subsaharienne ont tenu leurs promesses à ce jour, et on comprend dès lors les hésitations des jeunes à s'engager dans des secteurs agricoles où les gouvernements n'ont pas l'habitude de faire des efforts. Toutefois, un changement de cap politique en faveur de l'augmentation de la productivité agricole est perceptible dans de nombreux pays de la zone.

Par ailleurs, des efforts sont actuellement concentrés sur le rétablissement des structures de développement et de recherche agricoles. Dans le cadre du pilier 4 du PDDAA, le Forum pour la recherche agricole en Afrique dirige des initiatives visant à intensifier le soutien aux programmes technologiques et scientifiques à l'échelle régionale et nationale. Les priorités portent notamment sur les denrées alimentaires de base, la conservation, les ressources biogénétiques, la gestion intégrée des ressources naturelles et l'amélioration des moyens d'existence dans les environnements instables et éprouvants. L'objectif est de vulgariser les informations, les technologies et les produits en renforçant les capacités de recherche, en associant la recherche et la vulgarisation, et en assurant la vulgarisant des activités de cette auprès d'un plus grand nombre d'agriculteurs avec des moyens financiers limités.

Pour améliorer l'accès au marché, le pilier 2 du PDDAA cible le renforcement des infrastructures locales (transport, stockage, manutention, emballage, commerce de détail, etc.). Cependant, la croissance démographique accroît les contraintes exercées sur les systèmes alimentaires en Afrique subsaharienne. Par conséquent, les

options politiques visant à améliorer la sécurité alimentaire au cours des prochaines décennies doivent associer des innovations technologiques en faveur d'une agriculture durable et des mesures permettant de réduire la croissance démographique. Pour abaisser le taux de fécondité, il faut encourager l'insertion professionnelle des femmes ce qui le gage de l'autonomie des femmes à développer leurs capacités grâce aux facilités d'accès à l'éducation et aux revenus.
La plupart des pays dont le taux de fécondité est élevé disposent de moyens nécessaires pour proposer des services de planification familiale aux femmes dont les besoins contraceptifs ne sont pas satisfaits. Grâce à la création d'un programme national d'information, d'éducation et de communication sur la planification familiale, l'indice synthétique de fécondité peut amorcer une chute conséquente. Les pays d'Afrique subsaharienne sont tenus de suivre cette tendance, car le ralentissement de la croissance démographique atténuerait les pressions exercées sur le système alimentaire et réduirait les taux de dépendance, favorisant une croissance plus rapide de l'économie grâce à l'augmentation de la proportion de personnes en âge de travailler. C'est une opportunité pour les pays africains de profiter du dividende démographique associé à la diminution des taux de dépendance et soulagerait les contraintes supplémentaires liées à la nutrition des femmes enceintes et de leur nouveau-né. L'augmentation de la production alimentaire nécessaire pour nourrir la population croissante de la région ne fera qu'accentuer les pressions environnementales, sauf si les gouvernements prennent des mesures en faveur d'une agriculture durable. Pour augmenter les rendements agricoles, il faudra réaliser des investissements en vue d'inverser la dégradation des sols et de promouvoir une exploitation durable des terres. Les approches agroécologiques peuvent favoriser ce processus, notamment lorsque la dégradation des sols affecte les moyens d'existence depuis des décennies et lors de l'intégration d'une agriculture économe en intrants extérieurs et d'approches adaptées fondées sur la révolution verte. Comme le constate le rapport du PNUD sur le développement humain en Afrique subsaharienne en 2012 (70) :

> l'évolution de la demande de denrées alimentaires, qui accentue la pression exercée sur les terres et l'eau, accélère le déclin de la biodiversité et d'autres services environnementaux comme la purification de l'eau et de l'air, ainsi que le cycle des nutriments. Le bien-être des

> personnes dépend de ces services qui, du fait de leur nature essentiellement publique, ne sont assortis ni de marchés ni de tarification. Par conséquent, rien ne freine leur déclin, rarement détecté par les systèmes d'incitations

L'intensification durable et l'agriculture biologique offre des chances de restaurer et d'améliorer les fonctions des écosystèmes agricoles et de rétablir l'intégrité des sols, tout en augmentant la production et en aidant l'agriculture à s'adapter aux changements fondamentaux générés par le changement climatique. Les approches écologiques intégrées telles que le labour minimal, la gestion intégrée des parasites, la gestion intégrée de la fertilité des sols ou l'irrigation goutte à goutte peuvent favoriser la résilience et l'autonomie des agriculteurs. L'accroissement durable de la production agricole et le renforcement de la résilience des systèmes alimentaires africains requièrent différentes approches, qui peuvent être adaptées en fonction des variétés culturales, du lieu, de la culture et d'autres vecteurs. Mais par-dessus tout, la maîtrise de la croissance démographique se pose comme condition incontournable.

3. Difficultés d'insertion professionnelle des jeunes

Des décennies durant, le secteur public a été le plus gros pourvoyeur d'emplois en Afrique. Aujourd'hui, il ne peut plus remplir ce rôle et les États se trouvent devant la nécessité de mettre en place des conditions propices au développement du secteur privé, ce qui provoquera une augmentation de l'investissement et de l'emploi.
Les débats autour de la question du chômage des jeunes en Afrique s'inscrivent aussi dans le cadre du contexte actuel où l'on assiste à une explosion démographique de la jeunesse africaine. Se référant au dernier rapport de l'Organisation internationale du Travail (OIT), Dramane Haïdara a indiqué qu'en 2013 le monde comptait 75 millions de jeunes au chômage. 38 millions de ces jeunes chômeurs vivent en Afrique. Selon lui, en tout, l'Afrique compterait 200 millions d'habitants âgés de 18 à 24 ans, soit 40% de la population active. Le taux de chômage parmi cette population est le double de celui des adultes. Ces jeunes sans perspectives professionnelles constituent, aux yeux de l'analyste de l'OIT, une « *génération perdue, menaçant la cohésion sociale* ». Les investigations de la Banque mondiale

confirment cette tendance et estiment qu'environ 40% de ceux qui rejoignent des mouvements rebelles et terroristes seraient motivés par le manque d'emplois. Pour les acteurs et observateurs de l'économie africaine à la conférence de Dakar, cette jeunesse désoeuvrée est « *une bombe à retardement* ». Il est urgent d'agir afin de réduire le flot des jeunes alimentant des mouvements de mécontentement populaire comme les printemps arabes.
Pour ce qui est de l'emploi, la situation n'a malheureusement cessé de s'aggraver au cours des dernières années, tout particulièrement dans les pays d'Afrique du Nord. Avec presque 30% de jeunes au chômage – 41% pour les jeunes femmes -, cette région connaît le taux de déficit d'emplois le plus élevé dans le monde. Le scénario est préoccupant aussi dans les pays de l'Afrique subsaharienne. Selon la Banque mondiale, la jeunesse compte pour 60% de l'ensemble des chômeurs dans cette zone et si des mouvements terroristes recrutent dans cette zone, c'est en partie que le chômage leur offre un terreau favorable. Avec chaque année, près de 10 à 12 millions de jeunes arrivant sur le marché du travail, la tendance n'est pas près de changer. Ces jeunes sont issues des hordes dérivant de la forte fécondité des décennies antérieures et les pays les plus touchés par le chômage sont ceux qui sortent de longues périodes de guerre civile ou de turbulences politiques ne permettant ni l'expansion de la contraception, ni le renforcement des structures économiques. Ainsi, en Sierra Leone, où la guerre s'est terminée en 2002, plus de 50% de jeunes Sierra-Léonais n'ont toujours pas de travail digne de ce nom. Le Liberia connaît, lui aussi, une phase difficile, avec des milliers de jeunes ex-combattants qui attendent d'intégrer le marché de l'emploi. La situation démographique fait que même dans les pays épargnés par la guerre ou des catastrophes naturelles de grande envergure, le chômage des jeunes inverse profondément les équilibres sociaux. Au Ghana, le chômage se situe en moyenne aux alentours de 9%, mais s'élève à 31,7% parmi les jeunes. Variant entre 20 et 25%, le chômage des jeunes reste aussi anormalement élevé au Sénégal, au Burkina Faso, au Bénin, au Nigeria et au Togo.
Les pays de la zone subsaharienne de l'Afrique ont perpétué le schéma économique colonial en continuant avec l'économie de traite. Cette économie était structurée autour de l'exportation des matières premières agricoles et minières vers les pays industrialisés et l'importations des produits manufacturés occidentaux. Un tel schéma ne favorise pas l'emploi dans les pays africains parce que

l'exploitation minière et agricole requiert moins de main-d'œuvre que la transformation des produits bruts. Les différents secteurs d'activité des pays africains sont imprégnés de la culture de l'État-Providence en Afrique subsaharienne. L'administration publique dans ces pays a longtemps monopolisé les pouvoirs politiques et économiques si bien qu'elle est restée la seule pourvoyeuse d'emplois. Des milliers de jeunes en fin de formation professionnelle et académique attendent d'être embauchés par l'État. Or celui-ci ne recrute que pour les besoins de sa survivance c'est-à-dire pour les secteurs sociaux comme l'éducation et la santé. La dépendance des économies africaines vis-à-vis des économies occidentales va jouer un rôle déterminant dans l'expansion du chômage. Les chocs pétroliers des années 1970 ont ralenti la demande mondiale en matières premières agricoles et minières si bien que de nombreux États africains sont confrontés à la baisse de leur revenu. Cette chute des revenus réduit l'efficacité des administrations publiques. Dans le schéma d'État-Providence, les gouvernements ne sont plus en mesure de recruter à tour de bras, même s'ils gardent le monopole du pouvoir économique et commercial. D'un autre point de vue, le recul des revenus a poussé les pays africains à recourir à l'aide financière auprès des Institutions Financières Internationales. Dans l'impossibilité de satisfaire les annuités, les pays vont être soumis à des Programmes d'Ajustement Structurel qui les obligent, entre autres à geler les recrutements. Ce fut une catastrophe pour l'emploi dans les pays, puisque le parcours scolaire et académique était centré sur une future insertion professionnelle dans l'administration publique. Les mesures découlant des programmes d'ajustement structurel ont engendré durablement une précarité de l'emploi, se traduisant par des retraites anticipées, le gel des avancements et la réduction des dépenses publiques.

Chap. 8 :
DÉMOGRAPHIE ET AGRICULTURE

Un des secteurs d'activités impliqué dans les questions démographiques est surtout l'agriculture. En effet, le volume de la population réglemente la disponibilité des terres, mais aussi détermine la demande en biens alimentaires locaux ou étrangers. En Afrique subsaharienne où le problème de la faim est d'une récurrence quotidienne, la croissance démographique se traduit par la question suivante : comment nourrir une population sans cesse croissante et dont la taille réduit les superficies cultivables au fil des jours ?
Les enjeux agricoles en Afrique subsaharienne sont si complexes qu'ils ne peuvent être cernés par des analyses simplistes. Cette complexité dérive des difficiles simulations pour rendre compte d'une population en constante évolution sur les comportements, les ressources et les modes de consommation.

1. Corrélation Démographie et Agriculture

Un des défis majeurs de l'Agriculture en Afrique subsaharienne est la croissance incontrôlée de la démographie qui se traduit par des situations de précarité à des échelles diverses. Cette évolution de la démographie est l'élément essentiel qui influence le bilan du développement agricole et rural en Afrique subsaharienne cinq décennies après les indépendances. Le symptôme le plus évident de la méforme en matière de production agricole se trouve dans la récurrence des crises alimentaires et dans l'écart de développement entre la région subsaharienne de l'Afrique et le reste du monde, ce qui se traduit en Afrique par la récurrence des catastrophes découlant des ruptures de stock alimentaires successives. Les experts et les observateurs s'accordent sur le fait que le poids de la croissance démographique particulièrement élevée opère de façon négative sur les opportunités disponibles. Déjà en 1962, René Dumont tirait très tôt la sonnette d'alarme en postulant que la réduction de cette forte croissance démographique était indispensable au développement de l'agriculture africaine. Cependant, en dehors de quelques évidences parcellaires, les retombées précises de la démographie galopante sur la situation du développement agricole donnent lieu à des controverses.

Le scepticisme relatif suscité par les déclarations pessimistes de René Dumont résulte du fait que cela avait un air de déjà-vu. En effet, en analysant les points de vue suscités par cette question de la croissance démographique, on se rend compte d'une opposition entre deux postulats relatifs aux retombées de la croissance démographique sur l'évolution de la production agricole. Le premier postulat se situe dans la droite ligne de la théorie malthusienne qui trouve son relais dans les médias, les discours politiques et scientifiques. Il est inspiré de l'ouvrage de Malthus intitulé *Essai sur le principe de population* (1798) où l'auteur postule que l'augmentation de la population rurale entraîne un accroissement de la pression sur les ressources, en l'occurrence la propriété foncière. Cette pression se traduirait par une réduction des rendements des cultures et donc une baisse de la production agricole. Ajoutée aux problèmes posés par les instruments rudimentaires, cette situation débouche sur des famines qui engendrent une forte mortalité, si bien que la population revient à un niveau d'équilibre. Comble du cynisme, c'est au prix de ces décès que revient l'équilibre entre la population et les capacités productives des ressources foncières. Le danger de ce modèle d'analyse est qu'il conforte l'indifférence de certains pays riches face à la misère qui sévit dans les pays en développement. Nul ne peut imaginer ce qui arriverait si les organisations internationales tardaient à intervenir sous le prétexte que les victimes contribueraient à rétablir l'équilibre entre croissance démographique et terres cultivables disponibles. Pour échapper au cynisme inhérent à ce modèle d'analyse, les néo-malthusiens substituent à la famine, l'exode rural en cas de déséquilibre trop marqué entre la capacité productive d'un milieu et les besoins des populations.

Cette thèse est contestée par Ester Boserup qui, dans son ouvrage « The conditions of agricultural growth » (1965), souligne que dans les pays non industrialisés, l'augmentation de la population rurale favorise l'intensification agricole. Il est possible que la croissance démographique accroisse la main-d'œuvre agricole et par conséquent la production, mais il est primordial de réfléchir sur la disponibilité des terres dans l'éventualité où la population s'accroîtrait au-delà de toutes les prévisions. Objectivement, l'Afrique subsaharienne se trouve encore loin de cette éventualité. En effet, la densité de la population est très faible alors que l'espérance de vie est constamment réduite par des crises économiques, sociales politiques et des endémies de tout genre. Pour une agriculture essentiellement

rudimentaire, il est difficile de voir s'intensifier la production agricole si la densité de population est faible.
En analysant les situations agraires en Afrique subsaharienne, on aboutit à la conclusion que la démographie galopante produit parfois des évolutions malthusiennes. Certains pays voient la démographie galopante réduire les surfaces cultivables pour l'agriculture si bien qu'ils sont confrontés à des difficultés alimentaires cruciales. Ainsi la région du Yatenga au Burkina Faso (Marchal, 1983) et le Pays Serer au Sénégal (1970) ont eu à subir les effets drastiques de la pression démographique sur les ressources foncières et ainsi se vérifie la perspective malthusienne. Il existe de nombreuses situations en Afrique subsaharienne où l'accroissement de la pression foncière provoque une surexploitation du milieu et une dégradation de l'environnement, réduisant de fait la production.
D'autres pays par contre subissent les effets de la croissance démographique tout en enregistrant de bonnes performances agricoles vérifiant ainsi la logique boserupienne. Celle-ci se justifie dans des régions où la forte densité de population, loin d'engendrer la détérioration de l'environnement, a amené à une intensification de l'agriculture et une gestion durable des capacités productives du milieu. À titre d'exemple, le pays Bamiléké au sud-ouest du Cameroun compte des espaces où la forte densité de population n'empêche pas la production de surplus alimentaires à destination de grandes mégapoles camerounaises comme Douala ou Yaoundé. Le district de Machakos au Kenya, où la croissance démographique de plusieurs décennies s'est traduite par une intensification de la production agricole et une amélioration de la gestion des ressources naturelles comme le soulignent Mary Tiffen, Michael Mortimore et F. Gichuki (1994) dans leur ouvrage *More people less érosion.*
Les deux postulats montrent une contradiction particulièrement importante pour élucider l'impact de la croissance démographique sur le développement agricole et rural. Cette contradiction est très instructive pour les pays d'Afrique subsaharienne qui tendent à suivre aveuglément les injonctions de leurs partenaires internationaux. La réduction de la démographie n'est pas uniquement un enjeu social ou démographique, relève à la fois de vecteurs économiques et socioculturels probants. Les scénarios subséquents des politiques démographiques ne peuvent être prévus de manière mécanique, mais il existe la conjonction de multiples facteurs que les politiques publiques doivent prendre en considération. Il n'est pas par ailleurs exclu que la

contradiction portant sur la conséquence de l'évolution démographique sur la production agricole puisse être extensible à d'autres domaines de productions économiques. Reste aux experts à le prouver.

Pour comprendre les ressorts de l'évolution de la population sur la production agricole, il est primordial de cerner les mutations intervenant dans les modèles d'exploitation. L'intensification des travaux exécutés sur une surface cultivée peut être un résultat de l'augmentation de la densité démographique comme ce fut le cas en pays Bamiléké au Cameroun. L'Asie du Sud-Est a également connu et connaît encore une croissance fulgurante de la population, mais cela n'a pas empêché que ces pays parviennent à hisser leur production agricole à un niveau suffisamment élevé pour alimenter les autres régions du monde en produits alimentaires. Le même modèle est valable pour les pays industrialisés d'Europe qui, ayant fini leur transition démographique, affichent de fortes densités de population. Et pourtant, ces pays conservent une forte production agricole découlant de l'intensification des activités de production, ce qui rejoint la thèse de Boserup. Cela peut signifier aussi que la croissance démographique en soi ne constitue pas un problème, mais c'est la manière dont les facteurs de production sont adaptés à la situation qui en détermine les effets. Les pays en développement confrontés à la croissance démographique ont simplement le devoir de conformer les facteurs de productions aux nouvelles donnes démographiques. Cela n'exclut pas la maîtrise de la démographie, mais cette maîtrise doit faire partie d'un programme national intégré à une vision politicosociale élaborée. La réduction de la croissance démographique ne peut nullement être une solution miracle aux problèmes de développement.

Le plus grand problème pour les pays en développement est que la croissance démographique intervient dans un contexte de rareté des investissements nécessaires à la consolidation de la production. En bref, une population qui s'accroît avec une forte célérité pourra s'en sortir du point de vue de la production agricole si les capitaux sont disponibles pour appuyer les activités d'une main d'œuvre sans cesse croissante. De fait, dans les pays les moins développés, les investissements agricoles sont très frileux et l'intensification n'est possible que si la densité de population est suffisamment élevée pour produire la force de travail requise pour cette intensification. Mais la complexité de la question du développement agricole ne permet pas de poser des postulats simplistes. Si on a observé l'intensification de de la production agricole dans les pays non industrialisés, suite à l'explosion démographique, il est indéniable que la population, à elle seule, n'est pas porteuse de valeur sans une constellation de conditions bien définies. La transformation du poids démographique en valeur agricole intrinsèque dépend de l'intensification agricole par le biais de l'investissement financier mobilisé pour l'acquisition de matériels, la construction de bâtiments ou l'utilisation d'intrants. Tel est le cheminement de nombreux pays industrialisés comme la France qui au lendemain de la Seconde Guerre mondiale avait connu un boom démographique qui fut rentabilisé par une montée de l'intensification agricole. Grâce à la disponibilité du capital, les installations agricoles suivirent au point où la France parvint à acquérir le rang de première puissance agricole de l'Union Européenne.

Pour le moment, les pays d'Afrique subsaharienne sont encore loin de là. Mais ils ont les moyens de faire du prétendu « poids démographique » un atout pourvoyeur de main d'œuvre, et contribuant à élargir le marché pour la production locale. Sur cette voie, se trouvent des pays tendant à faire émerger leur économie par le biais de la modernisation de l'agriculture. Indépendamment du vecteur démographique, cette mutation requiert la disponibilité de capitaux en mesure de supporter l'agriculture intensive avec des moyens techniques conséquents. Dans la corrélation entre population et intensification agricole, il convient de spécifier au sein de l'agriculture deux types de productivité : celle de la terre et celle du travail. En fonction de l'indisponibilité et de l'aspect stratégique de chacun de ces facteurs, les agriculteurs mettront l'accent sur une productivité bien déterminée. De manière générale, l'intensification agricole induit une augmentation de la productivité de la terre. C'est dire que l'intensification agricole produit comme résultat une augmentation du rendement des cultures. C'est par ce moyen que la croissance démographique peut être rentabilisée par l'intensification agricole qui garantit la durabilité du processus. De ce fait, l'intensification agricole n'est pas conditionnée par une fulgurante croissance démographique, mais la corrélation prouve simplement que la démographie galopante peut ne pas se poser en termes de problèmes alimentaires si les vecteurs de production en Afrique subsaharienne sont appuyés par des capitaux stimulant le développement technique et matériel.

Dans une perspective contraire, l'intensification agricole ne se traduit pas forcément par un accroissement de la production agricole. La réussite agricole dans les pays industrialisés par suite de l'intensification agricole est née avant tout d'une fulgurante montée de la productivité du travail. On aboutit ainsi à une agriculture intensive qui fait que moins de 5% des actifs agricoles nourrissent le reste de la population et exportent des produits agricoles vers d'autres régions du monde. Par contre, l'intensification par le travail se traduit par une diminution de la productivité du travail et ainsi les pays en développement se trouvent en situation défavorable dans la compétition internationale, obligés qu'ils sont d'évoluer dans un monde dominé par la libéralisation économique.

2. Évolution agraire et densité de population

L'augmentation de la densité de population se traduit par une modification des modes d'exploitation agricole en vigueur au sein des sociétés rurales traditionnelles. Les pays d'Afrique subsaharienne qui disposent de peu de moyens pour satisfaire aux exigences de cette mutation doivent compter avec de nouvelles difficultés. Analysant les mutations dans la gestion de la ressource agraire au regard de la pression foncière, Esther Boserup, met en lumière divers niveaux de cette évolution sur la base de la durée de la jachère. Ces niveaux varient aux extrêmes entre la culture itinérante sur brûlis et des cultures irriguées pouvant se répartir en de multiples cycles culturaux durant la même année. Ce schéma général d'évolution a inspiré l'historien Hopkins qui distingue sept modes de culture en Afrique Occidentale. Ruthenberg (1980) aussi a conçu son indice d'intensité agricole en se basant sur l'importance relative de la jachère par rapport au temps de culture. L'indice de Ruthenberg est établi sur une échelle allant de 0 à 100 et renvoie au pourcentage de surfaces cultivées rapporté à la surface totale requise par le système, c'est-à-dire la surface cultivée plus jachère.
Dans ce schéma d'évolution, le système d'abattis-brûlis se place au premier niveau de l'échelle. On se demande si ce système est le premier à avoir fait l'unanimité dans l'histoire de l'agriculture et certains analystes arguent du fait que, dans des situations d'insécurité créées par les animaux sauvages ou les conflits interethniques, la culture a dû se faire avec des stratégies de fixation et d'intensification.
Il est en tout cas indéniable que le système d'abattis-brûlis a une primauté historique en matière de système agricole et se serait répandu dans la plupart des zones tropicales. Il est répandu dans divers cadres

écosystémiques où les communautés ne sont nullement liées par des affinités culturelles, techniques ou économiques, comme les régions de Kalimantan, de l'Amazonie, le sud-est du Cameroun ou la Guinée forestière. Ce système est dominant dans les zones de front pionnier, et c'est la preuve qu'il tient une place initiale dans l'exploitation des terres forestières. Il est décrit dans le rapport du PNUD sur le développement humain de 2012 avec ses contraintes éventuelles (p. 4) :

> *Suivant des pratiques très anciennes, les petits agriculteurs ont longtemps survécu en cultivant des terres récupérées sur les forêts et les pâturages ou en recyclant les parcelles sans renouveler leur teneur en nutriments. L'augmentation des productions a résulté de l'accroissement des superficies cultivées et non de méthodes agricoles efficientes. Face à la réduction des possibilités d'extension des superficies arables, les agriculteurs n'ont d'autre choix que de produire davantage de nourriture par unité de terre et ce, grâce aux techniques de production modernes*

Dans son approche technique, ce système se définit comme un bref temps de culture, succédant à un temps de jachère long, ce qui facilite la reconstitution du couvert végétal initial. Jusqu'à récemment, le procédé sous-tendant ce système a donné lieu à des controverses et certains milieux le jugent condamnables. L'hostilité à l'égard de ce système résidait dans le fait que certains analystes croyaient à tort, que les agriculteurs abandonnaient leurs champs après 2 à 3 ans de culture pour aller en défricher un autre, parce que la fertilité minérale et organique de leur parcelle avait baissé. Toutefois, les travaux des chercheurs en Côte-d'Ivoire, ont prouvé que l'accumulation d'éléments fertilisants et la réduction de l'acidité du sol, dues au brûlis de la biomasse accumulée dans la couverture arborée durant la jachère longue, assuraient un temps de culture plus durable que la technique adoptée par les agriculteurs dans les systèmes ne subissant pas de contraintes foncières. Au contraire, ce qui pousse les agriculteurs à changer leur parcelle, c'est la profusion des mauvaises herbes. Laissée en jachère, la parcelle anciennement envahie par les mauvaises herbes finit par en être dépouillée et après le défrichage, point n'est besoin de désherber la parcelle. En effet, la durée longue de la jachère élimine

ces mauvaises herbes et les outils d'exploitation sont réduits à des instruments comme la hache, le feu et le bâton à fouir.
Au regard des rendements obtenus avec de tels systèmes, on peut conclure à des résultats satisfaisants. Mais Rapporté à la totalité des terres requises pour le bon fonctionnement du système, le rendement sera estimé aussi en fonction des terres laissées en jachère. Le rythme des jachères peut aussi bien être remis en cause par une expansion démographique trop forte, mais cela relèverait plus des énergies à mobiliser.
Par contre, en tenant compte du temps de travail exigé par ces systèmes, on aboutit à la conclusion que la productivité du travail est bonne. Il s'agit donc d'un système extensif garantissant une bonne productivité du travail. C'est au regard de cette observation qu'on peut cerner le caractère rationnel de cette pratique de la perspective des agriculteurs. Dans le constat généralisé de la culture itinérante sur brûlis qui se déroule dans un contexte où la densité de population est faible, leur objectif est de valoriser le facteur de production le plus rare et donc le plus stratégique. Cette finalité justifie l'abandon par les agriculteurs de leurs champs lorsqu'ils se rendent compte que les exigences du sarclage et la diminution des rendements font chuter la productivité de leur travail. Leur stratégie semble aussi incompatible avec la fixation de leur spécificité culturale comme le défendent les porteurs des projets et les services de promotion de l'agriculture.
Avec le temps, les observateurs sont en train de cerner la logique agronomique et économique qui sous-tend ces types de systèmes, mais il est important de s'interroger sur leurs retombées du point de vue écologique. De nombreuses personnes rendent ces systèmes responsables de la destruction de la forêt tropicale. Or, dans sa pratique originelle, le système des longues jachères favorise la reconstitution d'un couvert arboré qui, à défaut de reproduire la forêt primaire, assure la reproduction et la durabilité de ce système. Cette appréciation est confortée par le fait que dans nombre de régions tropicales, la prévalence de ce système a permis la pratique de l'agriculture depuis fort longtemps. Toutefois, les réserves concernant ce système ne sont pas sans fondement au regard des effets ruineux de l'abattis-brûlis, lorsque le système évolue et se dégrade. Il a aussi des effets non désirables lorsque sa pratique est utilisée comme une transition à forte célérité de la forêt au pâturage. Avec ce système, les limites apparaissent lorsque la démographie galopante augmente la taille de la population au point que les agriculteurs prolongent leur

temps de culture et réduisent la durée de la jachère. Cette situation se produit lorsque l'indice d'intensité agricole de Ruthenberg est supérieur à 20, ce qui renvoie approximativement en Afrique tropicale à une densité de population au-delà de 20 habitants par kilomètre carré. Au-delà de ce seuil, la durée de la jachère sera irrémédiablement trop courte pour produire une biomasse dont le volume sera en mesure de restaurer la fertilité du sol et d'éliminer les mauvaises herbes. On observe alors une régression de la productivité de la terre et du travail, accompagnée d'une dégradation progressive du milieu. De manière pratique, la prolongation du temps de culture réduit les chances de restauration du couvert forestier, engendre une mutation écologique majeure : le passage vers la savane. En conséquence, la jachère arborée originelle cède à une jachère herbeuse qui ne peut offrir une protection au niveau du recru forestier.
Comme le révèlent les analyses, l'Afrique subsaharienne, fait face à un grand défi. Il est primordial de trouver des systèmes de rechange pour remplacer le système d'abattis-brûlis avec une pression de plus en plus forte sur les ressources foncières dans les zones forestières. Les retombées éventuelles ou avérées de la forte croissance de la population amènent déjà à réfléchir sur les possibilités d'une sortie des systèmes de culture séculaires. La mutation rendue inévitable par l'évolution démographique peut aboutir à la prédominance de la théorie boserupienne. Cela sous-entend une intensification agricole progressive avec une gestion durable des ressources. Une autre alternative serait plus pessimiste avec une dégradation des capacités productives du milieu, vérifiant ainsi le scénario malthusien. Il est, en outre, possible que les perspectives boserupiennes et malthusiennes cohabitent sur le terrain, alimentant toutes sortes de questions sur les dynamiques agraires opérant en Afrique subsaharienne. Était surtout préoccupante la transition d'une dynamique régressive à une intensification agricole durable du point de vue agroécologique et socioéconomique.

3. Dynamiques agraires au sein des sociétés rurales.

Pendant le XXe siècle, les pays en développement et particulièrement, ceux d'Afrique subsaharienne auront connu une croissance démographique exceptionnelle et la plupart de ces pays sont en train de voir l'effectif de leur population exploser. La démographie galopante a profondément modifié les conditions d'exploitation agricole des terres disponibles. Pour les agriculteurs des générations antérieures vivant dans un contexte de large disponibilité des terres, la jachère était le moyen privilégié pour conserver la fertilité des sols. La croissance de la population dans certaines zones est aujourd'hui si forte que les ressources foncières ne sont pas disponibles pour autoriser la jachère.

Les mutations intervenues dans le rapport des populations agricoles avec les terres cultivables se sont réalisées avec une si forte célérité qu'il est difficile aux populations rurales africaines insuffisamment encadrées de conformer leurs systèmes de culture aux nouvelles conditions de production. La maîtrise de l'irrigation peut être une issue favorable, comme le souligne le rapport du PNUD sur l'Afrique subsaharienne en 2012 : (P.4)

> *L'irrigation constitue pour l'Afrique subsaharienne un défi à long terme. La plupart des pays de la région ont consacré d'importants investissements dans des méthodes d'irrigation intensives en main-d'œuvre visant une gestion durable de l'eau. Mais toutes les régions de l'Afrique n'ont pas forcément les mêmes besoins en matière d'irrigation. En effet, de nombreuses zones semi-humides et humides disposent de ressources en eau suffisantes pour permettre une maîtrise de leur usage à travers d'autres moyens.*

En conséquence, les contraintes matérielles et techniques les ont poussés à conserver des modes d'exploitation aujourd'hui en déphasage avec la situation actuelle, ce qui a engendré une détérioration progressive de leur environnement. C'est là le scénario qui correspondait au modèle d'évolution démographique élaboré par la théorie malthusienne. En raison d'un déficit important dans l'entretien des ressources foncières et de la forte pression sur les ressources naturelles, les rendements des cultures baissent progressivement, créant un cycle d'insuffisances alimentaires et de famines dans certaines régions. Cette éventualité sous-tend les prévisions alarmistes des grands organismes internationaux. Mais, au lieu de se focaliser sur la nécessité d'aider les populations rurales à s'adapter aux mutations, l'accent semble mis sur la contraception comme moyen de réduction de la pauvreté. Or la réduction de la population intervient non comme solution immédiate à la pauvreté, mais comme stratégie durable pour alléger les dépenses macroscopiques à l'échelle nationale. Pour le moment, les drames humains continuent tout comme la pauvreté, alors seule sa réduction peut contribuer à élargir l'audience des discours antinatalistes au sein des populations. La preuve que la perspective malthusienne n'est pas une fatalité est que dans un certain nombre de situations, les sociétés rurales développent des stratégies pour modifier leurs modes d'exploitation du milieu, afin de trouver des réponses adéquates à sa dégradation et de favoriser la régénérescence de ses capacités productives. Cette capacité d'adaptation des populations d'Afrique subsaharienne est illustrée par des changements de comportement comme le montrent deux expériences observées en Afrique sahélo-soudanienne.

Les Mossi du Yatenga s'illustrent par la pratique du zaïque issue de leur technique séculaire pour opposer une réponse efficace à la dégradation de leurs sols et s'efforcent de régénérer la fertilité. Pour ce faire, les Mossi du Yatenga creusent des trous de poquet dans les terrains érodés, les comblent de matière organique et y semer les graines dès les premières pluies. Bien que cette stratégie demande une grande débauche d'énergie, elle s'est imposée et a été adoptée par les agriculteurs d'autres régions de la zone sahélienne, confrontés aux problèmes de dégradation des terres induits par la pression foncière. Comme on le voit, les populations peuvent trouver des solutions environnementales aux problèmes de dégradation de leur milieu naturel. Car les arguments basés sur les tendances antinatalistes ne font que transposer le problème, leur solution étant effective une ou deux générations plus tard.

Une autre mutation efficace dans le modèle d'exploitation des ressources foncières en réponse à la pression foncière a été réalisée au Niger, dans la région de Maradi. La mutation faisait aussi suite à une évolution très rapide de la population rurale.

CHAP 9 : CROISSANCE DÉMOGRAPHIQUE ET DÉVELOPPEMENT SOCIO-ÉCONOMIQUE

La fulgurante progression de la population en Afrique subsaharienne relève principalement des niveaux élevés de fécondité, mais aussi du recul notoire de la mortalité générale. Les économistes et les experts en développement incriminent cette évolution démographique comme un des vecteurs essentiels de la crise du développement. En d'autres termes, la croissance démographique est toujours perçue comme un frein au développement de la région. Les choses semblent cependant plus complexes, puisque l'Afrique subsaharienne doit faire face à un niveau élevé de pauvreté, de croissance économique mal distribuée, de dégradation de l'environnement et d'insécurité alimentaire. Ces différents problèmes ne sont simplement pas la résultante de la progression démographique, mais viennent s'y superposer. Ils rendent difficiles la réalisation du bien-être des populations, et ce bien-être peut contribuer à la réduction de la fécondité.

À l'instar de nombreux chercheurs, Blanchet reconnaît les relations entre la croissance démographique et la croissance économique (Blanchet, 1989 et 2001). Les corrélations entre la démographie et la croissance économique opèrent dans une perspective multiple et influencent la demande de biens et de services, les possibilités d'épargne, et la situation du marché. Toutefois, il est difficile d'observer une corrélation directe entre les variables démographiques et le développement. L'ampleur de cette corrélation est fonction de l'habileté des acteurs sociaux à anticiper les retombées des mutations. Sur la base des stratégies déployées, une situation de handicap clairement identifiée peut se poser comme un atout ; à l'opposé, l'atout peut très vite devenir un handicap selon le contexte et la capacité des acteurs à gérer les mutations démographiques. Pour l'Afrique subsaharienne, la conjonction de plusieurs facteurs fait de la croissance démographique un handicap. Les exemples foisonnent, que ce soit les Hautes Terres malgaches, les Comores, les rivages du lac Tchad, le Burundi, le Rwanda ou dans les zones fragilisées par la fréquence des sécheresses. Cette situation semble vérifier les théories malthusiennes où la pression démographique est source de tensions entre les communautés et les acteurs, alors que les réussites dérivant de l'adaptation à la pression démographique sont peu nombreuses. En tirant les leçons de ce dualisme, il est indéniable que les effets des dynamiques démographiques sont avant tout dépendantes des capacités des acteurs et des communautés à transformer en atout les situations démographiques se présentant sous la forme de handicap. Du coup, il serait aléatoire de fixer de manière inflexible les retombées des dynamiques démographiques. Les mutations induites par ces dynamiques dépendent en conséquence de toute une série de facteurs qui ne sont pas maîtrisables par les différents acteurs pris dans leur rôle séparément. Or, ceux-ci agissent d'ailleurs dans des écosystèmes nantis d'opportunités diverses et l'accès aux opportunités est fonction des potentialités et habiletés de chaque entité. Par contre, ce qui peut être relevé de manière invariable dans les situations des pays concernés, se rapporte aux politiques menées de manière à changer les tendances. Car il est possible d'influencer les orientations des communautés en matière de procréation en appuyant sur divers leviers disponibles. De fait, le contrôle de la croissance démographique s'inscrit, dans les communautés d'Afrique subsaharienne, dans une logique évolutive qui se trouve être corollaire de la modernité. En conséquence, les pays à fort taux de scolarisation féminine connaissent une meilleure réceptivité des mesures contraceptives et une orientation moins exubérante de la natalité. C'est dire donc que l'élément psychoculturel se trouve au cœur des mécanismes de changement en matière de croissance démographique. Reste à savoir si les décideurs pourront se donner les moyens pour utiliser ces leviers. Du coup, le développement socioculturel ne se pose pas forcément comme contraire au développement. Certes, de manière directe, les investissements dans le domaine démographique sont moins productifs que les priorités qui sont au cœur de la croissance économique. Mais les deux domaines constituent deux leviers différents concourant vers la même finalité, puisque la croissance économique et la réduction de la croissance démographique participent de l'augmentation des ressources pouvant être affectées à chaque citoyen. Bien plus, l'amélioration de la qualité de vie accroît la réceptivité des communautés aux mesures de contraception moderne et facilite la disparition des résistances socioculturelles.

1. Démographie et développement humain

L'expansion démographique en Afrique subsaharienne se conjugue avec une situation de précarité qui se complique d'une crise économique mondiale dont les effets se cristallisent dans cette zone comme un obstacle supplémentaire au développement. Or, les pays les plus dotés par la nature y voient une opportunité à saisir pour consolider les bases d'une nouvelle renaissance économique. Les ressorts de ces situations sur les économies subsahariennes se traduisent par des situations catastrophiques qui minent les acquis sociaux. La réponse internationale à cette situation se cristallise dans deux initiatives internationales : la Déclaration du millénaire pour le développement et l'Initiative pour les pays pauvres très endettés (PPTE). Ces initiatives sont destinées à recadrer les stratégies de développement antérieures, comme les programmes d'ajustement structurel, centrés sur la stabilisation macroéconomique et la libéralisation des économies. Il va sans dire que cette stratégie fut à l'origine de grands dérèglements sociaux. Les Objectifs du millénaire pour le développement (OMD) et l'initiative PPTE pour leur part, visent à stimuler une croissance durable dans les pays en développement et à réduire la pauvreté. L'exécution de ces programmes est conditionnée par un cadre macroéconomique conséquent et l'appui des partenaires en développement.

Graphique 7 : Évolution des PIB par tête des pays africains : comparaison des années 1990 et 2000

- PIB par tête au début et à la fin de chaque décennie A. 1990-2000

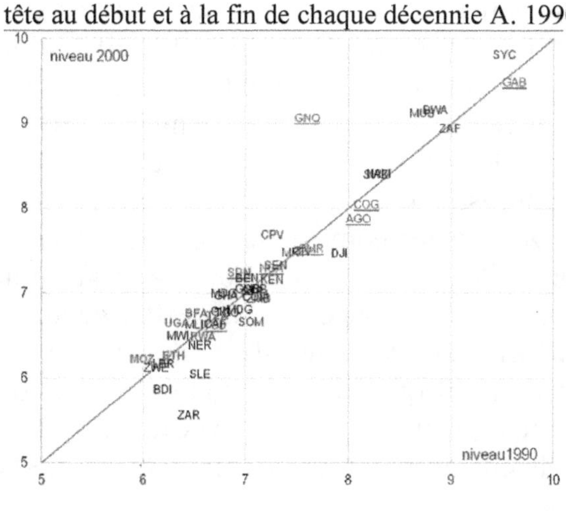

B. 2000-2010

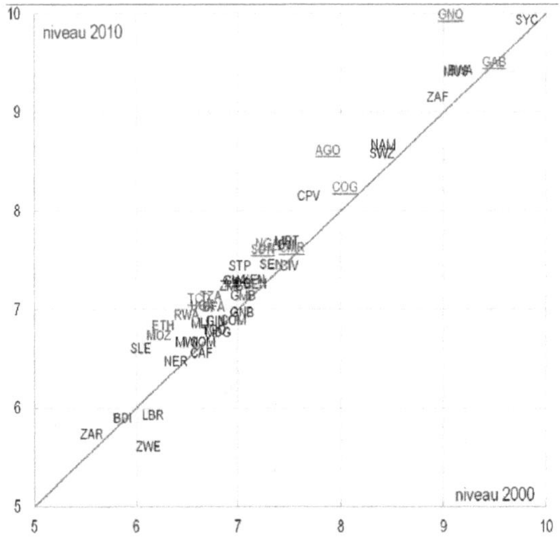

Note : les niveaux de PIB par tête en parité de pouvoir d'achat (USD 2005) sont exprimés en logarithme. Les pays figurent par leur code ISO ; les exportateurs de pétrole sont soulignés et en rouge, les pays dynamiques à revenu faible sont en gras et vert.

Les initiatives visent globalement à instaurer un monde meilleur où la majorité des populations les plus pauvres bénéficieront de meilleures conditions de vie. La réduction de la pauvreté vise une répartition des ressources dans un environnement plus sain et avec plus d'équité. Selon le rapport (juin 2008) du Groupe de pilotage de la réalisation des OMD en Afrique, on peut compter avec une amélioration dans la réalisation de ces objectifs seulement, dans quelques décennies. Malgré les progrès réalisés, la situation de l'Afrique subsaharienne ne s'est pas nettement améliorée. Les objectifs d'élimination de l'extrême pauvreté, d'éducation pour tous et d'égalité des sexes ne sont pas en mesure de se concrétiser comme prévus en 2015. Les causes de cette faible performance observée en Afrique subsaharienne, en dépit de la mobilisation des partenaires internationaux autour de la réalisation des OMD, sont nombreuses. Un des facteurs de cet échec réside dans la taille de la population au regard des ressources disponibles dans les pays concernés. En effet, depuis le début de la fixation des OMD et de leur date d'échéance, la croissance démographique de l'Afrique subsaharienne, naguère forte, a continué sa progression et demeure la plus élevée au monde. En dépit des campagnes en faveur du recul de la fécondité, on ne perçoit pas des

signes de fléchissement tangible à court terme. La fragilité alimentaire due à la fréquence de la faim s'est encore illustrée en Afrique subsaharienne en 2008. Cette année située à cheval du délai fatidique de 2015 voit l'Afrique subsaharienne subir une crise économique aggravée par la récente crise financière internationale. Même si les experts estimaient que les répercussions de cette crise auraient une faible influence sur les économies de ces pays, leur fragilité structurelle a engendré un accroissement des méformes et accentué la précarité des populations pauvres. Il serait illusoire et tendancieux de voir dans la forte fécondité la seule cause de la croissance démographique. De nombreux pays de la région ont fait quelques pas sur la route de l'amélioration des conditions de vie des populations : l'accès aux soins de santé primaires, à l'eau et à l'éducation.
L'amélioration de l'offre médicale et l'installation de certaines infrastructures sociales ont fait chuter la mortalité et conforter l'espérance de vie à la naissance. On observe aussi un certain vieillissement de la population comme signe du recul de la mortalité. Toutefois, les retombées des acquis sont essentiellement observables dans les zones urbaines. Ceci fait que les villes de la région concentrent les opportunités d'emplois, les meilleurs services sociaux et de fait opèrent toujours un attrait croissant sur une certaine catégorie de la population, celle jeune et sans formation. Les enjeux démographiques en Afrique subsaharienne s'articulent autour de la maîtrise de la fécondité pour les besoins du développement, des implications du vieillissement de la population, et la gestion des flux migratoires au départ des zones rurales vers les villes. Tels sont les grands défis que les pays d'Afrique subsaharienne sont appelés à relever pendant les prochaines années sur fond de forte croissance démographique. Le vœu de la transition démographique formulé à plusieurs reprises par les experts et les partenaires externes tardent encore à se réaliser, alors que les régions développées et d'autres pays en développement parviennent à maîtriser la croissance démographique. Dans les années 80, les taux bruts de natalité avoisinaient les 50 p. mille et le nombre d'enfants par femme (15-49 ans) s'élevait à 7, même si on note une légère amorce avec un retard de 20 ans sur les autres régions en développement. Ces indicateurs ont amorcé une tendance à la baisse en Afrique noire, mais restent les plus élevés au monde. En se basant sur le rythme de la croissance démographique dans la région subsaharienne, les Nations Unies prévoient le triplement et même le quadruplement de la population du

Niger, du Mali et du Tchad dans trois à quatre décennies. Les efforts sont certes faits en vue de la vulgarisation de la contraception moderne au sein des populations, mais les pesanteurs constituées par le faible taux de scolarisation et la couverture inefficiente rendent l'accès difficile. La faible utilisation de la contraception relève en outre de multiples paramètres. Le contrôle de la fécondité n'a de sens que pour les politiques nationales ; pour les communautés engluées dans des luttes régionales ou les familles ancrées dans une logique de conservation de leur lignée, la réduction des naissances demeure incomprise. Pour cette raison, la fécondité reste très élevée dans certains milieux. Dans la droite ligne des discours tenus par les organisations internationales et les experts des Nations Unies, les décideurs politiques des pays africains s'alignent sur la logique de maîtrise de la croissance démographique. Cette finalité est concrétisée par des campagnes antinatalistes, la vulgarisation des mesures contraceptives, le développement des infrastructures en matière de santé de reproduction, mais les résultats de ces actions ont un impact limité. À côté des obstacles socioculturels et des influences du faible taux d'alphabétisation, il est primordial de s'interroger sur la corrélation exacte entre développement économique, bien-être social et réduction de la natalité. Pour les zones orientées économiquement vers la production agricole et encore épargnées par la pression foncière, la logique d'une famille nombreuse comme source de main d'œuvre prévaut encore. Dans ces conditions, il est urgent de s'interroger sur la résonance des mesures antinatalistes pour les familles rurales fonctionnant sur une logique socioéconomique particulière. Pour ce qui est de la mortalité, l'Afrique a connu un net recul de ce phénomène, surtout la mortalité infantile et juvénile, ce qui a entraîné l'amélioration de l'espérance de vie à la naissance. Le renforcement de l'espérance de vie ne parvient pas à faire oublier, dans cette partie de l'Afrique, l'aggravation de la mortalité résultant de la détérioration de la situation sanitaire. La fragilité des installations sanitaires profite à des situations de maladie endémiques comme le paludisme, le choléra ou l'Ebola alors que la fréquence des conflits et guerres civiles engendre une destruction des infrastructures médicales tout en causant des décès innombrables parmi la population. Et les tenants d'une politique antinataliste ne tiennent généralement pas compte de la nécessité du renouvellement des générations décimées par la famine, les catastrophes naturelles et les conflits armés. De toute manière, les principaux indicateurs comme le taux

élevé de fécondité, la faible couverture des mesures de contraception révèlent que la transition démographique ne sera réalisée que dans trois ou quatre décennies. Ce retard est aussi dû à la faiblesse des taux de scolarisation surtout féminine. C'est l'augmentation de ce taux qui pourrait accroître l'autonomisation des femmes et marquer leur désir de se prononcer sur le nombre d'enfants qu'elles entendent porter pendant leur vie. Or, les défaillances économiques des pays concernés ne leur permettent pas de mettre des ressources conséquentes à la disposition des mécanismes de formation, ce qui accroît la détérioration des systèmes d'éducation. Non ou peu éduquées à l'école moderne, les jeunes filles ne sont pas au fait des opportunités mises à leur disposition en matière de santé de reproduction. En présentant la réduction de la croissance démographique comme un moyen de facilitation de l'accès à l'éducation, les experts et concepteurs des politiques privilégient la cause par rapport à la finalité. Car il est notoire que c'est en investissant dans l'éducation et dans le développement humain en général que les pays africains se donnent de meilleures chances de contrôler leur démographie. Tous s'accordent d'ailleurs à reconnaître le rôle crucial de l'éducation dans le processus de développement et de contrôle de la croissance démographique. Pour la femme spécifiquement, l'éducation, surtout celle de la petite fille, est un véritable régulateur de la fécondité. La scolarisation de la petite fille accroît l'âge au mariage ainsi que les chances du recours à la contraception. Elle influence aussi l'accès à l'alimentation et aux soins de santé qui s'en trouvent améliorés. Dans la question du contrôle de la démographie, l'éducation apparaît plus comme le baromètre du niveau socio-économique et culturel. Et plus ce niveau est élevé, plus les ménages se sentent en sécurité et programment les maternités sans peur des imprévus. Dans le cas contraire, ils demeurent sourds ou bien fatalistes devant les discours antinatalistes.
Si on impute à la croissance démographique la fragilisation des systèmes éducatifs des pays, il est aussi indéniable que la scolarisation, notamment celle de la fille accroît l'audience des mesures contraceptives et stabilise les expériences de maternité. Au lieu de pousser les communautés à prendre des mesures pour limiter les naissances sans leur en faire comprendre le bien-fondé, il est urgent de chercher à accroître le taux de scolarisation de la jeune fille, une situation qui d'elle-même favorisera le relèvement de l'âge du mariage ou de la première grossesse. Certes, suite aux impulsions données par les OMD, des progrès ont été réalisés dans le domaine

éducatif, mais reste à systématiser l'augmentation des effectifs pour faire baisser les différences selon le genre.
L'internalisation des campagnes antinatalistes doit clarifier les enjeux. Ce ne sont seulement pas les effectifs trop élevés des individus vivant dans les pays pauvres (ils ne sont d'ailleurs pas nombreux par rapport aux populations des pays développés rapportés à leur superficie), la difficulté de prendre en charge les populations trop nombreuses, le poids de la démographie sur le développement économique qui constituent des problèmes pour les acteurs internationaux et les organismes de coopération. L'enjeu réside aussi dans le fait que l'Afrique subsaharienne constitue une zone où l'industrie reste à l'état embryonnaire et où le potentiel de développement pour les décennies à venir est très élevé. Avec les effets du réchauffement climatique, le nombre d'individus en Afrique subsaharienne, lorsque cette région aura atteint les niveaux de consommation et d'aisance des sociétés occidentales, risquent d'accélérer le réchauffement climatique et de hâter les conséquences prévues. Comme on le voit, la maîtrise de la démographie est intrinsèquement liée à la question du mieux-être des populations. Même s'il est dans l'intérêt des pays d'Afrique noire de contrôler l'expansion de leur démographie, l'effectif de la population de cette région a plus besoin des vecteurs du développement humain plutôt que d'une véhémence des discours sur la nécessité de réduire les naissances.
Du reste, les aspects relatifs à la santé comme la sécurité alimentaire, la qualité de l'eau et de l'assainissement, l'accès aux soins et aux médicaments s'inscrivent de manière directe dans la droite ligne du développement humain durable en Afrique subsaharienne. Les populations de cette région sont encore aux prises avec des systèmes de santé défaillants si bien que les instances dirigeantes et ceux qui en ont les moyens préfèrent voyager dans les pays occidentaux pour se faire soigner. La défaillance des services médicaux alimente celle des structures de santé de reproduction. Dans les zones où les campagnes de publicité visent à produire des changements de comportement en matière de fécondité ou de procréation, les services sont loin de pouvoir satisfaire la demande sociale. Les systèmes publics de santé sont accessibles seulement à une fraction limitée de la population et la sécurité sociale est rare. Les taux de natalité sont très élevés pour des maladies, qui pourtant peuvent être traitées. La vulnérabilité aux maladies bénignes est très élevée et alors que les Africains subsahariens avaient promis de consacrer 15% du budget aux

dépenses de santé, seuls 2/3 des pays parviennent à y consacrer au moins 10% de leur budget. Les visions de l'OMS, incitant les pays concernés à œuvrer de façon à disposer de 1 médecin pour 3 000 habitants, sont loin d'être respectées, et dans de nombreux pays, on compte entre 5 et 10 fois moins de médecins que cette norme. La cause réside autant dans le nombre restreint de médecins formés que dans la forte émigration du corps médical africain vers d'autres pays à forte demande. La frilosité des infrastructures médicales et la précarité professionnelle alimentent cette fuite effrénée du personnel de santé que les nations pauvres ont déboursé des ressources pour former. Le déséquilibre de la situation s'accroît du fait que les rares médecins formés dans les universités de la région sont attirés par les pays riches qui disposent déjà d'un nombre plus conséquent de médecins par habitant. Tous ces facteurs militent en faveur d'un échec de la mobilisation pour un contrôle effectif de l'expansion démographique en Afrique noire. Peut-être que la crainte des partenaires occidentaux est de se voir submergé par les flux de réfugiés en provenance de la zone à mesure que la croissance affichera une aussi forte célérité. La question des équilibres dans le contexte de la croissance démographique étant d'une grande importance, il paraît nécessaire de prendre en compte les défis relatifs aux migrations impliquant le continent africain. En prenant en compte des mouvements migratoires internationaux, les migrations internationales africaines ont une faible ampleur par rapport à celles mobilisant les citoyens des pays développés. La forte médiatisation des migrations internationales en provenance d'Afrique subsaharienne lui confère un écho si fort que de nombreux observateurs les perçoivent de manière très amplifiée. Toutefois, ces mouvements concernent essentiellement des migrations de pauvreté et les mouvements des réfugiés. La croissance économique enregistrée ces dernières années dans les pays africains est la source d'un développement déséquilibré. Les ressources restent concentrées entre les mains d'une classe élitiste qui tire profit des maigres opportunités existantes pendant que les autres vivent à des degrés divers de la précarité. Cette croissance n'est pas notoirement investie dans les secteurs sociaux pour promouvoir le développement humain comme cela revient souvent dans les discours politiques et économiques. Surtout dans les zones rurales, on a du mal à percevoir les retombées des croissances économiques de ces dernières années. Restées à la périphérie des maigres progrès réalisés, les populations rurales ont peu d'accès aux mesures contraceptives et ne peuvent donc pas réguler la maternité au sein de leur ménage. En effet, le coût même négligeable de la contraception revêt une certaine importance pour les masses rurales dont les revenus sont très parcellaires. Cette situation est en grande partie à l'origine des mouvements des ruraux vers les zones urbaines.

2. Enjeux alimentaires de la démographie

Le fait que les zones urbaines soient les seuls sites pourvus en infrastructures sanitaires en centres de loisirs attire des ruraux sur fond de déréglementation des normes socioculturelles traditionnelles encore fortes dans les campagnes. Les flux massifs des ruraux vers les villes bouleversent l'équilibre démographique des pays et complexifie l'assimilation d'un habitus antinataliste qui constitue un levier crucial pour la transition démographique. Ainsi, en cinquante ans, soit de 1950 à 2000 la population urbaine a été multipliée par 10 dans les pays d'Afrique subsaharienne. On observe de nouvelles dynamiques, puisque la répartition de la population subit des mutations allant dans le sens d'une nouvelle répartition des équilibres démographiques. La croissance urbaine a fait germer des villes millionnaires abritant un pourcentage croissant de la population totale des pays avec des perspectives nouvelles. La misère rurale s'importe vers les villes où les infrastructures de logement, d'assainissement, de santé sont débordées. Ces types de scénarios ne découlent pas forcément de la question démographique, ils sont le symptôme d'une crise multiforme se traduisant par des emplois réguliers et rares, des économies exsangues, l'érosion du pouvoir d'achat des populations. Le déchirement détruit la vitalité des réseaux sociaux qui perdent leur valeur de refuge pendant que s'effritent les valeurs morales. Les zones urbaines affichent de manière expressive les extrémités auxquelles peut mener une croissance démographique non maîtrisée avec leurs lots d'exclusion, de criminalité croissante et d'anomies sociales. Le déchirement s'installe aussi entre régions urbaines et rurales avec la dislocation des liens communautaires. Le monde rural a du mal à répondre à la demande croissante de produits alimentaires des populations urbaines. Frappées de plein fouet par la déstructuration des mécanismes socioéconomiques, les populations urbaines ne sont pas non plus en mesure de soutenir leurs communautés d'origines restées dans les villages. Les effets de l'exode rural, la baisse de la productivité des systèmes agraires traditionnels et la déstructuration des marchés sont en train d'engendrer une dépendance de plus en plus forte vis-à-vis de l'importation de produits vivriers. Les émeutes de la faim se multiplient, fragilisant les gouvernements devant des masses populaires dont ils ne peuvent assumer les besoins élémentaires de nutrition : (p.6)

> *La nutrition est affectée par diverses circonstances, notamment l'économie politique, les conditions climatiques et saisonnières, les coutumes religieuses et culturelles, la disponibilité des services de santé et le niveau d'instruction des ménages (y compris la sensibilisation à une alimentation saine et à de bonnes pratiques en matière de santé). La production agricole et les revenus, l'accès à des aliments variés et nutritifs, l'environnement sanitaire, la disponibilité d'eau potable et de combustibles de cuisson en quantité suffisante, entrent également en ligne de compte.*

Les poches de rupture alimentaire sont un symptôme qui doit donner une idée de la catastrophe à venir. Le problème de la démographie est fortement corrélé à celle du développement économique, mais dans l'histoire des pays africains subsahariens, le recul des infrastructures sociales a été parfois le fait des ajustements structurels. Les coupes dans les domaines de l'éducation et de la santé ont fragilisé les services sociaux. Or, ce sont justement ces services qui sont censés supporter les campagnes de promotion de la contraception moderne. C'est dire que les orientations de politique sociale antérieurement adoptées ont compromis pour un temps l'efficience de l'action sociale. On ne peut donc attendre de ces secteurs sociaux de commencer par afficher une efficience soudaine quand on les a négligés pour des raisons d'équilibre budgétaire lors des décennies passées. L'inanition des services sociaux intervient dans un contexte de désarticulation des économies rurales et urbaines, les repères socioéconomiques se perdent pendant que les experts essaient d'imputer à la croissance démographique la cause de tous ces scénarios catastrophiques. La réduction de la natalité s'imposera dans les ménages à un moment ou à un autre de l'existence des pays subsahariens. L'enjeu est de créer des conditions sociales idoines qui accélèrent le phénomène tout en prenant des mesures allant dans le sens du bien-être social des populations.

Pour le moment, l'Afrique subsaharienne reste engluée dans des perspectives économiques et sociales moroses. La durabilité de la croissance et sa redistribution entre les différentes entités de la population ne sont guère effectives. Les gouvernements de la région se trouvent en face de défis démographiques et sociaux dans un contexte de chocs exogènes inattendus qui restreignent les moyens destinés à garantir le bien-être des populations augmentant toujours en dépit des programmes de planning familial mis en place. Sans être alarmiste, on peut qualifier la situation actuelle de cette partie du monde de complexe. Elle se trouve prise entre les mailles d'une conjonction de crises économiques, sociales et alimentaires sur fond de recul des financements endogènes et exogènes. Se pose dès lors la question des équilibres indispensables entre croissance démographique et croissance économique, entre une population sans cesse croissante et ses besoins vitaux, entre les exigences de la réduction des naissances et le développement humain durable. La corrélation entre « démographie », « croissance » et « développement » n'est pas univoque, mais plurielle.

Graphique 8 : Répartition de la population d'âge actif par tranche d'âge selon le niveau d'éducation (en % de la tranche d'âge)

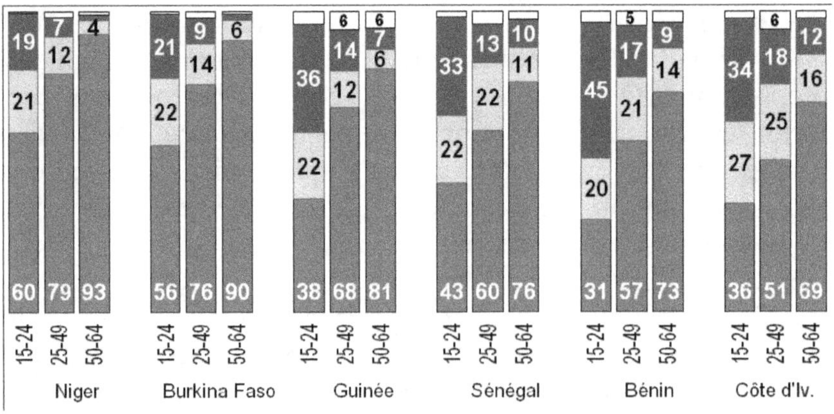

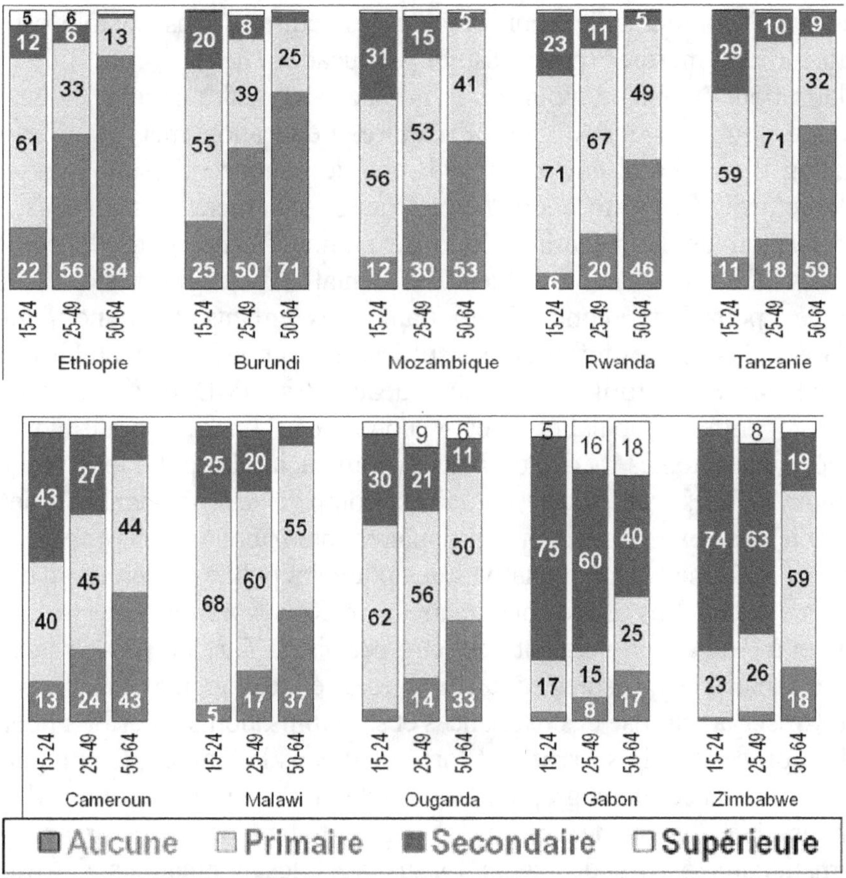

Note : voir le **graphique analogue** pour l'année de recensement dans chaque pays.
Source : USAID, données DHS.

Même si les experts internationaux incriminent l'effectif de la population comme un des vecteurs des difficultés sociales et économiques de l'Afrique subsaharienne, il convient de souligner que la population constitue la première ressource d'un pays. De là, vient la nécessité de mettre en place une politique familiale en accord avec le contrôle des naissances. Sous l'effet des contraintes économiques, les groupes sociaux les moins conservateurs et certaines catégories socioprofessionnelles prennent l'initiative de limiter leurs naissances pour se donner les chances d'un bien-être matériel. Les initiatives des ménages en vue de limiter volontairement les naissances entretiennent une étroite relation avec le niveau de scolarité des parents, surtout de la femme. C'est pourquoi une politique antinataliste efficiente doit forcément inclure le niveau d'intégration des femmes au développement. Lorsqu'elles sont vraiment impliquées dans les efforts de développement, les femmes sont si occupées professionnellement qu'elles limitent le nombre de leurs maternités. La condition incontournable pour installer les femmes dans ce rôle est de renforcer les mesures pour assurer l'éducation de la petite fille. La scolarisation durable a pour effet immédiat de faire reculer l'âge du mariage pour les jeunes filles. En outre, l'éducation met les filles en situation d'accéder aisément aux moyens de contraception moderne. Le renforcement de l'éducation permet aussi de briser les canaux de reproduction de la précarité d'une génération à une autre. Placer les femmes dans une situation de bien-être mental et matériel est une stratégie indiquée pour lutter contre la mortalité des enfants. Car une femme scolarisée dispose des informations suffisantes pour éviter la malnutrition à ses enfants. Son profil répond aux idéaux des OMD et au nécessaire équilibre entre « population » et « économie ». La démocratisation de l'accès aux systèmes médicaux a accru l'efficacité des politiques visant à promouvoir des ressources humaines compétentes. Pendant plusieurs décennies, les experts et les fonctionnaires internationaux ont opposé des arguments financiers aux tentatives des pouvoirs publics de promouvoir le bien-être social. Les coupes budgétaires opérées sur les fonds destinés à la santé et à l'éducation auraient peut-être permis de faire un pas sur la voie de l'expansion des mesures contraceptives. L'éducation permet à elle seule de favoriser la maîtrise des naissances et sa stabilisation. Les efforts pour la réalisation des OMD s'inscrivent forcément dans la logique de la maîtrise de la croissance démographique. Maintenant que la question de la démographie galopante semble diriger l'attention des organismes internationaux et des décideurs locaux vers les populations d'Afrique subsaharienne, il urge de concevoir des programmes qui prennent en compte la relation intrinsèque entre le développement durable et le contrôle de la croissance démographique. Les programmes de réduction de la population devraient être exécutés dans une interaction rationnelle avec d'autres actions prioritaires centrées sur le développement.

Mettre en priorité le développement humain est un moyen sûr de garantir le recul effectif de la natalité dans les décennies suivantes. En effet, au regard de la pyramide des âges actuelle, la tendance de croissance de la population ne pourrait être véritablement cassée que dans les 25-30 ans. Selon ce scénario, la croissance démographique de l'Afrique subsaharienne suivra son rythme actuel, sa population étant toujours très jeune, il est impérieux de satisfaire ses besoins les plus élémentaires. Il serait contre-productif de vouloir forcer la transition démographique alors que les options prises pendant les décennies antérieures ont compromis le développement humain censé donner un coup d'accélérateur à la réduction de la natalité. La transition démographique envisagée ne peut faire fi de l'équilibre qui doit sous-tendre l'évolution naturelle des démographies subsahariennes. Conjugués aux retombées des crises financières internationales récurrentes, les effets de la démographie galopante risquent de peser fort dans les orientations des gouvernements d'Afrique subsaharienne. Les projections démographiques tendent souvent à rappeler les scénarios plausibles, mais les pays concernés ont tous les moyens de décider des effectifs stratégiques et de leurs retombées sur les actions sociales et économiques. Que le futur proche de l'Afrique subsaharienne soit conditionné par sa démographie et son rythme de croissance n'a rien de catastrophique. Il s'agit de faire de ce passif démographique un atout, à condition que les orientations soient prises pour en tirer le meilleur parti. Le fait que les pays du Nord soient confrontés au vieillissement des populations doit inspirer les pays du Sud pour traiter la question, non pas comme un problème économique, mais comme un problème de stratégie socio-économique. Certes, les pays d'Afrique subsaharienne ont l'impérieuse nécessité de maîtriser leur démographie, mais pas sous la pression des partenaires extérieurs. Il est d'ailleurs indispensable de se référer aux désirs des populations qui ne peuvent être contraintes par des lois antinatalistes, à épouser les politiques gouvernementales. Certes, la forte croissance démographique constitue un grand défi pouvant plonger les pays dans la pauvreté dont ils pourraient avoir des difficultés à sortir. L'urgence démographique n'est pas liée essentiellement à l'effectif de la population, mais au rythme de sa croissance. L'ampleur des crises alimentaire et financière récentes peut inspirer les pouvoirs publics d'Afrique subsaharienne à repenser leurs stratégies économiques. Dans leur histoire récente, les populations africaines ont toujours attendu de leurs dirigeants de garantir les moyens d'accès aux ressources alimentaires. Tirant les leçons des crises alimentaires récentes, les élites dirigeantes d'Afrique subsaharienne semblent redécouvrir les vertus de l'agriculture. De nombreux projets de promotion agricole ont été remis au goût du jour. L'agriculture est de fait la clé pour résoudre les problèmes alimentaires et sociaux, même en situation de forte croissance démographique.

3. Fécondité et éducation

Les premières années du troisième millénaire se sont distinguées par la propension des pays d'Afrique subsaharienne à avoir une croissance économique positive. Ces résultats ont été obtenus dans une situation de croissance démographique en des années qui ont aussi vu une certaine expansion des mesures contraceptives. Si ces performances économiques n'ont pas affecté la situation matérielle des populations, de nombreux experts y voient l'impact de la croissance effrénée de la démographie. Ainsi, les niveaux de PIB par tête sont restés cependant inférieurs à la plupart de ceux des pays en développement des autres régions. On peut incriminer l'effectif de la population comme facteur régressif du PIB et justifier par là la réduction des naissances. Mais il convient de se demander si les décideurs locaux et internationaux s'emploient vraiment à répercuter les acquis économiques sur le bien-être des populations. Même si l'Afrique subsaharienne connaît aujourd'hui la croissance démographique la plus forte au monde, le renversement de situation ne peut découler d'une paupérisation croissante des citoyens. Car il est notoire que les zones à forte prévalence de précarité enregistrent aussi les plus forts taux de fécondité. Or, ces zones ne bénéficient que dans une certaine mesure, des retombées de l'amélioration des conditions sanitaires. C'est le pas décisif vers le renforcement de l'espérance de vie qui engendre le vieillissement de la population. Le vieillissement de la population constitue un des symptômes majeurs de la transition démographique. Ce ne sont pas les discours et les incitations creuses des campagnes de publicité qui vont convaincre les ménages de limiter le nombre d'enfants, mais plutôt une conjonction de facteurs concourant vers le bien-être. La tradition et les empreintes religieuses, socioculturelles sont si fortes que seule une conversion des valeurs séculaires en une éducation moderne pourrait donner les moyens de changer les comportements des milliers de ménages. L'éducation moderne, plus que les campagnes publicitaires, plus que les mesures incitatives retarde l'âge de la première grossesse pour les filles. Une scolarisation prolongée dispense les filles du mariage précoce alors que les garçons occupés par les études affichent moins de promptitude à devoir assumer les charges de la paternité. Puisque, la population d'Afrique subsaharienne est très jeune, en dehors des pays de l'Afrique australe, la région devrait connaître une augmentation de la population jusqu'en 2050. Le volume démographique, s'il est bien géré, pourrait devenir un atout économique si les gouvernements parviennent à former une main-d'œuvre africaine suffisamment qualifiée. La clé du problème démographique réside dans les niveaux d'éducation avec de fortes inégalités dans l'accès à l'éducation selon le sexe ou le lieu de résidence.

Graphique 9 : Répartition de la population d'âge actif féminine et masculine par niveau d'éducation (en % des hommes ou des femmes en âge de travailler dans chaque pays)

A. Aucune éducation scolaire

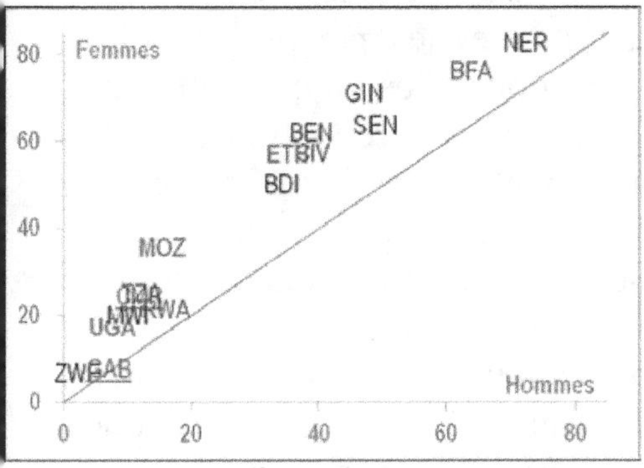

B. Enseignement primaire

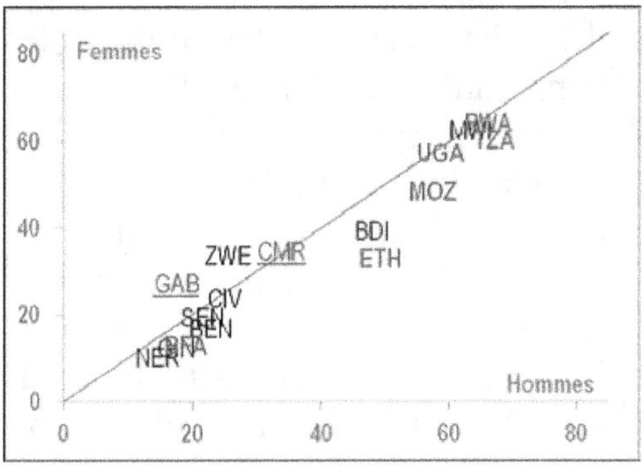

C. Enseignement secondaire

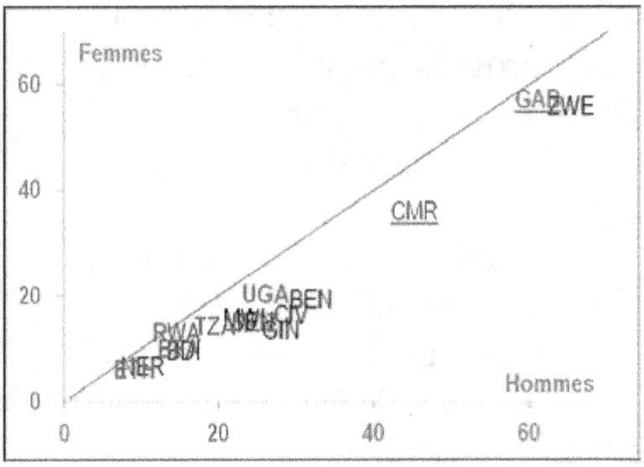

D. Enseignement supérieur

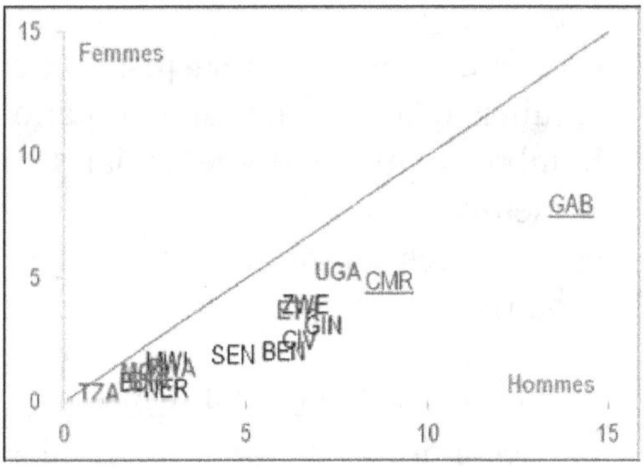

Les impacts des variables démographiques (perçues selon l'âge et le genre et la croissance, etc.) sur les systèmes scolaires se manifestent concrètement par l'accès des populations d'âge scolarisable à une institution éducative, l'école, et par la disponibilité d'un corps d'enseignants. L'enseignement et la scolarisation constituent des procédures institutionnelles de formation et de transmission des connaissances destinées à développer des aptitudes, des habitudes et des attitudes. L'acte de la scolarisation et de l'enseignement se déroule dans une institution, l'école, qui présente des caractéristiques fondamentales : hiérarchie des cycles de formation, finalité abstraite, équipes d'encadrement motivé par les émoluments, évaluation de l'acquisition des savoirs par des examens et acquisition des diplômes. La configuration du système éducatif peut être cernée en partant de la hiérarchisation de la formation ou des diverses filières de formation publiques, privées, laïques et religieuses. Le système offre aux individus et aux parents la nécessité de faire des choix et de prendre des décisions qui déterminent les parcours et les perspectives des apprenants. L'ultime finalité est de doter les apprenants de compétences spécifiques ouvrant la voie à une introduction dans le marché du travail. Tout au long de la formation, l'individu passe par diverses institutions éducatives selon les exigences scolaires ou familiales. Le système scolaire varie selon les instances éducatives et, à côté de l'école institutionnalisée, se développe une éducation informelle avec des structures de formation religieuse tenant lieu d'école. En fait, la scolarisation a beaucoup évolué en Afrique subsaharienne, tant sur le plan de l'installation des infrastructures que de la demande scolaire. Du coup, les taux de scolarisation ont augmenté, même s'il existe des disparités liées au genre et aux pays. Mais l'augmentation du nombre d'enfants scolarisés en Afrique noire doit être appréciée à sa juste valeur. Ces progrès peuvent aussi bien résulter d'une vraie augmentation de la demande par rapport au nombre d'enfants d'âge scolarisable que de la propension des parents à mettre systématiquement leurs enfants à l'école. En réalité, on a assisté, ces dernières années, à l'augmentation de la population scolarisable (en âge de fréquenter l'école). Les effectifs d'enfants scolarisés se sont accrus de 1,4 million d'élèves pendant la décennie 1980 et de 2,4 millions durant la décennie 1990. Au début de la décennie 1990, un quart des enfants africains ne pouvaient fréquenter la première année de l'école primaire. Les exclus du système s'élevaient à 10% en 2002-2003 et les 4/10 de cette cohorte, dont une grande majorité de filles, ne parvenaient pas au terme de l'école primaire. Par contre, l'accessibilité du secondaire et du supérieur s'est accrue du point de vue de la demande. Alors que pendant l'année scolaire 2002- 2003, 46% des jeunes d'âge scolarisable étaient inscrits en première année du collège, cet effectif était de 28% en 1990-1991 et de 39% en dernière année (contre 21% en 1990-1991). L'enseignement secondaire a vu donc son taux de fréquentation gagner 18 points de pourcentage au cours de la décennie. L'effectif des étudiants pour 100 000 habitants a pratiquement doublé, passant de 232 en 1990-1991 à 449 en 2002-2003, selon les données de l'UNESCO (UNESCO, 2005b). En dépit de ces progrès, l'Afrique subsaharienne a encore des défis à relever en matière d'éducation. En effet, on estime dans le courant de l'année 2000 que plus de 40 millions d'enfants africains n'étaient pas inscrits à l'école en 2000, et il existe des disparités importantes entre les taux de scolarisation des garçons et des filles (UNESCO, 2000). En Afrique subsaharienne seule une dizaine de pays ont concrétisé l'enseignement primaire universel. Au cours des années 1990, le taux de scolarisation des filles serait passé de 41 à 48% et celle des garçons de 47 à 56% avec des gains importants. Les performances réalisées diffèrent considérablement selon les régions. Elles sont plus marquées en Afrique orientale (en dehors de la Somalie caractérisée par l'effondrement des structures étatiques et la déliquescence des infrastructures sociales). En Afrique australe, les années 1990 ont vu les taux de scolarisation passer respectivement de 32 à 50% pour les filles et de 33 à 60% pour les garçons. Un progrès moins marqué est aussi constaté en Afrique australe où les taux passent dans la même décennie de 53 à 76% pour les filles et de 42 à 58% pour les garçons. L'Afrique Occidentale et l'Afrique centrale ont connu une montée de leur taux de scolarisation de 40 à 50% pour les filles et de 50 à 60% pour les garçons, entre 1990 et 2000 (UNESCO, 2005b). Toutefois, ces augmentations ne signifient pas forcément une perfection dans la scolarisation, parce que ces progrès n'empêchent pas des dysfonctionnements qualitatifs. En Afrique subsaharienne, l'éducation est restée tributaire de la colonisation. Les contenus sont demeurés liés aux approches des systèmes éducatifs coloniaux, alors que les besoins des sociétés africaines postcoloniales changent en fonction des conjonctures économiques et sociales. Par conséquent, le système éducatif, dans de nombreux pays africains, est dévié des aspirations concrètes et il n'est plus en mesure de produire des savoirs utiles, de développer des intelligences, de former des compétences, des capacités basiques d'apprentissage comme la lecture, l'écriture et des notions de calcul. Les défaillances du système sont en partie aussi imputables aux conditions techniques et matérielles mises à la disposition des encadreurs. (Hugon in Coussy et Vallin, 1996).

L'analyse des variables démographiques permet de comprendre les défis que constitue la scolarisation des jeunes générations pour les pays de la région. La plupart de ces pays ont une pyramide des âges à base très large, signe d'une transition démographique non accomplie. Dans le sillage de la très forte fécondité, la population scolarisable âgée de 6 à 12 ans en Afrique fait trois fois celle des pays industrialisés qui disposent d'infrastructures éducatives solides. Le taux de dépendance entre la population scolarisable et la population d'âge adulte se situe à 0,5 (soit 100 enfants scolarisables pour 50 adultes). On peut prendre en compte de nombreux indicateurs comme le taux brut de scolarisation qui est le ratio d'une année, entre les inscrits à l'école à un niveau (cycle) et la population en âge de fréquenter l'école ; le taux net de scolarisation qui est le ratio entre les inscrits à l'école d'une certaine classe d'âge et la population totale de cette classe d'âge. Le taux brut d'inscription scolaire est, du point de vue financier, le rapport entre les dépenses effectives d'enseignement pour un cycle donné et les dépenses nécessaires à la scolarisation de l'ensemble de la population scolarisable.

Avec un même taux de scolarisation du cycle primaire, les investissements financiers par rapport au PIB en Afrique sont près de 10 fois supérieures à celui des pays industrialisés. Or, les pays pauvres sont loin d'avoir des moyens des pays industrialisés. De fait, les dépenses publiques consacrées à l'éducation par les gouvernements d'Afrique subsaharienne ont atteint 3,9% du PNB en 2001. À titre d'exemple, les dépenses s'élèvent à 0,4% du PNB en République Démocratique du Congo, à 9,6% au Lesotho. Le cycle primaire absorbe en moyenne 36% des dépenses et le supérieur 42%.

Le taux de scolarisation au primaire va de 10,5% (en île Maurice), 11,9% (en Angola) à 20,9% (en Ouganda). Le taux moyen de scolarisation en Afrique est de 17%. Le Sénégal qui dispose des statistiques bien élaborées peut servir d'exemple : ce pays a, en 1993, consacré les 5% du PNB, 16% des recettes publiques et 25% des dépenses de fonctionnement pour un taux de scolarisation de 53% dans le primaire et de 12% dans le secondaire (UNESCO, 2005a). Pour rendre l'enseignement primaire accessible à tous les enfants de la zone, il aurait fallu, en supposant un fort recul de la fécondité, tripler les dépenses entre 1990 et 2000 (Charbit et Ndiaye, 2006). Ceci nous amène à affirmer que la population scolarisable augmente plus souvent à un rythme supérieur à celui de la population moyenne. On en déduit que pour conserver un taux de scolarisation constant, il faut inscrire chaque année un nombre plus élevé d'enfants à hauteur de plus de 3%. Pour parvenir à la scolarisation primaire intégrale en 2015, il faudra rattraper le retard accusé en la matière, déployer assez d'effort pour inclure les effets de la croissance de la population scolarisable en Afrique, et parvenir à scolariser 140 millions d'enfants en 2015, soit un taux de croissance annuel de 5,2%. Le concept de l'éducation pour tous porté par les OMD risque de rester encore une finalité à atteindre pour les décennies prochaines. Sont très loin de cet objectif, les pays connaissant un taux de scolarisation très faible avec une croissance très rapide de la population scolarisable à l'instar du Burkina Faso, de l'Érythrée, de l'Éthiopie, de la Guinée Bissau, et du Niger. Sont par contre proches de cet objectif et ont d'ailleurs des chances de l'atteindre, les pays ayant déjà un taux de scolarisation déjà assez élevé dans la zone et une faible croissance ou une décroissance de la population scolarisable comme c'est le cas de nombreux pays de l'Afrique australe. En se basant sur le taux d'encadrement des élèves (ratio maîtres/élèves), on peut déterminer le nombre d'enseignants nécessaires pour gérer l'augmentation de la population scolarisable à une date de projection donnée. On peut ensuite se référer au taux de déperdition au sein du corps enseignant pour fixer le nombre de nouveaux enseignants à recruter chaque année. Pour un ratio maîtres/élèves de 1/50, il faudrait accroître le nombre d'enseignants dans le primaire de 1,3 million à 2,8 millions entre 2000 et 2015 pour garantir une scolarisation primaire universelle. Le taux d'alphabétisme qui est le ratio entre la population alphabétisée et la population âgée de plus de 15 ans est fonction du taux d'alphabétisme de l'année passée, du taux de croissance de la population entre deux années scolaires, du nombre d'apprenants sortants du système scolaire sur la population. Ceci inclut les déperditions au sein du système, et le taux de disparition (décès, migration, analphabétisme de retour) des analphabètes sur la population. Le pourcentage de la population de plus de 15 ans est relatif à la structure par âge et à la croissance de la population.

Graphique 10 : Répartition de la population d'âge actif rurale et urbaine par niveau d'éducation (en % des ruraux ou des urbains en âge de travailler dans chaque pays)

A. Aucune éducation scolaire

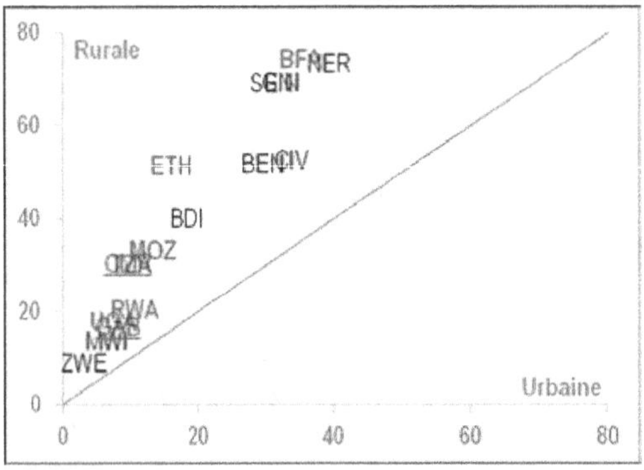

B. Enseignement primaire

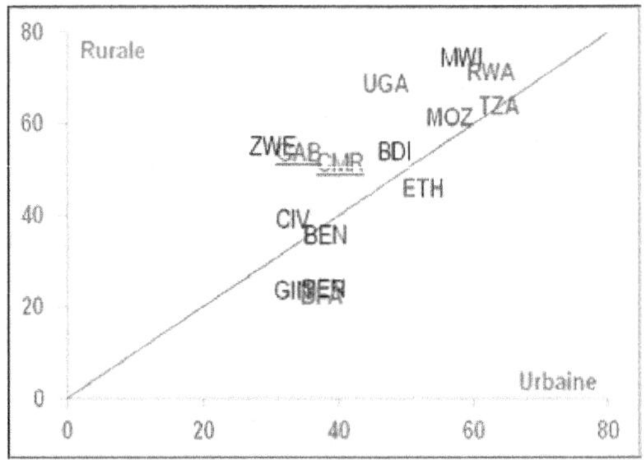

C. Enseignement secondaire

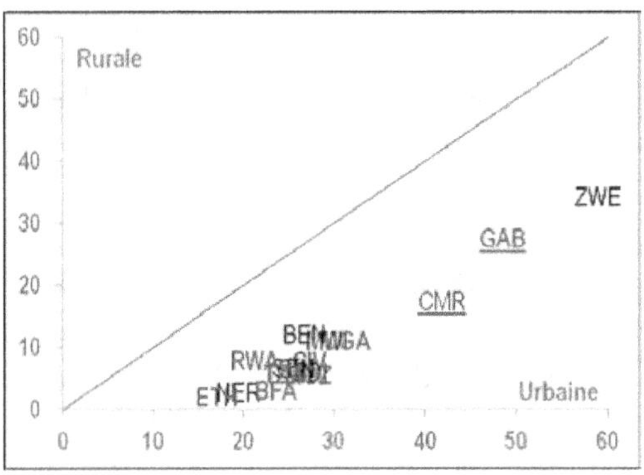

D. Enseignement supérieur

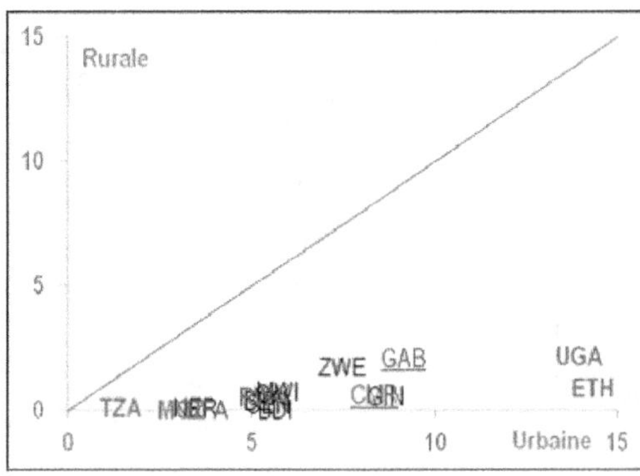

* Exportateurs de pétrole, soulignés et en rouge ; Pays dynamiques à revenu faible, en gras et en vert. Source : USAID, données DHS.

Telles que présentées, ces diverses variables démographiques influencent les systèmes scolaires diversement. La densité de la population introduit souvent de nouveaux paramètres allant dans le sens de la réduction des coûts. De là, proviennent les différences qualitatives et quantitatives qui sont visibles, que l'on soit dans la scolarisation urbaine ou dans la scolarisation rurale.

-Les mouvements volontaires ou involontaires de population se traduisent par des problèmes spécifiques portant sur la territorialité des systèmes éducatifs. Les variables démographiques interviennent au niveau des décisions au sein des ménages ou des communautés : choix entre garçons et filles, décision sur la base des classes d'âge. Ces derniers aspects sont très liés aux appartenances sociales ;

-Les déterminants démographiques se rapportant à la mortalité, à la structure par âge et par genre influencent aussi la population scolarisée et la population enseignante. Certains pays voient le VIH/Sida frapper particulièrement les populations enseignantes à tel point qu'on a enregistré une mortalité des enseignants supérieure au nombre d'enseignants recrutés.

4. Croissance, revenu et pauvreté

L'argument essentiel des observateurs et fonctionnaires internationaux qui prônent la réduction de la fécondité en Afrique subsaharienne est la forte ampleur de la pauvreté. Or, c'est la pauvreté qui crée un sentiment d'insécurité existentielle aboutissant à un désir de maternité et de paternité très marqué. Et si l'Afrique australe semble avoir réussi une maîtrise relative de la fécondité, c'est parce que cette région a été pendant longtemps la plus développée du continent. Nul ne peut contester l'existence d'une relation intrinsèque entre développement économique et croissance démographique. Les divergences relèvent de la nature de cette relation. La réduction de la fécondité peut-elle être une cause ou bien une conséquence du développement ? De la réponse à cette question dépend la posture des experts chargés d'élaborer les programmes de promotion des mesures contraceptives. Certes, des analystes attribuent les problèmes de la sous-région subsaharienne à des taux record de croissance démographique, mais ils semblent ignorer que le rythme de croissance démographique ne peut être ralenti que par des progrès notables au niveau du développement humain. En d'autres termes, seule la scolarisation poussée induit les changements de comportement allant dans le sens du ralentissement de la croissance démographique. Comme cet aspect a été longtemps négligé, la démographie des régions concernées a conservé sa forte célérité, annihilant les efforts économiques.
En effet, dès le début de la décennie 2000, les économies africaines ont pris une nouvelle voie en rupture avec les contradictions

anciennes. La hausse des prix des matières premières avait provoqué une augmentation des recettes d'exportation dans les années 1970 et permis le démarrage d'importants programmes d'investissements et de dépenses. Subitement, les prix des matières premières ont reculé sur fond de renforcement de l'endettement des pays de la région. Survint alors dans les années 1980, la crise de la dette et par suite les programmes d'ajustement qui ont ruiné les progrès généralisés du PIB par tête. Les expériences de croissance économique ont tourné court pendant que le PIB par habitant régressait de 16% entre 1975 et 1995. Après de nombreuses années de tourmente, la part de l'Afrique dans les exportations et le PIB mondiaux est partie à la hausse dans les années 2000 et en 2006, le PIB des années 70 a été retrouvé. Ces dernières années, il s'est encore affermi à des rythmes divers, suivant les conjonctures économiques et financières internationales.

L'amélioration de la croissance économique dans la décennie 2000 était une tendance générale en Afrique subsaharienne. Pour la première fois, on observait une hausse du PIB par tête d'habitants dans tous les pays. En effet, la période allant de 2000 à 2010 a connu une dynamique qui a poussé les pays à la croissance. Toutefois, les éventuelles concrétisations de cette croissance dans le bien-être humain sont rendues difficiles par une croissance démographique forte. À côté des pays du Moyen-Orient, les pays d'Afrique subsaharienne ont expérimenté une croissance démographique constamment supérieure à la moyenne mondiale depuis plus d'un demi - siècle. À la même période, les autres pays en développement d'Amérique et d'Asie ont connu une diminution sensible pour reculer en deçà de la moyenne mondiale. L'Afrique subsaharienne reste désormais le seul porte-flambeau de la croissance de la population mondiale. Ainsi, le taux de croissance annuel moyen sur la décennie 2000 est de 2,7%, un taux qui dépasse celui de toutes les autres régions en développement. En 2014, la population de l'Afrique subsaharienne est estimée à 960 millions de personnes et s'élevait à 13% de la population mondiale (CEPII, base CHELEM-PIB). Ce pourcentage correspond à la population jumelée de l'ensemble des pays d'Europe et de la CEI, mais se trouve en deçà de l'effectif des mastodontes démographiques de l'Asie que sont l'Inde et la Chine. Les Nations- Unies estiment que cette population aura doublé d'ici trente ans pour atteindre environ 1,9 milliard d'individus en 2050. Cette région du monde est donc en voie d'abriter à cette date près de 20% de la population mondiale. Alors que le continent africain comptait trois pays parmi les vingt pays les plus peuplés du monde en 2010 (le Nigéria, l'Éthiopie et la République Démocratique du Congo), ce nombre devrait monter en 2050 à dix. Le Kenya, l'Ouganda et le Niger risquent de rejoindre aussi les vingt pays les plus peuplés au monde si la tendance actuelle est conservée. La tendance se rapporte à une forte fécondité qui se combine avec des gains sur la mortalité découlant de l'amélioration des conditions sanitaires (réduction de la mortalité infanto -juvénile de 45% entre 1990 et 2012) et une lente transition de la fécondité.

En jetant un regard sur la pyramide régionale des âges en Afrique subsaharienne, on se rend compte que la région australe constituée par l'Afrique du Sud, le Botswana, le Lesotho, la Namibie et le Swaziland ont réalisé des acquis plus marquants vers la transition démographique que les autres régions d'Afrique subsaharienne. En effet, on observe que la population d'Afrique australe est relativement plus vieille avec le taux de fécondité le moins élevé sur le continent. Toutefois, les effets de l'épidémie du VIH/SIDA ont conduit à une grande dégradation des conditions sanitaires dans cette région, depuis la fin des années 1990. Entre 2000 -2012, la prévalence du VIH/SIDA chez les 15-49 ans s'élevait en moyenne à 21% en Afrique du Sud, contre une moyenne d'environ 4% pour les autres régions d'Afrique subsaharienne (données WDI). Certes, des pays comme le Zimbabwe, la Zambie et le Malawi ont également connu des taux de prévalence moyens très élevés pendant la même période (18%, 14% et 13% respectivement), mais on assiste aujourd'hui à un ralentissement de l'épidémie dans ces trois pays. En Afrique du Sud par contre, les taux de prévalence stagnent à des niveaux très élevés. Les ravages de l'épidémie ont annihilé les progrès accomplis dans le domaine de la santé. En conséquence, l'espérance de vie à la naissance, qui suivait une courbe ascendante depuis 1950, est redescendue de 62 ans au début des années 1990 à 52 ans à la fin des années 2000, rejoignant celle de l'Afrique occidentale. Les effets dévastateurs de l'épidémie ont touché de manière frontale la population active de l'Afrique du Sud qui a arrêté d'augmenter.

Le succès restreint des campagnes antinatalistes tient à la convergence de plusieurs facteurs en Afrique subsaharienne. Le postulat selon lequel la démographie galopante est source de pauvreté revêt une évidence incontestable pour l'économiste. Pour les autres analystes par contre, cette perspective trop réductrice de la question semble difficile à avaler. Les enjeux de la réduction du rythme de croissance démographique ne se rapportent pas à des calculs statistiques ou numériques, mais aussi à des comportements humains qui ne sont pas prévisibles. Au-delà des contingences culturelles qui sous-tendent les perceptions de la fécondité et de la procréation dans les communautés d'Afrique subsaharienne, il est impérieux de cerner les relations entre la question démographique et ses corollaires sociaux. La corrélation entre les variables démographiques et les variables sociales n'est pas donnée à l'avance pour les raisons suivantes :

- Les effets des variables éducatives ou sanitaires sur la mortalité et la fécondité relèvent de plusieurs paramètres : l'âge (niveau individuel), la génération (niveau agrégé), la période concernée (conjoncture historique des populations), la structure (hétérogénéité des populations, appartenances ethniques ou CSP). Les variables scolaires ou sanitaires influencent de manière indirecte les variables démographiques ;
- Les relations entre variables démographiques, éducatives et sanitaires opèrent par le biais des institutions et des systèmes économiques, familiaux et sociaux, culturels et politiques. Les institutions scolaires et sanitaires publiques s'inscrivent dans un système plus large en charge de la santé et de l'éducation. Les familles tiennent en fait un rôle primordial ;
- En raison de la faiblesse des structures de recherche et de statistiques, les pays d'Afrique subsaharienne ont des statistiques peu concordantes. En conséquence, les variables démographiques, scolaires et sanitaires sont souvent aléatoires. Les indicateurs quantitatifs occultent parfois les questions centrales de la qualité. La fragilité des instruments statistiques engendre des approximations considérables alors que d'autres pays en situation de désintégration politique ou militaire ont des systèmes éducatifs et de santé en déliquescence. En raison de toutes ces difficultés, les données disponibles sont essentiellement de type EDS, portant sur des enquêtes ménages à des dates fixes et occultant les conjonctures et les dynamiques démographiques. Ces données considèrent le ménage comme la cellule principale de décision et de socialisation ;
-Les variables démographiques ont parfois tendance à avoir un effet de stagnation, puisque leurs effets sont durables alors que leur impact opère à court et moyen termes en raison de la forte célérité ou de la réversibilité des processus ;
-Les niveaux d'analyse et de perception des relations : on peut distinguer la cellule familiale nucléaire, la communauté familiale, la

nation, la région, les appartenances sociales. De ce fait, s'impose une approche d'analyse qui prenne en compte la multiplicité et la complexité des niveaux d'opération des variables.

5. Démographie et inégalités sociales

L'éducation et la santé constituent les points de départ des inégalités entre les individus et entre les communautés. Ces inégalités déterminent le degré de résistance des individus en face des maladies, des difficultés scolaires et des problèmes sociaux. Ces deux vecteurs influencent considérablement les espérances de vie à la naissance. Les individus ayant eu l'opportunité de conditions sanitaires et scolaires idoines se donnent aussi les moyens pour disposer de ressources, du capital économique, humain et social. Comme le montre Bourdieu, les acteurs nantis de ce capital déploient diverses stratégies sur les lieux des relations sociales. Les impacts de ce capital seront relativisés à mesure qu'un nombre de plus en plus étendu de personnes auront accès aux mêmes opportunités. Le principe de l'égalité contenu dans les textes de nombreux pays d'Afrique subsaharienne concourt d'ailleurs à cette égalité dont la non-réalisation est plus imputable à des moyens matériels qu'à un désir de discrimination manifeste. L'égalité se traduit par des situations bien concrètes comme l'accès du plus grand nombre aux services éducatifs, à des soins de base, le niveau élevé de l'espérance de vie à la naissance, la fluidité de la machine sociale et le rôle grandissant de la compétence comme moteur de l'ascension sociale. Par contre, les inégalités sont perceptibles à travers des indices de répartition des revenus et celle-ci détermine en fait l'origine sociale du sujet. Cette origine participe à des attributions sociales des personnes et influence le degré de réussite dans les scolarités individuelles. Or, le niveau de scolarité est un aspect essentiel de la pénétration des mesures de contraception au sein des populations. En outre, intervient la corrélation entre la compétence, le salaire et les relations sociales entre les individus. Autour de la compétence, gravitent des relations de connivence professionnelle servant de plate-forme pour accéder à certains services de manière plus efficace que les autres. Par ailleurs, il n'est pas rare d'observer des interférences entre les relations de formation et de rémunération qui se combinent et opèrent par le biais de la stratification sociale. Les services offerts à l'individu et ses chances de réussite sociale sont réduites ou accentuées par la sélection des productivités individuelles, la discrimination selon le sexe, l'âge ou le groupe d'appartenance, ou les planches d'accès aux marchés professionnels.

L'éducation à l'instar de la démographie opère dans une configuration longitudinale du point de vue des axes intergénérationnels. L'éducation donne aux individus les instruments nécessaires pour défaire les canaux de reproduction de la pauvreté dans la succession intergénérationnelle. Le niveau d'éducation des parents contribue à accroître l'efficience qualitative, mais aussi quantitative de la demande scolaire et réduit aussi les disparités liées au sexe. Selon les données de l'UNESCO au cours de la décennie précédente, la probabilité pour un enfant d'accéder à l'école lorsque sa mère n'est pas instruite est de 57% ; ce taux monte en flèche à 88% dans les cas où la mère a achevé le cycle primaire (UNESCO, 2005b). Dans la sous-région de l'Afrique subsaharienne, le Ghana dispose de la meilleure fluidité intergénérationnelle. Vient ensuite l'Ouganda. La fluidité intergénérationnelle scolaire et professionnelle, l'égalité des chances en fonction du revenu, de l'origine sociale ont une emprise plus consistante dans les pays où les disparités en matière de revenu sont limitées, lorsque ces pays sont comparés aux pays plus inégalitaires comme la Côte d'Ivoire, la Guinée et Madagascar. Dans ces derniers pays, la fluidité intergénérationnelle et l'égalité des chances sont de bien moindre importance.

Les situations démographiques dépendent aussi des effets du financement des services sociaux. Les pays d'Afrique subsaharienne se trouvent dans une situation où les investissements dans les secteurs sociaux comme la santé et l'éducation ne profitent qu'aux populations peu paupérisées ayant les moyens de fréquenter l'école et les centres de santé. Du reste, la plupart des pays de la zone tirent leurs recettes des taxes et impôts prélevés sur les produits agricoles d'exportation, on aboutit à une forte contribution des populations rurales aux recettes dont seulement une partie infime leur revient sous forme d'investissements. En d'autres termes, les investissements destinés à relever le niveau de bien-être social sont largement en deçà de la part des activités agricoles dans les budgets nationaux. Ce déséquilibre traverse tous les aspects de la vie sociale et économique et le fossé continue de s'agrandir entre les différentes catégories de population, mais aussi les différents services.

CHAP 10 :
PARAMÈTRES SOCIAUX
DE LA FÉCONDITÉ

Les variables démographiques exercent des influences plus ou moins marquées sur les systèmes de santé. Les institutions de santé en Afrique subsaharienne sont le produit de politiques publiques qui installent des infrastructures médicales et investissent pour la formation d'un corps spécialisé chargé de répondre aux aspirations sanitaires des populations en quête d'un bien-être physique, psychique et social. En plus des infrastructures, il existe des services publics chargés de veiller à l'hygiène publique, à la sécurité alimentaire, à la qualité de l'eau, à la qualité de l'assainissement et de l'environnement. Le facteur crucial qui intervient au-delà de la disponibilité des infrastructures médicales est l'accès aux médicaments. Généralement produits à l'extérieur, ils reviennent assez chers pour les ménages d'Afrique subsaharienne. Du reste, même si les services sont disponibles, leur accessibilité est remise en cause par des coûts prohibitifs si bien que les ménages hésitent à y recourir. Le système de santé publique est accessible à certaines catégories de la population qui ont des moyens financiers et ne peuvent recourir à des systèmes de sécurité sociale dignes de ce nom. Pour ce faire, on observe une très grande inégalité dans les traitements et les niveaux de soins aux malades.

1. Paramètres éducatifs et scolaires

Le système sanitaire public est à l'instar du système scolaire, structuré autour de trois catégories : le premier niveau est porté par les dispensaires et centres de santé ; le second niveau concerne les hôpitaux traitant des problèmes médicaux d'ordre généraliste ; enfin les structures spécialisées et centres hospitaliers universitaires qui peuvent parfois offrir des prestations de choix. En Afrique subsaharienne, ces structures offrent invariablement les soins préventifs (comme les vaccinations) et les soins curatifs. Les structures en charge des soins de santé primaires orientent leurs activités en grande partie sur la santé maternelle, notamment les consultations prénatales, le suivi postnatal et vers les maladies courantes et les soins de proximité. Il n'existe pas un système de santé, public et privé centré sur la prévention et le soin des maladies. Les défaillances des systèmes publics amènent les populations à se diriger vers les cliniques privées où l'enjeu financier oblige les soigneurs à s'occuper des malades avec plus de diligence. Le seul problème est que les cliniques et structures de santé privées sont réservées aux classes aisées ou à des ménages assez courageux pour investir une partie importante de leurs maigres ressources pour des services de santé plus performants. Du fait que le secteur de la santé ne rapporte pas des revenus aux budgets nationaux, les gouvernements ont tendance à le négliger et les structures de santé surtout publiques s'installent souvent dans la médiocrité. C'est pourquoi les ménages les plus fortunés préfèrent recourir aux services médicaux privés. La frilosité des structures médicales est telle que les décideurs politiques s'en remettent à des hôpitaux étrangers pour leurs propres soins. Or, la santé revêt un enjeu stratégique crucial qui implique les acteurs publics nationaux, le corps médical, les ONG, les firmes pharmaceutiques, les organismes d'aide internationale et les organisations internationales (OMS, Unicef, FNUAP, etc.). Les systèmes de santé présentent de lourdes défaillances qui se transforment en fonds de commerce pour les praticiens. En fait, les pays africains n'investissent que 1% des dépenses mondiales de santé et ne disposent que de 2% du personnel mondial de santé alors qu'ils représentent 12% de la population mondiale. La conférence d'Abuja en 2001 avait imposé un objectif de 15% du budget des pays africains pour les dépenses de santé, or les 2/3 de ces pays mobilisent moins de 10% de leur budget pour la santé. La réalisation des OMD impliquait une dépense de 38 dollars par an et par personne et l'enjeu était de quadrupler les 10 dollars actuels. Mais, le problème réside aussi dans le fait que les 10 dollars ne sont pas uniformes dans les pays d'Afrique subsaharienne. Ainsi, on observe des écarts importants entre les pays. Au-delà de cette différence, il est notoire que l'Afrique subsaharienne offre une situation presque uniforme en matière de santé. De ce fait, les pays de la zone enregistrent les indicateurs de mortalité et de morbidité les plus élevés du monde. Pour ce qui est de la mortalité maternelle en particulier, on estime qu'une femme sur 16, en Afrique subsaharienne perd sa vie à cause de sa grossesse, contre 1 femme sur 2800 dans les pays développés. Au lendemain de la Seconde Guerre mondiale et dans les décennies suivantes, les progrès dans le domaine de la santé avaient mené à une augmentation notable de l'espérance de vie de par le monde. Mais les efforts des pays subsahariens en Afrique subsaharienne vont être rapidement remis en cause par les difficultés économiques des années 1980. La chute vertigineuse des recettes publiques et les programmes d'ajustement structurel ont réduit les capacités des États à investir dans les secteurs médicaux. S'ensuivent une détérioration des services de santé publique et une privatisation partielle de l'offre médicale dispendieuse pour les ménages. L'espérance de vie et la mortalité infantile ont été fort heureusement peu affectées par la baisse des dépenses publiques de santé par tête grâce à des efforts d'adaptation des populations, l'accroissement de la solidarité internationale et aux financements privés (Hugon, 1998). Le système sanitaire centralisé de soins publics se voit se substituer une expansion des structures décentralisées des soins de santé primaires avec une forte contribution des familles. L'initiative de Bamako (1991) fut à l'origine du recouvrement des coûts qui se traduit par l'élaboration de cadres stratégiques de lutte contre la pauvreté (CSLP) aboutissant à la mobilisation vers les secteurs sociaux d'une partie des fonds dégagés grâce au désendettement. Les statistiques des Nations unies (révision 2006) dressent le schéma historique suivant : partant du recul de la mortalité générale entre 1950-1954 (26,6‰) et 1990-1994 (15,8‰), on aboutit à une stagnation à 15,7‰ entre 2000-2004. L'espérance de vie à la naissance, qui entre 1950 et 1954 monta à 37,6 ans en 1950-1954 puis à 49,6 ans en 1990-1994, aurait stagné à 48,8 ans en 2000-2004. La même période est marquée par le recul de la mortalité infantile, passant de près de 180‰ en 1950-1954 à 110‰ en 1990-1994 et 100‰ en 2000-2004. Pour la dernière décennie, la tendance à la baisse des indicateurs de mortalité a stagné en Afrique occidentale, centrale et orientale. Par contre, en Afrique australe, ces indicateurs ont affiché une détérioration de l'espérance de vie à la naissance qui s'est rétractée de 10 ans. Alors qu'elle était de 62 ans en 1990-1994, elle est retombée à 52 ans en 2000-2005 (United Nations, 2007). Du reste, les indicateurs régionaux traduisent une situation globale qui est extrêmement nuancée selon les pays. De même, les pays connaissent des évolutions très différenciées. Ainsi à quelques exceptions près, on enregistre des progrès réguliers dans les pays de la bande sahélienne. Il en est de même pour certains États ayant connu des expériences de guerre civile comme le Congo Démocratique, le Liberia, le Rwanda. Les situations diffèrent considérablement suivant les pays et seuls certains paramètres semblent les rapprocher. Au nombre de ces paramètres, se trouve le VIH/SIDA qui a été un important vecteur de mortalité en Afrique subsaharienne pendant des années. En Afrique, on comptait en 2005, 2 millions de morts dues au Sida (ONUSIDA, 2006), et le Sida tue dix fois plus que les guerres. L'épidémie frappe surtout les personnes d'âge situé entre 15 et 24 ans et fait plus de victimes en Afrique australe. En dehors des décès massifs, le Sida engendre la décapitalisation des élites et des absences-maladies difficilement supportables pour les employeurs, la baisse de l'espérance de vie et sa stagnation, l'augmentation foudroyante du nombre d'orphelins, la chute des effectifs du corps enseignant ou du personnel de santé. Le nombre des décès dus aussi au paludisme n'est pas négligeable. En outre, il faut tenir aussi compte de l'environnement sanitaire des populations où les défaillances infrastructurelles qui se traduisent par des conditions d'approvisionnement en eau et en assainissement défectueuses. Ceci influence l'état de santé des populations africaines, puisque l'eau potable est vitale. Les problèmes liés à l'eau potable occasionnent la fréquence des maladies infectieuses et diarrhéiques, si bien que l'accès à l'eau potable fait partie des objectifs prioritaires du millénium. Et le sommet de la Terre de Johannesburg de 2002 avait exhorté à réduire de moitié en 2015 la population manquant d'accès à l'eau potable. Les spécialistes estiment que les 2/3 de la population africaine ont accès à l'eau potable et à l'assainissement, le 1/3 restant faisant partie des 1,3 milliard de personnes exclues de l'accès à l'eau potable.

2. Éducation, Santé et variables démographiques

Les institutions de santé ont des rôles sociaux différents des institutions éducatives au sein de la population. Les services éducatifs sont destinés à la jeunesse en quête d'une formation scolaire, alors que les institutions sanitaires sont destinées aux personnes malades. La santé dépend à la fois de l'environnement sanitaire et des systèmes de soins. Tout comme la structure de la pyramide des âges influence la situation des infrastructures éducatives, de même la forme de la pyramide des âges détermine les structures médicales. Cette pyramide, comme c'est le cas des pays en développement, présente une base large, signe de la prépondérance de la population infantile et juvénile. À la différence du système éducatif qui est destiné à des classes d'âge, les institutions médicales accueillent les populations des quatre âges : infantile, juvénile, adulte, sénile. Les services sont plus utilisés par la population juvénile, féminine et sénile. Dans ces conditions, les impacts de la croissance démographique sur l'accès aux soins sont encore plus marqués. Toute cette masse est censée être encadrée par des médecins qui n'abondent pas en Afrique subsaharienne. Or, les experts des organisations internationales estiment qu'il faudrait 1 médecin pour 3 000 habitants, soit 3 300 médecins pour un pays de 10 millions d'habitants. De nombreux pays africains ont déjà dépassé les 10 millions d'habitants sans avoir les moyens de se donner un nombre suffisant de médecins. En fait, la plupart des pays d'Afrique subsaharienne ont un indice de développement humain très faible. Ils disposent d'un nombre de médecins par personne qui se trouvent entre 5 et 10 fois en deçà de la norme fixée par l'Organisation mondiale de la santé (PNUD, 2006 : 303). Le nombre de médecins formés chaque année dans la région ne suffit pas pour que ces pays atteignent la norme en matière de nombre de médecins par personne. Or, les médecins formés par ces pays sont attirés par des conditions techniques et salariales offertes par les pays développés. C'est une saignée véritable que subissent les pays d'Afrique subsaharienne, de telle sorte qu'une partie du corps médical africain émigre vers ces pays.

La communauté internationale s'accorde sur le rôle déterminant de l'éducation et de la santé dans le processus de développement et de maîtrise des variables démographiques. L'importance du capital humain est consolidée dans la nouvelle économie de l'information et de la connaissance où les compétences et les capacités acquièrent une importance croissante (Sen 1999). Cinq des Objectifs du Millénaire pour le développement (OMD) se rapportent à la question démographique : garantir à tous une éducation primaire (2) ; promouvoir l'égalité hommes-femmes et l'autonomie des femmes (3) ; réduire la mortalité des moins de 5 ans (4) ; améliorer la santé maternelle (5) ; combattre le VIH/Sida, le paludisme et les autres maladies (6). L'objectif d'éducation pour tous (EPT) (2) influence les objectifs 3, 4, 5, et 6 de même que sur l'objectif 1 (faire disparaître l'extrême pauvreté) et l'objectif 7 (assurer la durabilité des ressources environnementales). Les enjeux qui présentent des situations conflictuelles se rapportent à l'éducation et à la santé. Les conflits se réfèrent aux valeurs et aux connaissances à transmettre, au choix entre universalisme et particularisme, à l'acceptation ou au refus d'accès différenciés à l'école ou aux systèmes de soins selon les classes sociales, et au point de vue des gouvernements des pays en développement sur la fuite des compétences du Sud vers le Nord. Dans nombre de pays d'Afrique subsaharienne, les sociétés africaines vivent dans des situations de crise qui se caractérisent par des conflits, le VIH/Sida, la destruction ou la recomposition des structures familiales sous l'effet des mutations psychosociales. Tous ces symptômes de crise remettent en cause le fonctionnement « normal » des systèmes scolaires et sanitaires. En dépit de l'apparente unicité sociale des pays d'Afrique subsaharienne, les sociétés africaines sont fortement différenciées, tant au niveau des variables démographiques que sur des niveaux éducatifs et sanitaires. Les objectifs d'éducation ou de santé pour tous pour 2015 ne seront pas forcément dans des États africains. Les défis démographiques portant sur la croissance et l'évolution des structures par âge présentent des spécificités de sorte que, peu de pays pourront atteindre ces objectifs en 2015. Aux côtés des variables sociales, économiques, politiques et culturelles, les variables démographiques jouent un rôle déterminant dans l'explication des dynamiques des systèmes éducatifs et sanitaires. Les variables sociales, économiques, politiques et culturelles ne vont pas sans influencer les variables démographiques. Les interdépendances entre ces différentes variables peuvent engendrer des « trappes à pauvreté ou à sous-développement » comme cela est contenu dans l'hypothèse malthusienne qui sous-tend son modèle d'analyse de la démographie. L'analyse des influences réciproques opérées les unes sur les autres par les variables démographiques et les variables sociales est complexe à plus d'un titre.

La croissance démographique exerce des influences importantes sur l'éducation et la santé. Ces deux aspects de la vie sociale ont des effets directs et indirects sur les variables démographiques. La scolarisation et l'éducation déterminent les variables démographiques par le biais des habitudes, des attitudes et les aptitudes acquises en milieu scolaire. En plus, la scolarisation a des effets très décisifs sur l'âge du premier mariage, la vie de couple, et l'accessibilité de la contraception, l'alimentation ou les soins. Or, l'accès à l'éducation et les pratiques éducatives dépendent des catégories sociales, de la zone de résidence, des niveaux de revenus, autant de paramètres qui peuvent dicter les comportements démographiques. L'éducation se pose donc comme un élément révélateur du niveau socio-économique et culturel. On ne peut donc pas cerner avec précision les effets démographiques de la scolarisation.

Le recul de la fécondité qui est observé dans presque tous les pays africains est un premier pas vers la transition démographique, mais ce pas reste à consolider, car la fécondité en Afrique reste toujours élevée par rapport aux autres régions du monde. Cette fécondité découle aussi d'une conjonction de facteurs, notamment le niveau de scolarisation et d'éducation. À partir des travaux de terrain, on arrive à la conclusion que les femmes des zones urbaines avec un niveau d'instruction secondaire minimal et un revenu élevé ont un ISF plus bas (Fall, 2007). Le niveau d'instruction du conjoint constitue aussi un facteur important dans l'adoption de la pratique contraceptive. L'éducation influence directement la fécondité grâce aux acquis de l'éducation sexuelle bien élaborée. Cette éducation substitue aux contraintes socioculturelles des valeurs plus utilitaires et pragmatiques aboutissant à l'expansion des méthodes contraceptives efficaces. Elle opère aussi de manière indirecte au moyen des conditions sociales ou de la modernisation socioculturelle. La complexité des vecteurs permet de distinguer des paramètres comme la fécondité, le niveau d'instruction, les aspects biologiques, sociaux et comportementaux.

Il existe de nombreux déterminants de la fécondité. Les plus directs sont relatifs aux unions, à l'allaitement, à l'avortement, à l'infécondité, à la contraception. Tous ces déterminants entretiennent une forte corrélation avec le niveau d'éducation et les conditions socioprofessionnelles des femmes. Il semble établi que les femmes changent plus vite de comportement et adoptent des valeurs nouvelles en matière de santé de la reproduction, lorsqu'elles ont un niveau de scolarisation élevé. Les pays d'Afrique australe qui ont amorcé la transition de la fécondité vérifient cet état de choses. Ces pays enregistrent aussi les plus forts taux de scolarisation féminine. C'est là une piste sérieuse à explorer pour les experts en développement et les décideurs des pays en développement. Car l'éducation retarde d'abord l'âge du mariage des filles, leur donne des moyens d'insertion professionnelle qui les motivent à contrôler leurs maternités. Dès lors, le chemin est préparé pour l'adoption des mesures contraceptives. Ensuite, l'éducation permet de contourner les pesanteurs socioculturelles et donne à la femme la latitude d'exprimer son point de vue et ses souhaits sur le nombre de maternités et leur fréquence.

Cette situation s'illustre particulièrement dans le cas du Sénégal où le taux de fécondité, estimé à 7,1 enfants par femme en 1978, est descendu à 5,2 en 1999. Mais le recul de la fécondité se ressent plus dans les zones urbaines. Le taux d'utilisation des méthodes

contraceptives se situe entre 8 et 18% en fonction du degré d'instruction de la femme. Ainsi, pour les femmes ayant reçu une instruction limitée au primaire, ce taux est de 15%, ce taux s'élève à 22% pour les femmes d'un niveau secondaire et monte à 37% pour les femmes ayant accédé à l'enseignement supérieur. Sans tenir compte du lieu de résidence, l'instruction facilite l'expansion de la contraception. Toutefois, les femmes scolarisées et vivant en zone urbaine recourent plus à la contraception que celles scolarisées et vivant dans les zones rurales (Fall, 2007). Dans les zones rurales, l'ISF qui était de 7,5 en 1970 suit une courbe descendante pour se retrouver à 7,3 en 1988 et à 6,7 en 1995 dans les zones rurales, alors qu'à la même période, le même indice a subi une trajectoire analogue variant à Dakar, de 6,8 à 5,5 et enfin à 5,1. La différence apparaît plus nettement lorsqu'on analyse de manière parallèle l'évolution entre femmes scolarisées et non scolarisées. Alors que l'ISF des femmes non scolarisées tombait de 7,4 à 7,0 en 1995, celui des femmes scolarisées suivait un recul plus fort de 7,1 à 5,7.
Ces données confortent le fait que la scolarisation des femmes détermine fortement le niveau de fécondité surtout, la scolarisation à partir du secondaire. Les retombées de la scolarisation sur la fécondité opèrent au niveau de l'âge à la première naissance, l'âge au mariage et de l'utilisation des contraceptifs. Ainsi, les femmes ayant bénéficié de quatre années d'études ont en Afrique un nombre de maternités inférieur de 30% à celui des femmes sans instruction (Feachem et al., 1991 ; Bledsoe et Cohen, 1993). Les effets de la scolarisation sur la fécondité opèrent par le biais de deux variables intermédiaires : la nuptialité et la contraception. Cela est confirmé par les études menées au Cameroun, en Guinée, au Niger et au Tchad qui établissent que les filles instruites se marient et procréent plus tardivement si elles parviennent à un niveau secondaire. Ces femmes affichent aussi une plus grande aisance à espacer suffisamment les naissances, à recourir aux méthodes contraceptives. Toutefois, les effets de la scolarisation sur la fécondité ne sont effectifs que sous certaines conditions. Cette nécessité est ressentie dans plusieurs pays où les pédagogues ont initié des contenus portant sur l'éducation sexuelle, la nutrition et la santé de reproduction. En outre, le rehaussement constant du coût de la vie de plusieurs années augmente le coût de la maternité et de l'éducation. Mais si certains experts voient dans cette situation une incitation à limiter la fécondité au sein des ménages, il est aussi vrai que l'emprise de la pauvreté augmente les perceptions favorables à la fécondité. Il

serait donc illusoire de croire que le coût à court et long termes de la maternité dissuaderait les ménages. La solution la plus réaliste passe par le développement humain. Si les risques de mortalité infantile sont fortement réduits, les cellules familiales décidant de la maternité auront une vision plus réaliste de leur acquis et chercheront à ne pas les compromettre par une fécondité non contrôlée. Quoi qu'on dise, ce sont en effet les parents qui prennent les décisions en matière de fécondité.

3. Corrélation Education, Santé et Mortalité

La scolarisation a aussi des influences marquantes sur la mortalité maternelle, intra-utérine, infantile et juvénile. L'instruction comporte des contenus en matière de nutrition et de santé de reproduction qui agissent contre la mortalité maternelle et infantile. De même, l'expansion des notions d'hygiène, et l'utilisation de la contraception sont des instruments efficaces contre les naissances non espacées, trop nombreuses ou précoces, et cela facilite la survie des enfants. Des études portant sur la Côte d'Ivoire, la Guinée, le Niger et le Tchad mettent à nu une relation positive entre le nombre d'années d'études, l'apport de vitamine A durant la grossesse, le suivi prénatal et le recours aux soins préventifs natals, le choix d'un accouchement assisté et le degré de connaissance sur le VIH/Sida (UNESCO, 2005b). En outre, les femmes instruites se préoccupent plus de la vaccination et de l'alimentation des enfants. Les données anthropométriques des enfants de moins de 5 ans sont souvent déterminées par le niveau d'instruction de la mère et le pourcentage d'enfants survivants s'accroît (Mingat et Zein, 2004). Les retombées de la scolarisation sont plus marquées lorsque les deux conjoints ont un niveau d'instruction assez élevé. Les variables scolaires opèrent de concert avec d'autres variables comme le revenu ou la résidence. Les gains liés au niveau d'instruction des membres du ménage sont plus marqués lorsqu'ils ont poussé leur scolarité jusqu'au niveau secondaire. Les analystes observent que le mortalité infantile baisse en moyenne de deux fois et le taux de mortalité juvénile de trois fois selon que la mère est sans instruction ou qu'elle a fréquenté jusqu'à un niveau secondaire ou plus. L'indice synthétique de fécondité affiche une perte moyenne de plus de deux enfants entre l'absence d'instruction et le niveau secondaire et plus. Par contre, les disparités entre l'absence d'instruction et le niveau primaire sont plus réduits.

Il est possible que la conjugaison d'un niveau d'éducation plus élevé avec une fécondité plus faible (ou l'inverse) soit le reflet d'un niveau de développement humain, du niveau de vie et de résidence, sans vérifier toutefois la relation entre éducation et fécondité. Pour établir une corrélation objective, il est inévitable d'associer les indicateurs.

La santé opère de manière plus directe sur les variables démographiques. Mais il n'est pas aisé de démêler les interrelations entre les données épidémiologiques et les dynamiques démographiques. De manière générale, les pays africains firent, au lendemain de la Seconde Guerre mondiale, des efforts importants dans le domaine médical avec le développement des services médicaux, l'amélioration des infrastructures sanitaires, les campagnes de vaccination, l'éradication de certaines maladies endémiques. Mais les retombées de ces avancées vont être ruinées dans les années 1990 avec la recrudescence des maladies endémiques comme le VIH/Sida et une baisse des dépenses de santé dans le contexte d'une démographie galopante. L'expansion des structures chargées de promouvoir la santé de la reproduction n'est pas restée sans suite pour les taux de fécondité et les taux de natalité. Elle a influencé également les taux de mortalité maternelle, juvénile et infantile. Du reste, ce sont les infrastructures de santé et l'efficience de la couverture médicale qui déterminent l'évolution de l'espérance de vie et des taux de mortalité. L'équipement sanitaire assume une partie de cette efficience alors que l'état de santé général de la population et les procédures d'hygiène régissant l'accouchement déterminent un autre type d'efficacité. Par ailleurs, les maladies influent sur la mortalité de manière différente, en fonction des structures par âge. Le VIH/Sida exerce plus ses influences surtout sur les jeunes adultes cependant que le paludisme tue principalement les enfants. Par ailleurs, les résultats varient en fonction du caractère préventif ou curatif. La vaccination, qui est destinée à réduire l'ampleur de la mortalité infantile, a simplement accéléré la disparition parfois temporaire de maladies infectieuses courantes.

Dans certaines régions d'Afrique subsaharienne, il existe des gains sanitaires importants induits par les niveaux d'éducation. Le système scolaire comporte des services dont l'efficience accroît l'efficacité de la situation médicale. Ce sont par exemple des cantines scolaires, les cours relatifs à la nutrition. À l'inverse, les systèmes de soins influencent la scolarisation. Dans des cas de crise endémique, les interrelations peuvent avoir des influences négatives. Le VIH/Sida opère ainsi sur l'offre et sur la demande scolaire. La preuve est que les impacts du VIH/SIDA ont, dans certains pays, fait des ravages au sein de la population enseignante. Restent à étudier comment les ressorts socioprofessionnels du secteur de l'éducation agissent sur l'expansion de la maladie et éventuellement sur la mortalité qui en résulte. Or, les nombreux décès au sein du corps d'enseignants influencent les performances quantitatives et qualitatives au sein du système. Pour le cas spécifique du VIH/SIDA, les corps enseignants de l'Afrique australe subissent de manière frontale des effets de la maladie, ce qui risque de ruiner les acquis éducatifs obtenus par ces pays. Les mêmes ravages sont observables dans le système éducatif des pays comme l'Ouganda, la Côte d'Ivoire et la Centrafrique. De fait, les pays qui, par suite d'un recul de la fécondité, sont en voie de satisfaire la demande scolaire courent le risque de se retrouver avec un déficit du corps enseignant à cause du VIH/Sida. Toujours dans la corrélation entre les variables scolaires et sanitaires, le VIH/SIDA a engendré l'émergence d'une population rendue très vulnérable par la perte des parents. Il s'agit des orphelins du Sida, qui livrés à eux-mêmes sont a priori exclus de l'école. Les situations de crises avec des masses incontrôlées de déplacés donnent lieu à des actions d'urgence en matière de santé et d'éducation. Tel est le cas des dispensaires de fortune et des écoles installées à proximité ou à l'intérieur des camps de déplacés. Il n'est pas exclu que les installations éducatives et sanitaires soient parfois volontairement ciblées par les protagonistes des crises politicomilitaires. Ce sont autant de situations anomiques qui peuvent démentir les projections faites sur des années durant.

Les corrélations entre variables démographiques, éducatives et sanitaires se matérialisent au travers des systèmes économiques, sociaux, culturels et politiques. Sur ces systèmes, viennent se greffer les comportements des acteurs qui à des degrés divers influencent les choix et les opportunités. C'est une conjonction complexe de vecteurs dictés par le contexte social, économique et culturel.

4. Systèmes économiques et fécondité

Dans la polémique sur les causes des changements de comportements démographiques en termes de baisse de fécondité, de mortalité et de morbidité, il est surtout question de voir si les mutations comportementales relèvent de conjonctures économiques ou si elles sont le résultat de changements structurels peu réversibles. Les interrelations entre variables démographiques, éducation et santé se concrétisent par le biais de systèmes productifs. De ces systèmes productifs, dépendent la possibilité de financer l'éducation et la santé. L'origine de ce financement peut être les dépenses des familles ou les investissements à grande échelle réalisés par les pouvoirs publics. Ils assurent l'emploi et la valorisation du capital humain constitué par la formation et la santé.

Au plan international, on observe des différences de régimes démographiques en fonction des caractéristiques des économies nationales. Les variables liées à la santé et à l'éducation opèrent en corrélation avec ces régimes. De manière générale, les communautés africaines fonctionnent sur le mode des dynamiques démographiques, éducatives et sanitaires basées sur des économies de rente et sur des régimes démographiques de pauvreté (Hugon, 2006). Dans une économie de rente caractérisée par une faible habitude du salariat, l'augmentation de la fréquentation scolaire finit par mener souvent au chômage, à une distorsion entre l'offre et la demande sur les marchés du travail et à un exode des compétences. Les richesses sont utilisées au maximum de leurs potentialités sans une réelle volonté de les reproduire : exploitation effrénée des terres, mobilisation de la force de travail, mise exportation effrénée des richesses minières, lutte pour le contrôle des ressources. Dans les régimes démographiques de pauvreté, la fécondité dépend de la situation de précarité alors que la population rurale et celle opérant dans le secteur informel des villes constituent un potentiel de richesse et une protection contre la vieillesse. Les enfants sont donc considérés comme des actifs pouvant protéger les parents contre le dénuement, lorsque ces derniers ne sont plus en mesure de gagner leur vie. Cette perception encourage une forte fécondité, puisque les parents pensent que le nombre élevé d'enfants les protège encore plus de la pauvreté pendant leurs vieux jours. Du reste, la très forte démographie observée en Afrique subsaharienne dans les décennies postcoloniales renvoie à un rééquilibrage démographique où se sont reconstituées les masses de populations tuées ou exfiltrées pendant les traites humaines successives. Le régime rentier postcolonial alimente donc l'habitus de forte fécondité par le biais de la survalorisation du nombre d'enfants. Les crises de l'État postcolonial en Afrique subsaharienne ont engendré la quête de sécurité au sein des communautés familiales, religieuses, ethniques ou claniques. L'antagonisme induit par la lutte pour le contrôle de la richesse encourage l'expansion numérique et entretient les comportements natalistes. Les crises postcoloniales aboutissent souvent à des hausses de la mortalité et au recul de l'espérance de vie, avec les décès directs et ceux induits par la situation de précarité alimentaire, sanitaire et sécuritaire.

Les communautés d'Afrique subsaharienne vivent généralement dans des incertitudes alimentant une insécurité économique, politique et sociale. L'insécurité se traduit par la récurrence des crises découlant de la faiblesse des appareils publics et privés. Fragilisés par leur situation économique, sociale et politique, les États ont du mal à remplir convenablement les tâches sécuritaires qui leur incombent. Ceci touche aussi les aspects sociaux dont la défaillance se traduit par le manque d'assurance vieillesse, la déliquescence des mécanismes de sécurité sociale. Les communautés créent alors leurs propres instruments de sécurisation informelle en s'appuyant sur les réseaux familiaux, les segments communautaires et les connivences ethniques. Dans ces conditions, le secteur informel occupe une place importante dans les activités économiques et sociales avec l'engagement des femmes et des enfants. L'insécurité engendre la mobilisation des femmes et des enfants pour les activités génératrices de revenus et ces derniers sont à leur tour exposés à la même insécurité. Les mouvements des populations dans l'espace et dans le temps produisent une fonction équilibriste au sein des communautés fonctionnant de manière extensive. Les incertitudes influencent fortement la demande scolaire. Les situations d'incertitude sont exacerbées par les crises internes ou externes qui agissent négativement sur les ressources des ménages et sur la mortalité.

Les situations induites par l'économie de rente, en termes de crises et d'instabilité, produisent des conséquences spécifiques sur l'enseignement, la santé, le développement et le rythme de croissance démographique. L'enseignement entretient une relation étroite avec les ressorts socioprofessionnels qui disposent de ressources pour financer le système scolaire de manière publique ou privée et absorber les apprenants sortant du système. Par ailleurs, l'enseignement joue un rôle positif, en ce qu'il contribue à forger le sens de la citoyenneté. Même considéré comme un secteur non productif, l'enseignement supporte des investissements intergénérationnels permettant le renouvellement des ressources humaines et matérielles. Toutefois, ce secteur s'il n'est pas orienté vers un habitus de rentabilisation, peut alimenter le chômage, la fuite des cerveaux, et la déqualification de nombreux emplois. En l'absence d'une courroie de transmission entre le système scolaire et le secteur de l'emploi, les déscolarisés et une grande partie des diplômés sont obligés de s'orienter vers le secteur informel. Le régime de pauvreté caractéristique de nombreux pays de la région engendre des fossés croissants entre la formation, l'emploi, les revenus et la productivité. Les émoluments des travailleurs relèvent plus de leur insertion au sein des réseaux de pouvoir que de leur aptitude à créer des richesses. Ceci aboutit à un bradage des compétences et à une décapitalisation des savoirs. L'enseignement et la santé qui sont perçus comme des secteurs sociaux peuvent avoir des effets productifs en termes de réduction de la croissance démographique et de productivité lorsqu'ils convergent vers un niveau qualitatif conséquent. Même si l'enseignement aboutit au chômage, il constitue un capital d'aptitudes qui rendent facilement assimilables les valeurs modernes en termes de famille et de procréation. La scolarisation, même si elle n'ouvre pas la voie à l'emploi rémunérateur, contribue au moins à la réduction de l'analphabétisme, à une meilleure organisation du projet de vie.

Puisque les pays d'Afrique subsaharienne ne disposent que des structures très embryonnaires du capitalisme d'État, leurs sociétés sont articulées autour de systèmes familiaux. Non pas les individus, mais plutôt les familles se trouvent au cœur des orientations à prendre dans le domaine de la fécondité, de l'éducation et de la santé. On observe une complexité de la situation induite par l'hétérogénéité des structures familiales africaines. Cette hétérogénéité se traduit par des modes familiaux matrilinéaires ou patrilinéaires, monogamiques ou polygamiques avec un nombre élevé d'enfants naturels, mais aussi adoptés. À cela tient la complexité de l'ordre social en Afrique subsaharienne qui se pose comme un espace culturellement et ethniquement pluriel pour ce qui est de la nuptialité, des structures familiales, et du genre. En dépit de l'apparente unité géographique de l'Afrique subsaharienne, les pays et les sociétés vivant dans cet espace affichent une énorme diversité culturelle se répercutant sur les pratiques sociales. Il existe ainsi de multiples configurations de l'ordre familial. Certaines communautés privilégient l'âge précoce du mariage avec une faible scolarisation, le règne de la polygamie alors que dans d'autres milieux, l'âge du mariage est plus élevé avec une faible culture polygamique et une scolarisation plus marquée. Tous ces deux modèles offrent des emprises divergentes sur la fécondité. Elle est moins prononcée au niveau de l'Afrique australe où le désir d'épanouissement socioéconomique de l'individu l'amène à repousser plus loin l'âge du mariage, avec peu de polygamie et une forte tendance migratoire, une forte scolarisation. Lorsque la communauté marche sur les modes lignagers ou matrilinéaires, ceux qui ont le pouvoir de prendre des décisions en matière de fécondité ne sont pas forcément ceux qui ont la charge de financer nécessairement les personnes qui investissent pour assurer les besoins de l'enfant. Dans ce cas, l'augmentation du coût de la vie ne peut mener au recul de la fécondité. Les liens de parenté sont très complexes et revêtent de fortes discordances entre les sociétés de tradition lignagère et segmentaire et les sociétés de tradition centralisée. La famille élargie et lignagère est le creuset de l'accès aux ressources, de la production des biens de subsistance, et du renouvellement de la force de travail. Les successions générationnelles et les droits et obligations entre les membres de la lignée sont des solutions contre le chômage et l'insécurité sociale. Au-delà de leur nécessité économique, ces mécanismes encouragent une forte fécondité. Ils sont plus dominants dans les régions rurales que dans les zones urbaines où l'individu s'isole facilement des réseaux lignagers.

Secouée par les mutations socioéconomiques trop brusques, la famille africaine évolue dans un contexte de crise. On observe des essais de recomposition qui se manifestent par une certaine déconnexion entre le mariage, la sexualité et la fécondité. Tout ce phénomène se déroule dans une atmosphère de relative stimulation de l'individuation qui induit des comportements en discordance avec l'habitus de communautarisation des intérêts. Mais, l'individuation doit composer avec la résistance des structures lignagères, qui refusent d'être aspirées par les relents d'une modernité d'inspiration occidentale, pendant qu'intervient un processus d'individualisation et d'exclusion. On observe une remise en cause et une désintégration des construits intergénérationnels. Les hiérarchies institutionnelles se référant à l'âge subissent des mutations profondes. L'habitus de solidarité disparaît devant la déstructuration des liens familiaux et communautaires avec la destruction des canaux de sécurisation sociale informelle qui permet de faire face à des problèmes locaux. Cette situation engendre une augmentation du nombre d'enfants orphelins et vulnérables privés de structures familiales. Ceux-ci souffrent de la marginalisation sociale et ont tendance à reproduire les mêmes travers par le biais de la violence conjugale et parentale avec des déstructurations familiales dans des contextes de crise et de conflits.

5. Déterminants culturels et religieux de la fécondité

Dans les pays d'Afrique subsaharienne, les comportements religieux ont une part importante dans les perceptions sur la reproduction et sur la représentation de l'école et de la santé. On distingue dans la zone trois systèmes religieux principaux qui se combinent parfois entre eux ou avec les pratiques cultuelles pour constituer des affects de syncrétisme. Les pratiques religieuses basées sur des éléments de la nature ont un fort ancrage traditionnel et procèdent du mode de l'ancestralité. Ils sont corrélés à des mécanismes de reproduction et de production gérontocratiques qui restreignent la marge d'action des femmes et des jeunes. L'éducation institutionnalisée subit le dualisme des créneaux de formation traditionnel où la vision sociale de l'individu reste imprégnée du surnaturel avec la présence du guérisseur et sorcier qui jouent un rôle central dans le système de santé. Ces modes d'existence religieuse coexistent au sein des communautés urbaines malgré la force des influences exogènes. En fait, on observe dans les zones urbaines une transposition des modes de vie ruraux surtout dans le domaine religieux vers les zones urbaines, si bien que se profile une mosaïque sociétale mixte où se mélangent modernité et tradition. Tous les aspects de la vie sociale s'en trouvent affectés si bien que la santé, l'éducation et les questions de reproduction sont traitées dans une perspective communautaire. Mais la force des liens communautaires se distend dans les milieux urbains où la personnalité prend le pas sur la communauté. Les religions exportées fédèrent aussi des milliers de personnes et tendent à constituer de nouveaux créneaux de solidarité. À côté de l'expansion du protestantisme chrétien, l'Islam progresse rapidement dans la zone soudano-sahélienne, orientale et centrale de l'Afrique subsaharienne. L'Islam a la particularité d'influencer l'éducation par le biais des écoles coraniques, de la polygamie et des pratiques influençant la santé de reproduction comme la circoncision, les mariages précoces et les mécanismes distributifs. Par contre, l'avènement du christianisme et son expansion sont historiquement corrélés avec l'expansion de l'école moderne et plus tard des dispensaires. Cette corrélation fait que les zones christianisées offrent les services scolaires et médicaux les plus anciens. Les populations vivant dans ces zones ont ainsi une plus grande familiarité avec ces instances qui s'intègrent beaucoup plus rapidement dans le paysage social et communautaire. Et de fait, l'amélioration de la scolarisation fait suite en Afrique Occidentale, équatoriale, centrale, orientale et australe à une large expansion du protestantisme et du catholicisme. Mais les idéologies religieuses des entités présentes dans la région déterminent aussi les comportements en matière de procréation. La doctrine sous-tendant la foi catholique favorise la croissance de la population, en ce sens qu'elle est réticente à l'utilisation du préservatif. Mais la domination catholique est de plus en plus restreinte par les églises évangélistes et du réveil qui répandent de nouvelles perceptions sur la démographie, la fécondité, la maladie et la mort. En plus, les avancées en matière d'alphabétisation accroissent au niveau des ménages la compréhension des enjeux liés à l'explosion démographique. Dans les milieux conservateurs, l'évolution des perceptions sur la fécondité donne parfois lieu à des tensions entre différentes représentations et différents ressorts socioculturels. Les enjeux régionaux ou nationaux entrent en contradiction avec les désirs de procréation très complexes au sein des communautés ancrées dans la tradition.

Il existe des éléments religieux, cultuels et culturels qui donnent un coup d'accélérateur à la fécondité. Ces éléments ne sont pas forcément liés aux modes de vie traditionnels, mais relèvent de pratiques religieuses. Ainsi le catholicisme, dans ses principes, est frontalement opposé à l'avortement et à certaines pratiques contraceptives. Ce sont là des segments essentiels qui interviennent dans l'audience que trouvent les mesures contraceptives au sein des populations. Par ailleurs, l'Afrique subsaharienne compte une population en grande partie rurale malgré les avancées foudroyantes de l'urbanisation dans cette région du monde. Le mode de vie de la paysannerie est centré sur un habitus de procréation massive où la main d'œuvre est constituée de la progéniture du chef de ménage. En dépit de la disparition progressive ou des mutations intervenues dans ce mode d'existence, les communautés rurales ont du mal à changer leurs perceptions sur la procréation.

Un des aspects de la forte fécondité dans les pays en développement concerne les grossesses des jeunes filles. Alors que le développement humain repose en grande partie sur le niveau de développement de la femme, l'Afrique subsaharienne reste une des régions du monde où la situation de la femme est rendue précaire par les circonstances de l'adolescence. Bien que de nombreux pays de la région aient adhéré à la nécessité de protéger les droits des enfants, les communautés cèdent encore à des pratiques qui compromettent l'épanouissement de la jeune fille. Ces pratiques concernent le mariage précoce, les préjugés sexistes qui privent les adolescentes de pouvoir exercer les droits relatifs à leur personne. Le stade ultime de cette privation des droits est la grossesse qui laisse nombre d'adolescentes en marge de la société. Elles sont recluses comme des femmes au foyer et vivent sous la domination de leurs maris plus âgés qu'elles. Parfois, elles sont épousées en troisième ou quatrième noce et vivent dans une situation de concurrence conjugale à laquelle leur courte expérience d'existence ne les a pas préparées. D'autres adolescentes se voient marginaliser à la suite de grossesses contractées sous l'effet de pressions sociales, financières ou psychoaffectives. Cette expérience des adolescentes est assimilée par les parents comme une leçon qui va les pousser à consacrer moins de ressources pour l'épanouissement de la jeune fille. Dans les communautés, rares sont les parents qui ont la clairvoyance de discerner que la grossesse de la jeune adolescente relève de situations complexes qui n'engagent pas sa responsabilité exclusive. Pour les parents, l'adolescente qui tombe enceinte sous l'effet d'une violence insidieuse est toujours la principale fautive de sa situation. Elle sera traitée en conséquence ainsi que ses petites sœurs que les parents ne vont pas vraiment soutenir sous le prétexte qu'elles suivront aussi la voie de la grossesse précoce. Or c'est justement, ce manque d'attention ou le relâchement de l'attention accordée à la jeune fille qui alimente les causes de la grossesse prématurée.

Quelle que soit la situation dans laquelle elles vivent, les adolescentes d'Afrique subsaharienne ont besoin d'être sérieusement prises en compte dans les programmes de réduction de la fécondité. Réduire la fécondité revient avant tout à œuvrer prioritairement pour que les filles d'âge peu avancées censées construire les bases de leur avenir ne viennent pas grossir le rang des personnes ayant de véritables besoins de procréation. Pour les adolescentes par contre, la plupart expérimentent une maternité inutile et dispendieuse, car elles portent en grande partie des grossesses non désirées. Même si elles vivent déjà de manière maritale, les attributions juridiques liées à leur personne les disposent à poursuivre leur scolarité ou l'apprentissage de manière à avoir les moyens de s'insérer à l'avenir au sein de la machine socioéconomique locale. En tombant enceinte, elles font l'objet de problèmes multiples et complexes. Premièrement, elles courent de sérieux risques médicaux au cours de l'accouchement ; deuxièmement, elles n'ont pas les moyens de garantir une éducation sérieuse à l'enfant qui va naître. Cet enfant risque de venir grossir plus tard les personnes à prendre en charge au sein de la communauté. Bien plus, l'adolescente victime d'une grossesse précoce arrête souvent son parcours scolaire et risque d'être financièrement et économiquement dépendante toute sa vie.

Celles-ci vivent souvent dans des situations de précarité qui accroissent le nombre de maternités alors que leurs sociétés ne leur confèrent que des droits limités. Les efforts, et les moyens déployés pour prévenir la grossesse chez l'adolescente se sont généralement focalisés sur les filles de 15 à 19 ans. Cependant les filles moins âgées, en l'occurrence celles de 14 ans et moins présentent une plus grande vulnérabilité aux complications et courent le plus grand risque de décéder à la suite d'une grossesse. Les institutions nationales de santé, d'éducation et de développement ont tendance à faire peu de cas des jeunes adolescentes âgées de 14 ans au plus. Les mesures ne les touchent que rarement parce qu'elles ont été mariées de force et qu'elles ne peuvent fréquenter les établissements scolaires et ni accéder aisément aux services de santé sexuelle et reproductive.
Ces adolescentes ont des besoins énormes et les pouvoirs publics, la société civile et la communauté internationale doivent être en mesure de déployer des moyens supplémentaires pour garantir leur protection, leur santé et leur sécurité lors de leur transition de l'enfance à l'adolescence et à l'âge adulte.
Dans la recherche de solutions au cuisant problème de la grossesse des adolescentes, l'évaluation véritable de l'échec des initiatives des pouvoirs publics, des organismes de développement, de la société civile et des communautés se fera à l'aune de la couverture des besoins des adolescentes âgées de 14 ans au plus et qui sont peu prises en compte par les stratégies antérieures.
La grossesse chez l'adolescente entretient une corrélation intrinsèque avec la thématique des droits de la personne. De nombreux pays ont affiché leur résolution à œuvrer en faveur de la prévention de la grossesse chez l'adolescente, souvent au moyen des mesures favorisant des modifications de comportement. La mobilisation de ces pays est fondée sur la conviction que l'adolescente est responsable de la prévention de la grossesse et qu'elle est la première personne concernée par le fait qu'elle tombe prématurément enceinte.
Cette vision des choses semble occulter une grande partie de la réalité, puisqu'elle ne prend pas en considération les circonstances et les pressions sociales qui œuvrent contre des adolescentes et qui brise

l'élan de leur adolescence par une maternité précoce et compromet leur passage de l'enfance à l'âge adulte.
L'adolescente contrainte à la nuptialité a rarement voix au chapitre lorsqu'il s'agit de décider de la procréation, du moment de la conception et de la fréquence des grossesses. Les initiatives de prévention des grossesses, campagnes de publicité ou programmes de distribution de préservatifs ne ciblent pas de manière frontale les filles dépourvues de tout pouvoir de décision en matière de mariage, de maternité ou de fécondité. Il urge donc de repenser la problématique de la grossesse chez l'adolescente. Au lieu de concevoir la grossesse comme une résultante de la modification du comportement de la jeune fille aux portes de l'adolescence, les instances gouvernementales, les communautés, les familles et les institutions d'enseignement devraient aussi explorer d'autres vecteurs comme la pauvreté, les disparités liées au genre, la discrimination, le manque d'accès aux services et les pesanteurs socioculturelles qui minent l'épanouissement des filles et des femmes. Ces derniers aspects inspirent encore les actions de l'UNFPA de nos jours.
La communauté internationale est en train de concevoir un nouveau programme de développement durable en remplacement de la Déclaration du Millénaire et des objectifs du Millénaire pour le développement après 2015. Les pouvoirs publics des pays décidés à réduire le nombre de grossesses chez l'adolescente devraient également œuvrer en sorte que les besoins, les défis, les aspirations, les vulnérabilités et les droits des adolescentes soient entièrement pris en compte dans ce nouveau programme.
Actuellement, le monde compte 580 millions d'adolescentes dont quatre sur cinq vivent dans les pays en développement. Les investissements mobilisés aujourd'hui en faveur des adolescentes auront pour effet de promouvoir les potentialités qu'elles pourront mettre à profit pour garantir un bon avenir à leur descendance. Par ce biais, la contribution des adolescentes à la fécondité en Afrique subsaharienne serait considérablement réduite.

En tenant compte des droits de la personne, la grossesse chez l'adolescente se trouve en contradiction avec ses droits à l'éducation, à la santé, à une vie décente puisque les corollaires de cette expérience réduisent son aptitude à jouir de ses droits. Il est indispensable de faire assimiler aux instances sociales et scolaires le fait que les

circonstances ou les raisons de la grossesse ne peuvent amener à rejeter les filles.
Il est crucial que des investissements dans le capital humain soient consentis pour protéger les droits des adolescentes, surtout en Afrique subsaharienne où la précarité et la force des pesanteurs sociales compromettent l'expression de leur plein potentiel. À côté des parents et de la famille, la responsabilité des pouvoirs publics est de protéger les droits de celles-ci et de veiller à faire respecter les traités et les instruments relatifs aux droits de la personne, à l'instar de la Convention relative aux droits de l'enfant et des accords internationaux.
Dans toutes les régions du monde et plus encore dans les pays en développement, les filles paupérisées, peu éduquées, vivant en milieu rural courent de forts risques de tomber enceintes plus que les autres adolescentes des zones urbaines et des pays industrialisés. Les filles sont mises dans des situations qui facilitent les abus de tout genre contre leurs personnes. Il s'agit par exemple de l'analphabétisme, des mariages précoces, des violences sexuelles. La précarité s'accroît encore plus pour les adolescentes appartenant à une minorité ethnique ou à un groupe marginalisé. Elles se voient offrir peu de choix et d'opportunités dans la vie et ne peuvent accéder aux services de santé sexuelle et de reproduction, aux informations et aux services de contraception.
L'ancrage de la question de la grossesse des jeunes adolescentes avec la thématique de la démographie réside dans le fait qu'elles accentuent la fécondité à plus d'un titre. Leurs enfants naissent dans des situations de précarité qui les placent en situation de reproduire les mêmes travers que les parents. La plupart des enfants de mères adolescentes, 95% au total naissent dans les pays en développement et neuf de ces naissances sur dix se tiennent au sein d'un mariage ou à la suite d'une union. On comprend donc que les mariages précoces sont une des causes principales des grossesses des jeunes adolescences vivant dans les pays en développement. On estime qu'environ 19% des jeunes femmes des pays en développement tombent enceintes avant l'âge de 18 ans. Dans les pays en développement, on recense chaque année 7,3 millions des filles de moins de 18 ans qui mettent un enfant au monde, alors que les adolescentes de moins de 15 ans sont au nombre de 2 millions à expérimenter la maternité.

La grossesse a généralement des conséquences immédiates et durables sur la santé, l'éducation et le potentiel de gain de ressources financières de l'adolescente. Cette expérience modifie souvent le cours de toute son existence, et l'ampleur de ces modifications est fonction de l'âge précoce ou non de la grossesse. En d'autres mots, plus la mère est jeune, plus la grossesse a des effets dévastateurs sur son existence. Elle va souffrir de toutes sortes de pesanteurs qui la confineront dans un rôle de citoyenne de second rang.
Le risque de décès maternel chez les mères de moins de 15ans dans les pays en développement est doublement plus important que pour les mères plus âgées. De même, le risque de développer la fistule obstétricale à la suite de l'accouchement est considérablement plus élevé que pour les femmes d'âge supérieur. Mais le plus grand drame est la mort des adolescentes à la suite d'une grossesse prématurée.
Selon les données du FNUAP, environ 70 000 adolescentes décèdent chaque année de causes liées à la grossesse et à l'accouchement dans les pays en développement. Les complications de la grossesse et de l'accouchement constituent les causes essentielles de décès chez les adolescentes du monde en développement. Ces décès interviennent dans des contextes où se conjuguent plusieurs symptômes de la précarité. En prenant en compte ces paramètres, les pouvoirs publics, les décideurs politiques et les autres acteurs peuvent aisément cerner les défis à relever et formuler des interventions plus efficaces en vue de réduire le nombre de grossesses, mais aussi d'endiguer les obstacles à l'autonomisation des filles, pour éviter que la grossesse soit une fatalité.
L'un des modèles écologiques conçus par Robert Blum met en lumière une série de contraintes pénalisant l'adolescente et augmentant la probabilité de la grossesse. Ces nombreuses contraintes opèrent à des niveaux multiples et contribuent d'une manière ou d'une autre, à réduire l'aptitude de l'adolescente à bénéficier de ses droits ou à décider de son avenir. Entrent en ligne de compte, les forces situées au niveau national, comme les résistances politiques relatives à l'accès des adolescentes à la contraception ou l'application des lois interdisant les mariages d'enfants. Les adolescentes qui tombent enceintes sont généralement membres des ménages à bas revenu et leur état nutritionnel est déplorable. Le risque d'anémie ou de naissance d'enfants de faible poids est si grand, sans oublier que la maman peut même y laisser sa vie au moment de l'accouchement. Par ailleurs, les

problèmes de santé prennent plus d'ampleur et de fréquences si la grossesse survient trop tôt lors de la puberté.
Les filles qui restent scolarisées plus longtemps courent moins de risque de tomber enceintes. Si les contraintes socioculturelles ne les font pas interrompre très tôt la scolarité, l'éducation les prépare à l'emploi et à l'obtention de moyens d'existence, augmente leur estime de soi, améliore leur statut au sein du ménage et de leur communauté et leur donne la possibilité de se prononcer sur les sujets qui affectent leur existence.
L'éducation limite donc la probabilité de mariage précoce et retarde la date de la première procréation, améliorant de fait les conditions de la première grossesse. L'interruption des études pour raison de grossesse ou pour toute autre raison peut compromettre les perspectives économiques de la jeune fille et boucher l'horizon des opportunités qui peuvent s'offrir à elle.
Sont dites « écologiques » les approches de la grossesse chez l'adolescente qui prennent en considération les nombreux facteurs contribuant à mettre la femme dans une situation d'impuissance, de pauvreté et de pressions des partenaires, des pairs, des familles et des collectivités. Dans plusieurs situations, les grossesses de l'adolescente sont le résultat de violences sexuelles ou de coercition. Les filles ont généralement ont peu d'autonomie dans les pays en développement et suite aux mariages forcés, elles ont peu à dire dans les décisions concernant leur procréation.
La grossesse chez l'adolescente se présente à la fois comme une cause et une conséquence de violations de droits. Elle prive l'adolescente de possibilités de jouir de ses droits à l'éducation, à la santé et à l'autonomie qui sont les principes de la Convention relative aux droits de l'enfant. Une fille privée de ses droits fondamentaux, comme le droit à l'éducation, est plus exposée aux risques de grossesse. Selon la Convention relative des droits de l'enfant, toute personne de moins de 18 ans a le statut d'enfant. Pour des milliers d'adolescentes, chaque jour, la grossesse précoce est le symptôme le plus flagrant de la violation des droits de la personne. Pourtant, les droits des filles sont déjà protégés selon des traités ratifiés par nombre de pays d'Afrique subsaharienne grâce un cadre international normatif obligeant les pouvoirs publics à prendre en charge la socialisation des filles et à réviser leurs perceptions sur la grossesse des adolescentes.
Nombre de déterminants de ce modèle opèrent à plusieurs niveaux. Ainsi, les politiques nationales, les perceptions des instances sociales

ou culturelles peuvent limiter l'accès des adolescentes aux services de santé sexuelle et reproductive, bref à la contraception. En Afrique subsaharienne, il n'est pas non plus rare que la communauté ou la famille s'opposent à ce que les adolescentes bénéficient d'une éducation détaillée en matière de sexualité ou d'autres informations sur les moyens de prévenir les grossesses. Ce modèle montre que les grossesses chez l'adolescente n'interviennent pas au hasard, mais sont la résultante logique d'un ensemble de facteurs conjugués comme la pauvreté généralisée, l'acceptation du mariage des enfants de la part des familles et des communautés et l'insuffisance des efforts déployés pour garantir la durabilité de la scolarité des filles.
Pour une écrasante majorité des adolescentes de moins de 18 ans, et surtout pour celles de moins de 15 ans, la grossesse ne résulte pas d'une volonté avérée de procréer. Elle résulte bien au contraire d'une absence d'options et de circonstances indépendantes de la volonté des intéressées. Les grossesses naissent souvent du manque d'accès à l'éducation et à la santé sexuelle et reproductive, à la contraception et à l'information. Les multiples facettes du problème induisent que la seule action des pouvoirs publics ne peut suffire à endiguer le problème, mais il faut aussi l'implication d'autres parties prenantes et d'autres acteurs comme les enseignants, les parents et de leaders communautaires.

Comme on l'a vu, la grossesse chez l'adolescente est le résultat de causes sous-jacentes diverses : sociétales, économiques, culturelles et psychoaffectives. En conséquence, la prévention requiert l'application de stratégies multidimensionnelles centrées sur l'autonomisation des filles et adaptées à certaines populations de filles, notamment celles qui sont marginalisées et plus vulnérables. Il est important de souligner que de nombreuses actions des pouvoirs publics et de la société civile ayant contribué à réduire la fécondité chez l'adolescente étaient destinées au départ à d'autres objectifs, tels que la poursuite de la scolarité des filles, la prévention de l'infection par le VIH ou la lutte contre le mariage des enfants.
Ces actions peuvent également augmenter le capital humain, vulgariser des informations ou inculquer des mesures qui mettront les filles en situation de jouir de leurs droits à l'éducation, à la santé et de vivre à l'abri de la violence et de la contrainte. Les enfants disposent des mêmes droits de la personne que les adultes, mais ils ont en plus des protections spéciales pour remédier aux inégalités liées à leur âge.

Le respect des droits reconnus aux filles peut annihiler un grand nombre des facteurs concourant à la grossesse chez l'adolescente et a atténué une grande partie des conséquences qui en résultent pour l'adolescente, son ménage et sa communauté. Il est primordial de résoudre ces problèmes de manière durable en faisant appliquer les mesures qui protègent les droits de la personne. C'est par ce moyen qu'on peut rompre le cercle vicieux des violations des droits, de la pauvreté, de l'inégalité, de l'exclusion et de la grossesse chez l'adolescente. Une approche de solution axée sur le respect des droits de la personne chez l'adolescente exige que l'on collabore avec les pouvoirs publics pour éliminer les pesanteurs à la réalisation de ces droits pour les adolescentes. Les communautés d'Afrique subsaharienne ont certaines pratiques purement culturelles qui vont à l'encontre de ces droits. De ce nombre, se trouvent le mariage des enfants, la violence et la contrainte sexuelles et la rétention des connaissances qui permettent aux filles de prendre de bonnes décisions, et de faire respecter ou protéger les droits fondamentaux liés à leurs personnes.

Les recherches menées par des experts en la matière ont abouti à la conclusion que la prévention des grossesses non désirées chez l'adolescente requiert des approches holistiques qui prennent en considération l'ampleur et la complexité des défis. En effet, aucun secteur, aucune organisation ou instance ne peuvent s'y attaquer et résoudre le problème de manière isolée. Bien au contraire, par une mobilisation intersectorielle impliquant une collaboration avec les adolescentes elles-mêmes, on peut aisément éliminer les obstacles qui s'opposent à leur progrès. Convaincre les adolescentes et agir pour qu'elle choisisse un parcours de vie sain est conditionné par des investissements globaux, stratégiques et ciblés visant la multiplicité de leurs vulnérabilités. Celles-ci opèrent aussi sur le destin des adolescentes de manière spécifique en tenant compte de l'âge, des aptitudes, de la catégorie de revenus, du lieu de résidence et de multiples autres facteurs. De ce fait, il s'impose de prendre en compte la diversité des situations des adolescentes en vue d'identifier celles qui présentent les plus gros risques de grossesse et de problèmes de santé reproductive. Ces programmes multisectoriels permettront de renforcer les avantages des filles, dans les domaines de la santé, de l'éducation et des moyens d'existence, de l'autonomisation de celles-ci par le biais de réseaux d'appui social. Il est aussi indispensable de veiller à promouvoir leur statut chez elles, au sein de la famille, dans la communauté et dans leurs relations. Enfin, il est largement possible d'enclencher le levier financier en conditionnant la mobilisation des fonds à la poursuite de la scolarisation des filles.

Nombre de pays se sont mobilisés pour prévenir la grossesse chez l'adolescente et, dans certaines situations, à donner des appuis aux adolescentes enceintes. Mais, de nombreuses mesures prises en ce sens visent principalement des modifications de comportement au niveau de l'adolescente, sans chercher à juguler des déterminants et des facteurs sous-jacents, comme l'inégalité des sexes, la pauvreté, la violence et la contrainte sexuelles, le mariage d'enfants, les pressions sociales, le déni des possibilités d'éducation et d'emploi, les stéréotypes et les attitudes à l'égard des adolescentes. On néglige généralement le rôle des garçons et des hommes.
À partir des actions entreprises dans les pays développés ou dans les pays émergents, les pays d'Afrique subsaharienne doivent avoir la lucidité d'adopter des programmes efficaces ayant des retombées multidimensionnelles au lieu de se focaliser étroitement sur les filles ou la prévention des grossesses. Il est plus judicieux d'adopter des approches plus globales qui augmentent le capital humain des filles, valorisent leurs aptitudes à prendre des décisions dans les domaines clés de leur existence comme la santé sexuelle et reproductive. Il est indispensable de conférer aux filles des situations où la maternité ne se pose pas à elle comme unique alternative. Ce nouveau paradigme doit prendre en considération des circonstances, des situations, des normes, des valeurs et des forces structurelles qui contribuent à la fréquence de la grossesse chez les adolescentes. Les filles doivent se voir garantir les accès aux services et à l'information en matière de santé sexuelle et reproductive et être soustraites aux pressions économiques et sociales qui les conduisent à des rapports sexuels aboutissant à la grossesse, à la pauvreté, à la mauvaise santé et à la non-réalisation de leurs potentialités.

Dans le combat contre l'explosion démographique, la pauvreté et la lutte contre les grossesses précoces de l'adolescente, il est nécessaire de mobiliser plus de moyens en vue de toucher les filles de moins de 15 ans, qui ont la particularité d'être plus vulnérables aux mariages précoces, aux procréations et aux décès faisant suite aux accouchements. Les programmes de prévention des grossesses chez les adolescentes de plus de 15 ans ou les actions diligentées vers les

adolescentes enceintes ne sont forcément pas en phase avec les très jeunes adolescentes. Les adolescentes très jeunes ont des vulnérabilités spécifiques, et les analystes ne disposent pas toujours des moyens pour cerner les immenses défis auxquels elles sont confrontées et pour les aider à conserver de meilleures chances pour leur vie future.
Les adolescentes qui tombent enceintes ont besoin d'être soutenues et non pas d'être stigmatisées. Pourtant, la stigmatisation constitue la posture la plus courante de l'entourage de l'adolescente enceinte.
Les pouvoirs publics, les organisations internationales, la société civile, les collectivités, les familles, les dirigeants religieux et les adolescentes doivent prendre conscience du rôle qui leur revient en vue de faire changer cette situation. Les appuis et soutiens octroyés à la jeune fille, les moyens de répondre aux problèmes et de se consacrer à leurs aspirations les plus profondes. Chaque année, les pays en développement enregistrent 7,3 millions de filles de moins de 18 ans qui donnent naissance à un enfant au monde (UNFPA, 2013) et le nombre de grossesses constatées auprès de cette catégorie est encore plus élevé.
La grossesse intervient chez l'adolescente à une fréquence variable, en fonction des régions et des pays, à l'intérieur des pays et dans les divers groupes d'âge et de revenu. Toutefois, le dénominateur commun à toutes les régions est que les filles pauvres vivant en milieu rural ou dans une zone isolée et qui ont un niveau scolaire peu avancé présentent de forts risques de tomber prématurément enceintes que les adolescentes des zones urbaines plus riches et plus éduquées.
Les filles provenant d'une minorité ethnique ou d'un groupe marginalisé disposent de peu d'options et d'opportunités dans la vie. Elles ont souvent peu ou pas du tout accès aux services et à l'information en matière de santé sexuelle et reproductive, notamment à la contraception courent d'énormes risques de tomber enceintes. De manière générale, les filles courent le plus de risque de tomber enceintes lorsqu'elles vivent dans une situation d'exclusion sociale, de pauvreté, de marginalisation et d'inégalité des sexes, ou encore lorsqu'elles sont privées de leurs droits fondamentaux ou de l'accès aux soins de santé, à l'éducation, à l'information, aux services et aux opportunités économiques. La majeure partie des adolescentes qui deviennent mère vivent dans les pays en développement, soit un pourcentage de 95% et neuf sur 10 d'entre elles sont mariées ou vivent

dans une union informelle avec un homme (World Health Organization, 2008).
Environ 19% des jeunes femmes des pays en développement tombent enceintes avant de sortir de l'adolescence (UNFPA, 2013). Pour 2010, on estimait à 36,4 millions le nombre de femmes des pays en développement âgées entre 20 et 24 ans ayant connu la première grossesse avant 18 ans, dont 17,4 millions en Asie du Sud. Mais de par le monde, c'est l'Afrique subsaharienne qui compte le plus fort pourcentage (28%) de femmes de 20 à 24 ans ayant fait l'expérience d'une première grossesse avant l'âge de 18 ans.
À partir des données recueillies dans 54 pays sur deux séries d'enquêtes démographiques et sanitaires (EDS) et d'enquêtes en grappes à indicateurs multiples (MICS) menées entre 1990 et 2008 et entre 1997 et 2011, on observe un léger recul du pourcentage de femmes de 20 à 24 ans ayant eu une grossesse avant l'âge de 18 ans. En grande partie, les adolescentes contenues dans ce pourcentage ne peuvent jouir entièrement de leurs droits fondamentaux : droit à l'éducation, à la santé et à un niveau de vie suffisant. Cette situation concerne des millions de filles de moins de 18 ans vivant maritalement. Le Comité des droits de l'Homme a collaboré avec d'autres organismes de surveillance des droits fondamentaux pour suggérer une réforme juridique dans le but d'endiguer le mariage des enfants. En Afrique subsaharienne où les adolescentes portent la plus grande partie de la fécondité, le mariage des filles de moins de 18 ans appartient à un habitus social, culturel et religieux très marquant.
Les filles âgées de moins de 15 ans représentent 2 des 7,3 millions d'adolescentes qui ont eu un enfant avant l'âge de 18 ans dans les pays en développement. Les 54 pays concernés par ces enquêtes concentrent 72% de la population totale des pays en développement. En comparant les résultats des EDS et MICS (1997–2008 et 2001–2011) menées dans les 15 pays à « forte » prévalence de grossesses chez les adolescentes (30% ou plus), on observe une réduction de la fécondité dans certains de ces pays. Ce recul est le symptôme des efforts menés en faveur du développement humain dans les pays de cette région. Mais, nombre de pays d'Afrique subsaharienne ont vu une augmentation de la fécondité des adolescentes. Ceci indique que les efforts doivent continuer pour améliorer le niveau de vie des populations.

CHAP 11
SUGGESTIONS ANALYTIQUES

Les questions relatives au contrôle de la croissance démographique en Afrique subsaharienne interpellent plus les sociétés civiles des pays concernés alors que les gouvernements les placent à la périphérie de leurs priorités. Il serait, dans ces conditions, aléatoire de compter sur l'efficacité de l'action publique puisque les mécanismes décisionnels visent généralement un espace temporel relativement court. Or, les variables démographiques et les corollaires de la croissance démographique sont des phénomènes observables sur des décennies.
Le point où l'action des pouvoirs publics d'Afrique subsaharienne peut vraiment jouer un rôle déterminant concerne les liens entre les variables démographiques, éducatives et sanitaires. En effet, la démographie peut subir indirectement ou directement les effets du renforcement des financements de l'accès à l'école ou aux soins, de l'amélioration des rendements internes, de l'amélioration des pratiques en matière de santé de la reproduction. La santé, l'éducation subissent de manière directe les retombées des politiques macroéconomiques. Les experts en développement considèrent que les dépenses en éducation et en santé absorbent une part importante des ressources nationales. Mais l'effectif croissant des naissances impose une augmentation de ces dépenses. En contribuant à la réduction de la croissance démographique, les politiques publiques d'Afrique subsaharienne se donneraient les moyens de réduire immédiatement l'effectif de la population scolarisable. Sans cette réduction de la croissance démographique, les pays d'Afrique subsaharienne seraient astreints à consacrer de lourdes dépenses à l'éducation. Pour le moment, les décideurs publics et les politiques nationales se focalisent presqu'exclusivement sur les problèmes budgétaires sans vouloir influencer les sources mêmes des dépenses sociales. C'est dans cet esprit que furent menés les ajustements structurels qui avaient grevé les revenus des ménages et infléchi à la fois l'offre et la demande scolaire. S'en est suivi une modification de la structure des dépenses publiques d'éducation et de santé. Il a aussi été observé des retombées sur le coût de la formation avec une chute importante des dépenses afférentes et donc de la qualité de l'offre. Le recul des revenus des

ménages accroît la pression financière induite par les dépenses liées à la scolarisation et surtout le paiement des frais de scolarité et des soins. Plus que la scolarisation, les politiques d'ajustement agissent négativement sur des catégories sociales des zones rurales et urbaines. Il va sans dire que les familles assument une part considérable des dépenses scolaires et des soins, le recul du pouvoir d'achat engendré par des ajustements et des facteurs structurels accentuent les risques de marginalisation des catégories défavorisées. Contre l'esprit des ajustements structurels, la réorientation des priorités nationales vers les soins de santé primaire, les mécanismes de la scolarisation favorisent les classes sociales les plus vulnérables dans leur accès à la scolarisation et aux soins de santé.

1. Réhabiliter le social

Après les ravages sociaux des politiques axées sur des contingences purement idéologiques, les acteurs nationaux et internationaux ont perçu la nécessité de mettre l'accent sur les aspects portant sur les secteurs relatifs au développement humain. Le programme portant sur l'éducation pour tous est destiné à relever le niveau de la scolarisation en Afrique subsaharienne. Les conditions économiques de nombreux pays d'Afrique subsaharienne sont en ces temps-ci favorisées par le désendettement avec l'initiative des pays pauvres très endettés (PPTE). Théoriquement, ces pays disposent désormais d'une marge de manœuvre pour investir dans les dépenses éducatives et sanitaires. Il est indéniable que ces types d'investissement joueraient un rôle décisif dans les orientations de la natalité dans les décennies ultérieures. Du reste, l'intensification des ressources affectées à l'éducation permet de diversifier les offres et ainsi de pouvoir rattraper les retards antérieurs. Ainsi, des systèmes de scolarisation à retardement sont promus et le concept de l'alphabétisation des adultes fait son chemin.

Les réformes conduisent à réorienter les ressources vers l'éducation de base et à favoriser une pluralité de formes d'éducation primaire, y compris informelle. L'accent est mis sur la bonne gouvernance, avec des principes de transparence, de responsabilité et d'efficacité, et une définition du rôle des parties prenantes dans le pilotage des systèmes éducatifs. Le court terme l'emporte sur les stratégies de long terme. S'ensuivent en conséquence, une décentralisation, une privatisation, une diversification des filières éducatives et sanitaires. Le renforcement des investissements en matière d'éducation est aussi le fait d'une plus forte implication des familles, des collectivités décentralisées et du secteur privé. Le risque est grand que la privatisation croissante des secteurs sociaux engendre une sélectivité dangereuse dans l'accès aux services sociaux. Du coup, l'argument pécuniaire éclipse la nécessité de prodiguer des soins médicaux et une éducation de qualité pour la cause du développement. Les secteurs sociaux finissent par s'intégrer aux exigences du marché, si bien que les pauvres en sont exclus. Bref, la privatisation des services sociaux s'accomplit avec une forte célérité et les gouvernements d'Afrique subsaharienne s'y complaisent, car les services privés soulagent l'État. L'intervention des Organisations Non gouvernementales est alors salutaire pour les catégories de populations trop paupérisées pour répondre aux coûts exorbitants des services sociaux ancrés dans le développement humain.

2. Démographie, éducation, santé et développement durable

L'expertise en matière de démographie en Afrique subsaharienne a besoin de se donner les moyens pour explorer les ressorts les plus profonds de la question. Force est de constater aujourd'hui que les experts locaux ne disposent pas des instruments nécessaires pour analyser les corollaires de l'évolution démographique. De nombreux pays ont du mal à présenter des chiffres fiables résultant de l'analyse de leur propre dynamique démographique. Dans ces conditions, nombre de pays n'ont pas formulé des lignes politiques claires dans le domaine de la démographie. Il est courant que les orientations de la démographie soient perçues uniquement par les experts internationaux travaillant dans les secteurs relatifs à la population. Du coup, il est presque impossible de compter sur la conception de politiques nationales conséquentes, puisque les décideurs de ces pays peuvent rarement se référer à des conclusions scientifiques avant de prendre les orientations. À défaut, la réalité impose un partenariat entre les organismes internationaux et les pays en développement. En effet, seule une expertise bien efficace peut permettre d'éluder la complexe corrélation entre l'éducation, la santé et les variables démographiques. La situation démographique subsaharienne appelle à orienter les investigations autour de certaines actions de recherche :

- rendre compatibles les modèles d'analyse des démographes, des sociologues et des économistes, et les sources statistiques utilisées (EDS, enquêtes ménages) ;
- comparer les échelles et les niveaux d'analyse en vue de cerner les variables que ce soit au niveau microscopique des ménages ou au niveau macroscopiques des regroupements régionaux ;
- faire un parallèle entre les différents régimes démographiques ;
- analyser les situations institutionnelles puisque les situations de conflits peuvent créer des zones fragiles ou des appareils d'États fragiles. Dans ces situations, les relations entre variables démographiques, santé et éducation prennent des formes spécifiques puisque l'insécurité engendre une désintégration des mécanismes sociaux.
- évaluer l'impact des convictions et des pratiques religieuses sur les comportements démographiques ;
- repérer les niveaux constituant le seuil de la plongée dans la pauvreté en vue d'identifier les créneaux de mitigation ;
- prendre en compte les insuffisances découlant du manque de fiabilité des statistiques ;
- trouver des solutions aux questions de causalité, de corrélation et d'endogénéité qui amènent à relativiser les tests économétriques ;
- résoudre aussi les problèmes de seuils et de sauts qualitatifs concourant à des trappes à pauvreté ou à des cercles vertueux ;
- mettre à jour les spécificités africaines à la lumière des travaux économétriques en coupes instantanées.

Du reste, les conditions pour cerner les mécanismes déterminant la démographie en Afrique subsaharienne doivent être réunies grâce à une conjonction de l'action publique et collective. Mais une orientation efficiente des politiques en matière de contrôle de la démographie n'est pas possible sans répondre au préalable aux interrogations suivantes :
- quels leviers éducatifs et sanitaires peuvent être actionnés pour réguler la démographie dans les pays d'Afrique subsaharienne ;
- quelles institutions peuvent jouer le rôle de relais en vue de rassembler les variables scolaires, sanitaires et démographiques : on peut ainsi penser aux instances de la cellule familiale, aux modes de représentations, aux échelles de valeurs, aux rapports sociaux, aux régimes de croissance économique et aux instances politiques ;
- comment rendre fluides les canaux de décision, aux plans microscopiques et macroscopiques en matière de démographie ?

Les différentes situations démographiques et les études des expertes confirment l'existence de fortes corrélations entre l'éducation, la santé et les variables démographiques, mais le dénominateur commun de ces variables en Afrique subsaharienne se rapporte essentiellement à la pauvreté. De ce fait, lorsque les organismes et les décideurs internationaux envisagent une amélioration des capacités humaines, des droits de la personne, de l'accès à la scolarisation et aux soins de santé, les variables démographiques apparaissent en filigrane dans leurs préoccupations. Mais le fait est qu'une seule variable ne suffit pas non plus à régler tous les problèmes. Doit aussi être pris en considération, le fait que la maîtrise de la fécondité et des variables ne pourra être suivi d'effets immédiats. Même s'il est impérieux de prendre des mesures idoines en matière de contrôle démographique au plus tôt, il est indéniable que les retombées seront perçues après une ou deux décennies au plus tôt. Le contrôle de la démographie implique des éléments éducatifs et sanitaires probants et l'aspect médical s'enrichit parfois d'un paramètre supplémentaire qui concerne les innovations techniques et technologiques. Du reste, l'éducation et la santé se trouvent au cœur des tensions et des frictions dans les différents édifices sociétaux. Les crises qui secouent depuis quelques décennies les systèmes scolaires et les secteurs médicaux des pays en développement ne sont que le symptôme de la complexité des problèmes. Les analystes convergent vers l'impérieuse nécessité de se servir des variables démographiques en tant que leviers d'action, mais la plupart des pouvoirs publics envisagent des solutions parcellaires ou encore font l'impasse sur les réformes éducatives. La croissance démographique actuelle de l'Afrique subsaharienne requiert forcément une série d'actions urgentes pour éviter de tomber dans les prévisions de Malthus. Mais il est pourtant impérieux que les décideurs locaux comprennent qu'un seul levier ne suffira pas à résoudre le problème. Un renforcement du secteur éducatif sans la convergence des autres variables accroît les gains en connaissances, en compétences et en aptitudes, mais la frilosité de l'appareil médical compromet la rentabilisation des connaissances et compétences acquises. Même si les leviers peuvent diversement influencer la croissance démographique, il est important de faire avancer toutes les variables à un niveau donné avant de décider des priorités.

Il existe aujourd'hui des vérités démographiques incontournables quel que soit le contexte. Ces vérités concernent le fait qu'une forte croissance démographique accroît les problèmes de scolarisation et presse les infrastructures existantes. Par contre, en résolvant les problèmes de scolarisation, on peut, si le problème est résolu à long terme, parvenir au recul de l'âge du mariage, à la réduction de la fécondité et en conséquence de la demande scolaire. Tout ceci aboutira à long terme à une amélioration considérable du secteur de l'éducation. Les tests empiriques portant sur les facteurs résiduels ou la croissance endogène révèlent généralement des retombées positives de la formation sur la croissance du point de vue macroéconomique. En Afrique par contre, ces tests donnent des résultats moins encourageants. C'est en fait qu'il existe un niveau critique au- dessous duquel les acquis en matière d'éducation ne se traduisent pas en croissance économique. Il ne faut pas, en effet, perdre de vue que l'éducation constitue un support dont l'efficacité en matière de développement économique et durable est conditionnée par des modèles, des valeurs qu'elle porte et les ouvertures qu'elle donne. L'éducation inclut un enseignement scolaire, un apprentissage des mécanismes de production de ressources, d'insertion linguistique et de prise de conscience des relations de causalité et d'analyse au sein du cadre sociétal local et global. Les investissements dans le domaine éducatif permettent de redistribuer les mécanismes de la croissance, en stimulant les dynamiques innovantes et les aptitudes concourant à la résolution des problèmes. Bref, il est indéniable que l'éducation offre une prise directe sur les exigences du développement lorsqu'elle opère dans un cadre idoine de promotion des compétences. Le développement procède de conversions successives de systèmes sociohistoriques en face d'impasses dont la résolution crée des habitudes et aptitudes nouvelles. Les systèmes de valeurs s'alignent sur ces aptitudes qui vont susciter de nouvelles dynamiques. Au plan démographique, les dynamiques de développement, avec les nouvelles habitudes qu'elles imposent, amènent les populations à recentrer leurs besoins, aspirations et modèles d'existence. La route est dès lors tracée pour l'émergence de nouveaux comportements démographiques qui ne seront forcément pas le résultat d'actions de sensibilisation, mais plutôt d'une réorientation des perceptions personnelles. Ici n'entrent pas en ligne de compte les compétences codifiées par les services de planification familiale, mais surtout une mutation des considérations culturelles qui modèlent en conséquence les comportements en matière de procréation.

Les vecteurs de la démographie galopante sont à la fois complexes et pluriels. Même si de nombreux acteurs tardent à réaliser la corrélation entre démographie et les autres questions prioritaires de l'heure, il va sans dire que l'effectif de la population influence les domaines parallèles comme l'environnement, la santé et l'éducation. L'élément qui est prioritaire dans le contexte de l'évolution démographique en Afrique concerne les retombées sur les écosystèmes. Les mécanismes de régulation et de gestion du patrimoine font intervenir des vecteurs multiformes qui ne sont pas forcément pas en adéquation avec les préoccupations environnementales : déforestation, diminution de la biodiversité, problèmes d'accès à l'eau. La pression démographique et les mécanismes d'exploitation peu favorables à la durabilité environnementale rend difficile la restauration de la constitution organique des sols. La pression démographique accélère la déforestation avec des habitudes ruineuses pour les écosystèmes. Ces habitudes se rapportent à l'utilisation du bois comme énergie domestique, au gaspillage et à la mauvaise utilisation des ressources en eau potable, les effets dévastateurs de la pollution et de la surexploitation des terres. La combinaison de ces vecteurs entraîne une réduction des superficies cultivables alors que justement, l'envolée des effectifs des populations accroît les besoins alimentaires. Or, le milieu naturel est en pleine mutation avec parfois comme conséquence une dérégulation des rythmes des précipitations et une avancée de la désertification. Du reste, l'Afrique subsaharienne se trouve dans une situation très délicate et la fragilité des ressources disponibles dans le milieu rend complexe la question de la préservation de l'écosystème. Naît donc un dualisme entre les défis économiques et la nécessité de la préservation des équilibres environnementaux dans la région. Ainsi, pour répondre efficacement à la croissance démographique, il s'impose de doubler les rendements et tripler la productivité du travail d'ici 25 ans. Toutefois, de nombreux pays de la zone n'ont pas les moyens de réaliser cette progression des richesses. En outre, non seulement l'extrême jeunesse de la population ne contribue pas seulement à un fort taux de fécondité, elle est aussi déterminante dans les mutations des modes de pensées et de production. Les valeurs politiques et morales subissent de profondes mutations et les nouvelles générations de jeunes sont plus préoccupées par la formation et l'emploi. Ces générations ne sont pas épargnées par les dynamiques globales, si bien que les échelles de valeur ne découlent pas du ressort socioculturel immédiat, mais aussi des influences de la globalisation. Les interdépendances entre variables démographiques et le développement durable revêtent une grande complexité. La démographie galopante affecte à la fois les générations présentes et les deux prochaines générations suivantes. L'augmentation de la taille des membres du ménage affecte les ressources médiates et même les ressources ultérieures. L'exemple est donné par les effets de l'explosion démographique sur l'état de fertilité des sols des régions à très fort potentiel démographique. C'est pourquoi la question de la réduction de la croissance démographique est en prise directe sur le développement durable. Chez Bruntland (1987), le développement est défini comme « un développement qui permet de satisfaire les besoins du présent sans compromettre la capacité des générations futures à satisfaire leurs propres besoins » ou « qui donne aux générations futures autant ou plus d'opportunités que nous en avons » (Bruntland, 1987). La durabilité du développement est induite par la démarche suivante :

- cerner les multiples contours du problème conjuguant les aspects démographique, économique, social et environnemental et éluder la corrélation entre les implications locales et globales.
- concevoir des mesures axées sur la durabilité au regard des imbrications générationnelles et mobiliser les différents acteurs en promouvant une convergence des actions publiques et collectives ;
- anticiper les risques systémiques et dommages éventuels et cela requiert des mesures préventives efficaces doublées d'une capacité de réaction à toute épreuve.

CONCLUSION

La fréquence des discours sur la nécessité de la réduction des naissances remonte à quelques siècles plus tôt. On pense d'emblée aux théories malthusiennes et à leurs prévisions alarmistes qui remontent aux processus de la modernisation européenne. L'argumentaire de Malthus intervenait alors dans un contexte où la révolution industrielle et les progrès subséquents ont commencé par entretenir des discours sur la nécessité de réduire les naissances et par conséquent la natalité. La situation de l'Afrique subsaharienne n'est pas forcément parallèle à celle des États européens du XVIIIe siècle lorsque Malthus formulait sa théorie sur la croissance de la population. Cependant, l'évolution du continent africain depuis son insertion dans le processus de globalisation socio-économique a suivi une trajectoire analogue à toutes les régions du monde. Cette trajectoire qui est généralement celle de l'évolution de la population est arrivée aujourd'hui à un niveau où le continent noir et surtout l'Afrique subsaharienne reste le plus grand moteur de la croissance démographique mondiale. Or, alors que la théorie malthusienne prévoyait surtout les conséquences de la croissance démographique en termes d'insuffisance des ressources, la situation démographique mondiale fait que le rythme de croissance de la population accroît les désordres sur le système écologique mondial. En d'autres termes, l'Afrique subsaharienne est l'une des régions au monde à n'avoir pas encore amorcé une dynamique de recul de la natalité, alors que les activités humaines montrent leurs effets funestes pour l'avenir de l'humanité et de la planète entière. Pour cette raison, cette région du monde focalise toutes les attentions pour une réduction du rythme de croissance démographique. Tel est l'aspect exogène qui alimente les enjeux d'une politique nataliste maîtrisée en Afrique subsaharienne.

À côté des enjeux exogènes cependant, se profile une prise de conscience de la réalité selon laquelle les pays d'Afrique subsaharienne, confinés dans des situations socio-économiques désastreuses, ont le devoir de contrôler le rythme de croissance démographique pour éviter que cette croissance ne continue par remettre en cause les efforts de développement. L'argumentaire classique, dans ce cas, est que la forte fécondité en Afrique subsaharienne oblige les gouvernements à investir dans les secteurs sociaux des ressources devant servir à financer le développement. Pour cette raison, la transition démographique est appelée de tous les vœux en Afrique subsaharienne et les actions des organismes de coopération internationale agissent dans cette optique. Les gouvernements d'Afrique subsaharienne y inscrivent aussi leur politique démographique balbutiante. Mais au fil des analyses, il apparaît que les leviers de cette transition démographique résident dans l'accroissement du bien-être des populations. Les différentes variables démographiques entretiennent une relation étroite avec la tendance à la baisse de la fécondité. Dans cette optique, les efforts pour endiguer la démographie galopante ont besoin d'être orientés vers l'efficience des infrastructures sociales qui sont des instruments de support aux mesures de contraception. Pendant très longtemps, les acteurs internes et externes ont négligé cette relation entre développement humain et réduction de la fécondité. Cette corrélation est confirmée par le fait que les premiers symptômes de la transition démographique se perçoivent dans les pays ayant fait des progrès dans le cadre du développement humain, à l'instar de l'Afrique du Sud, du Ghana et des pays d'Afrique du Nord. Alors que certains experts pensent que la démographie galopante est à l'origine de la misère des populations d'Afrique subsaharienne, il est maintenant établi que la précarité accroît plutôt les comportements natalistes. Ainsi au lieu d'investir exclusivement dans les mesures de contraception qui seront annihilées par des contraintes socioculturelles, il est plus judicieux d'agir en améliorant les conditions de vie des populations, qui d'elles-mêmes percevront la nécessité de réduire leurs naissances. Il est en effet aléatoire de vouloir infléchir la natalité dans des contextes sociétaux où les femmes restent encore en majorité analphabètes et ne disposent pas de moyens pour imposer leurs vues dans les orientations du ménage.

L'Afrique subsaharienne se trouve en face de problèmes cruciaux à tous égards. Mais sa situation de zone où les grandes dynamiques économiques, démographiques, sociales et culturelles demeurent encore en phase d'accomplissement constitue un atout pour la région en ce sens que les décideurs locaux peuvent tirer des leçons des expériences des autres régions du monde ayant achevé leur transition. Les pays concernés doivent s'employer à ne pas brader ces avantages en répondant aux sollicitations de partenaires externes qui les poussent à prendre les voies empruntées des décennies plus tôt par les pays développés. La société globale construite sous l'inspiration des modèles de sociétés occidentaux est traversée par des crises majeures dont l'ampleur n'épargne pas les pays en développement situés pourtant à la périphérie des dynamiques universelles. Même si la tendance globale suggère une perception des questions démographiques dans une perspective mondiale, les pays d'Afrique subsaharienne doivent d'abord appréhender les implications locales et endogènes du problème. La thématique de la démographie offre une prise directe sur les politiques sociales et la dynamique du développement humain enclenchée à l'échelle mondiale ne doit en aucun cas faire céder les pays en développement des espaces aussi stratégiques que le contrôle de la démographie à des instances de coopération. Il est important de comprendre que les enjeux démographiques en Afrique noire touchent les pays développés dans la mesure où ils déterminent la question du climat à l'échelle mondiale. Le mode de vie occidental très dispendieux en ressources humaines constitue le modèle auquel aspirent aujourd'hui les pays en développement. Or, si les populations de ces pays devraient parvenir à un niveau de consommation et de gaspillage à la hauteur de celui de l'Européen aisé ou du Nord-Américain prospère, alors il sera difficile de ralentir le réchauffement climatique. Là se trouve l'enjeu global de la question qui concerne certes aussi les pays d'Afrique subsaharienne. Mais, la conscience des pays en développement sur les pendants climatiques et écosystémiques de leur évolution démographique ne doit pas les pousser à opter pour des stratégies expéditives, dans leur désir de limiter l'expansion démographique. Cette expansion est, avant tout, un problème national qui doit être ressenti, analysé, résolu dans un contexte de politique nationale, prenant en compte les implications sociales, économiques, climatiques et stratégiques de la question. En ce sens, le rythme de croissance de la population en Afrique subsaharienne peut être considéré comme un problème à résoudre, mais l'enjeu ne se situe pas au niveau du nombre de personnes, mais de la manière de garantir le bien-être de ces personnes, dans les stratégies à déployer pour que la démographie ne paralyse pas les actions publiques orientées vers le développement et l'amélioration des conditions de vie des populations.

BIBLIOGRAPHIE

Avrett, Sam « A New Global Priority: Mobilizing for an AIDS Vaccine,» *NCIH Global AIDS Network Newsletter* (mai-juin 1997) p.5.

Banque mondiale, *Pour un développement durable en Afrique subsaharienne : Programme d'action conjoint* (Washington, DC : Banque mondiale, 1984)

Bledsoe, H. Caroline et Barney Cohen, (dir.), *Social Dynamics of Adolescent Fertility in Sub-Saharan Africa* (Washington, DC : National Academy Press, 1993) pp. 168-170.

Brass et Jolly, *Population Dynamics of Kenya*, pp. 3, 174 Bureau of Statistics (Tanzania) et Macro International Inc., *Tanzania Demographic and Health Survey 1996* (Calverton, MD: Bureau of Statistics et Macro International Inc., 1997).

Caldwell, John C. et Pat Caldwell, « The South African Fertility Decline, » *Population and Development Review* 19, n° 2 (juin 1993).

Caldwell, John C. et Pat Caldwell, « The Cultural Context of High Fertility in Sub-Saharan Africa, » *Population and Development Review* 13, n° 3 (juin 1993).

Caldwell, John C., « The Population Factor in African Change, » *Economic and Demographic Change in Africa*, (dir.) Archie Mafeje et Samir Radwan (Oxford : Clarendon Press, 1995).

Caldwell, John C., I.O. Orubuloye et Pat Caldwell, « Fertility Decline in Africa: A New Type of Transition ? » *Population and Development Review* 18 (juin 1992).

Casterline J., diffusion Processes and Fertility Transition, in Casterline J. (ed.), Diffusion Processes and Fertility Transition: Selected Perspectives, Washington D.C., National Academy Press, 2001.

Central Statistical Office and Ministry of Health (Zambia) et Macro International Inc., *Zambia Demographic and Health Survey 1996* (Calverton, MD : Central Statistical Office et Macro International Inc., 1997).

Cohen, Barney « Fertility Levels, Differentials and Trends, » in *Demographic Change in Sub-Saharan Africa*, (dir.) Karen A. Foote, Kenneth H. Hill et Linda G. Martin (Washington, DC : National Academy Press, 1993).

Cohen, Barney et James Trussell eds., *Preventing and Mitigating AIDS in Sub-Saharan Africa Botswana Family Health Survey II, 1988.*

Cohen, Barney, « Niveaux, différences et tendances de la fécondité », Karen A. Foote, Kenneth H. Hill et Linda G. Martin, *Demographic Change in Sub-Saharan Africa* (Washington, DC : National Academy Press, 1993) pp. 10-11.

Coulibaly, Salif et al., *Enquête démographique et de santé, Mali 1995-1996* (Calverton). MD : Cellule de planification et de statistique du Ministère de la santé, Direction nationale de la statistique et de l'Information, et Macro International Inc., 1996).

Daoud, Zakya, La conférence du Caire et ses enjeux, Monde Arabe ; *Maghreb*, n ° 146, oct-dec 1994, pp115-134.

Dominique Meekers, « Education and Adolescent Fertility in Sub-Saharan Africa, » *International Review of Modern Sociology* 24 (printemps 1994) pp.1-43.

Dossier de la revue *Futuribles* sur le SIDA, n° 194, janvier 1995.

Dossier de la revue *Courrier de la planète*, sur la Population mondiale, n° 25, novembre-décembre 1994.

Dossier de la revue *Histoires du développement* : Pratiques de la fécondité, n ° 22, juillet 1993.

Doyle, Peter Metropolitan Life, tel que cité dans René Loewenson et Alan Whiteside, « Social and Economic Issues of HIV/AIDS in

Southern Africa: A Review of Current Research, » SAFAIDS *Occasional Paper Series* n° 2, éd. Helen Jackson (Harare, Zimbabwe: Southern Africa AIDS Information Dissemination Service (SAFAIDS), 1997).

Dubresson A. et Raison J.-P., L'Afrique subsaharienne, une géographie de changement, Paris, Armand Colin-VUEF, 2003.
Duke, Lynn, « Africa Inching to Renewal from Economic Stagnation : Foreign Investment, Growth Rates on the Rise, » *The Washington Post* , 15 août 1997, section A.

«Education and Adolescent Fertility, » *Social Dynamics of Adolescent Fertility in Sub-Saharan Africa*, (dir.) Caroline Bledsoe et Barney Cohen (Washington, DC: National Academy Press, 1993) pp. 89-115.

Edward Ejiro Emuveyan, « Profile of Abortion in Nigeria, » *African Journal of Fertility, Sexuality and Reproductive Health. Abortion in Africa* 1 (mars 1996).

Enquête démographique et de santé au Sénégal, 1997.

FNUAP : L'état de la population mondiale en 2013.

Ghana Demographic and Health Survey 1993.

Ghana Statistical Service et Macro International Inc., *Ghana Demographic and Health Survey,1993* (Calverton, MD : Ghana Statistical Service et Macro International Inc., 1994).

Goliber, Thomas J., « Foreword, » in *Urbanization in Africa : À Handbook (*dir.) James D. Tarver (Westport, CT: Greenwood Press, 1994).

Gregson, Simon, Tom Zhuwau, Roy M. Anderson et Stephen Chandiwana, *The Early Socio- Demographic Impact of the HIV-1 in Rural Zimbabwe : Summary Report of Findings from the Manicaland Study of HIV-1 and Fertility* (Harare, Zimbabwe : Blair Research Institute, 1996).

Herzlich, Guy, Oublier Malthus, *Le Monde*, Paris, 30 août 1994.

Hunter, Susan C. et John Williamson, « Developing Strategies and Policies for Support of HIV/AIDS Infected and Affected Children » avant-projet, Rapport de l'Agence des Etats- Unis pour le développement international, 10 février 1997.

Karen A. Stanecki et Peter O. Way, *The Demographic Impacts of HIV/AIDS : Perspectives from the World Population Profile :1996*, International Programs Staff Paper N°. 86 (Washington,
DC : Bureau de recensement des États-Unis, Centre des programmes internationaux, Division de la population, 1997) p. 41.

Khama O. Rogo, « Induced Abortion in Sub-Saharan Africa, » *African Journal of Fertility, Sexuality and Reproductive Health. Abortion in Africa* 1 (mars 1996).

Kinoti, Stephen, Lynne Gaffikin, Janie Benson et Lori Ann Nicholson, *Monograph on Complications of Unsafe Abortion in Africa*, Reproductive Health Research Programme of Commonwealth

Kodjogbe, Nicaise et al., *Enquête démographique et de santé, République du Bénin 1996* (Calverton, MD : Institut national de la statistique et de l'analyse économique et Macro International Inc.) pp. 96-99.

La population mondiale en perspectives, dossier de la revue *Problèmes politiques et sociaux*, n° 743.

Le Brise, E. Quesnel, Circulation des hommes et urbanisation, *Politique Africaine*, n° 44, 1991, pp. 66-77.

Lesetedinyana T. Lesetedi et al., *Botswana Family Health Survey II, 1998* (Columbia, MD Central Statistics Office, Ministry of Finance and Development Planning ; Family Health Division, Ministry of Health ; et Macro Systems Inc., 1989).

Likwa et Whittaker, « Characteristics of Women Presenting for Abortion, » pp.43-44.

Martin, Philip et Jonas Widgren, « International Migration : À Global Challenge, » *Population Bulletin* 51, n° 1 (Washington, DC : Population Reference Bureau, 1996).

Ministère de l'Économie, des Finances et du Plan, Direction de la Prévision et de la Statistique, Division des Statistiques démographiques et Macro International, Inc., *Enquête démographique et de santé au Sénégal 1997 (EDS-III) : Rapport préliminaire* (Calverton, MD : Macro International Inc. Et ministère de l'Économie, des Finances et du Plan, 1997).

Nations Unies, *Perspectives mondiales de l'urbanisation : Révision 1996* , Tableaux en annexe (New York : Nations Unies, 1997) tableau A.15 ; et John Oucho et William T.S. Gould,« Internal Migration, Urbanization, and Population Distribution, » in *Demographic Change in Sub-Saharan Africa*, (dir.) Karen A. Foote, Kenneth H. Hill et Linda G. Martin (Washington, DC : National Academy Press, 1993) pp.276-278.*46*

Nations Unies, *Perspectives sur la population mondiale : Révision 1996 ;* et Haub et Cornelius, *1996 Population mondiale.*

National Statistics Office et Macro International Inc., *Eritrea Demographic and Health Survey,1995* (Calverton, MD : National Statistics Office and Macro International Inc., 1995) pp. 95-96 ; *Nigeria Demographic and Health Survey 1990,* pp.73-74 ;

Nations Unies, *Perspectives sur la population mondiale : Révision 1996.*

Okeyo, T.M., G.M. Baltazar, J. Stover et A. Johnston, eds., *AIDS in Kenya : Background, Projections, Impact and Interventions* 3e éd. (Nairobi, Kenya : National AIDS and STDs Control Programme, Ministry of Health et National Council for Population and Development, Office of the Vice-President and Ministry of Planning and National Development, 1996).

Olshansky, Jay et al., « Infectious and Parasitic Diseases — New and Ancient Threats to World Health, » *Population Bulletin* 52, n°2 (Washington, DC : Population Reference Bureau, 1997) pp.5-7.

Organisation mondiale de la santé, Divison de la santé de la reproduction (Soutien technique), *Programme sur la santé maternelle et infantile : Rapport d'avancement, 1993-1995*(Genève : OMS, 1996).

Pison, Gilles Kenneth Hill, Barney Cohen et Karen Foote (dir.), *Population Dynamics of Senegal,* (Washington, DC: National Academy Press, 1995).

Pradip K. Muhuri, Ann K. Blanc, et Shea O. Rutstein, « Socioeconomic Differentials in Fertility, » *Enquêtes démographiques et de santé : Études comparatives,* N° 13 (Calverton, MD : Macro International Inc., 1994) pp.8-9.

PNUD : *Rapport sur le Développement humain en Afrique subsaharienne*. 2012, Washington DC.

Puumue Katjiuanjo, Stephen Titus, Maazuu Zauana et J. Ties Boerma, *Namibia Demographic and Health Survey 1992* (Columbia, MD : Ministry of Health and Social Services et Macro International Inc., 1993) pp. 19-21, 33-34.

ONUSIDA: Research and Data Priorities for the Social and Behavioral Sciences. Groupe de travail sur les données et priorités de recherches pour arrêter le SIDA en Afrique subsaharienne. Comité de la population, Commission des sciences du comportement, des sciences sociales et de l'éducation, National Research Council (Washington, DC : National Academy Press, 1996).

Pebley, Ann R. et Wariara Mbugua, « Polygyny and Fertility in Sub-Saharan Africa, » *Reproduction and Social Organization in Sub-Saharan Africa*, (dir.) Ron J. Lesthaeghe (Berkeley : University of California Press, 1989).

Programme de développement des Nations Unies, *Rapport sur le développement humain 1997*(New York : Oxford University Press, 1997).

Regional Health Community Secretariat for East, Central and Southern Africa (Baltimore : John Hopkins Program for International Education in Reproductive Health) pp. 93, 97.

Rosemary Ndonyo Likwa et Maxine Whittaker, « The Characteristics of Women Presenting for Abortion and Complications of Illegal Abortions at the University Teaching Hospital, Lusaka, Zambia: An Exploratory Study, » *African Journal of Fertility, Sexuality and Reproductive Health. Abortion in Africa* 1 (mars 1996) pp. 42-43.

Sai, Fred « An Overview of Unsafe Abortion in Africa, » *African Journal of Fertility, Sexuality and Reproductive Health. Abortion in Africa* 1 (mars 1996) p.2.

Stoneburner, Rand L. et Manuel Carballo, *An Assessment of Emerging Patterns of HIV Incidence in Uganda and Other East African Countries : Final Report of Consultation*, Family Health International AIDS Control and Prevention Project (Genève : Centre international pour la migration et la santé, 1997) pp. 1, 10-23, 39-44, 52.

Tarver, James D., *Demography of Africa* (Westport, CT : Praeger, 1996) pp.91-98.

Toubia, Nahid « Female Genital Mutilation and the Responsibility of Reproductive Health Professionals, » *International Journal of Gynecology and Obstetrics* 101, n° 2 (août 1994) pp.127-129. 38.

UNESCO, Cadre d'action de Dakar. L'éducation pour tous : tenir nos engagements collectifs, Paris, Unesco, 2000.

Whiteside, Alan « Projecting the Epidemic: Policy Makers and Planners Needs » (Communication à la conférence de l'Union internationale pour l'étude scientifique de la population sur l'impact sociodémographique du SIDA en Afrique, University of Natal, Durban, Afrique du Sud, 3 au 6 février 1997.

Yan de Walle, Étienne, La démographie de l'Afrique au sud du Sahara, revue *Études*, octobre 1993.

TABLE DES MATIÈRES

L'Afrique aux éditions L'Harmattan

Dernières parutions

ETHNIES, NATIONS ET DÉVELOPPEMENT EN AFRIQUE : QUELLE GOUVERNANCE ?
Actes du colloque de Brazzaville (Congo), du 26 au 28 mai 2014
Sous la direction de Hugues Mouckaga, Scholastique Dianzinga, Jean-François Owaye
En 1962, quelques années seulement après que la parenthèse coloniale eut commencé à se fermer, un agronome français, René Dumont, osa ce pronostic : « l'Afrique noire est mal partie ». Que de protestations ! Pourtant, plus de 50 ans après les indépendances, le continent africain est à la peine et patine. L'explication : la mal gouvernance. Du fait de ses ethnies, l'Afrique fait face à un épouvantable écueil ! Elle n'arrive pas à se constituer en nations ! Il importait donc d'agir, de réfléchir autour de cette problématique.
(Coll. Études africaines, 55.00 euros, 704 p.)
ISBN : 978-2-343-05785-9, ISBN EBOOK : 978-2-336-37944-9

ÉLECTIONS, VOTE ET REPRÉSENTATION POLITIQUE DES AFRICAINS DE L'ÉTRANGER
Suivi du *Guide des opérations électorales en dehors des frontières nationales*
Wongo Ahanda Antoine
Quels sont aujourd'hui les types d'élections, les mécanismes et les procédures du vote à l'extérieur adoptés par les pays africains ? Dans cet ouvrage, qui fait la synthèse des connaissances et des pratiques du vote à l'extérieur et de la représentation politique des Africains de l'étranger, l'auteur entend apporter une contribution pédagogique au processus d'appropriation de la citoyenneté externe par les États africains. Un ouvrage qui intéressera les leaders africains, les migrants africains et tous ceux qui sont impliqués dans le processus de vote à distance à travers l'Afrique et les pays d'immigration.
(Coll. Études africaines, 21.00 euros, 202 p.)
ISBN : 978-2-343-02009-9, ISBN EBOOK : 978-2-336-38129-9

MANUELS SCOLAIRES, ENVIRONNEMENT INFORMATIF ET NUMÉRIQUE AU SERVICE DE LA LECTURE
Enjeux nouveaux pour une école émergente
Thioune Birahim - Préface de Michèle Verdelhan Bourgade
Aujourd'hui, l'environnement socioculturel s'est complexifié du fait de l'émergence de technologies nouvelles qui ont envahi l'univers des apprenants et qui se révèlent, dans les espaces d'éducation et de formation, à la fois comme des promesses d'enrichissement et des menaces. Ce livre fixe quelques contours de l'utilisation des TIC (Technologies de l'Information et de la Communication) et des limites à observer dans leur application, sous peine de mettre en péril tout un patrimoine pédagogique.
(16.50 euros, 164 p.)
ISBN : 978-2-343-06236-5, ISBN EBOOK : 978-2-336-37731-5

L'ÉCOLE, GAGE DU DÉVELOPPEMENT DE L'AFRIQUE

Zénith Laurent - Préface de Mathias Eric Owona Nguini

Si plusieurs facteurs et secteurs sont à considérer pour sortir rapidement l'Afrique de son retard, le domaine scolaire revêt une importance capitale. Malheureusement, ce levier du développement qu'est l'école regorge de nombreuses tares dans la quasi-totalité des pays subsahariens. Un système académique bien pensé participerait fortement à l'essor de l'Afrique. À partir de propos, témoignages et de cas vécus, l'auteur met à nu tous les manquements qui handicapent l'émergence de ces pays.

(Harmattan Cameroun, 16.50 euros, 158 p.)

ISBN : 978-2-343-06203-7, ISBN EBOOK : 978-2-336-38133-6

LE CAMÉLÉON ET LA MORT EN AFRIQUE

Eschenlohr Nicole

La question de la mort hante nos esprits rationnels. Pour mieux maîtriser cette angoisse existentielle, les civilisations traditionnelles ont détourné le problème en attribuant une origine à cette mort : pourquoi et comment est-elle apparue ? En réponse à ses interrogations, la mythologie africaine, riche de liens tissés entre les hommes et les animaux, a désigné un responsable qu'elle a placé au cœur de ses récits et légendes : le caméléon. Accusé de lenteur, sa défense repose sur l'inéluctabilité de la mort...

(Coll. Ethnographiques, 14.00 euros, 132 p.,)

ISBN : 978-2-343-05818-4, ISBN EBOOK : 978-2-336-37485-7

APPROCHE CRITIQUE DU DÉVELOPPEMENT EN AFRIQUE SUBSAHARIENNE

Zagre Ambroise

Le sous-développement de l'Afrique subsaharienne constitue une préoccupation majeure pour les pays concernés, la communauté internationale, les milieux intellectuels et la société civile. Cet ouvrage interroge la notion de développement et envisage l'avenir de ce sous-continent vers un nouveau paradigme de développement : l'»auto-développement humain», capacité des sociétés à se développer en comptant d'abord sur leurs forces intérieures, leur capacité de création et leurs potentialités matérielles et spirituelles.

(Coll. Politique et dynamiques religieuses en Afrique, 27.00 euros, 260 p.,)

ISBN : 978-2-343-05939-6, ISBN EBOOK : 978-2-336-37427-7

LA PRÉCARITÉ QUOTIDIENNE EN AFRIQUE DE L'OUEST

Culture et développement

Ernoux Jules - Préface de Michaël Singleton

Cet ouvrage propose des tranches de vie prises sur le vif dans la population, plutôt urbaine, de Côte d'Ivoire, de Guinée et du Niger. À l'issue de 33 séjours riches de rencontres collectives et individuelles, l'auteur s'interroge : comment vivre au jour le jour dans le manque permanent, seulement soucieux de manger à sa faim, de sauvegarder une santé précaire, de confier ses enfants à des écoles surpeuplées, de vivre dans l'insécurité d'un pays où l'État de droit n'est qu'une illusion ?

(Coll. Écrire l'Afrique, 15.50 euros, 154 p.)

ISBN : 978-2-343-05748-4, ISBN EBOOK : 978-2-336-37417-8

LE MARKETING DE RUE EN AFRIQUE

Mouandjo Lewis Pierre

Cet ouvrage, abondamment illustré d'exemples, se veut un outil pédagogique pour faciliter la compréhension de ce «Marketing de rue» tant développé par ses acteurs en Afrique. Son but est de mettre à la disposition des étudiants et responsables d'entreprises un manuel leur permettant de saisir les opportunités qui leur sont offertes par ce nouveau marché que représente la rue et où se déroulent des pratiques commerciales «agressives» et une concurrence farouche entre les entrepreneurs individuels, les grandes sociétés et les Petites et Moyennes Industries.

(Coll. Études africaines, 44.00 euros, 512 p., Illustré)

ISBN : 978-2-343-05770-5, ISBN EBOOK : 978-2-336-37547-2

L'AGENCE SPATIALE AFRICAINE
Vecteur de développement
Ouedraogo Sékou - Préface de Jean-Loup Chrétien
L'Algérie est en train de finaliser la conception de son premier satellite national ALSAT2B qui devrait être entièrement conçu par ses ingénieurs. Le Nigéria veut envoyer un astronaute dans l'espace avant la fin 2015. Qui peut le croire ? Et pourtant, l'Afrique possède des agences spatiales nationales crédibles et des organisations panafricaines qui travaillent sur le sujet. Pour utiliser efficacement ces applications spatiales au service du développement, l'auteur défend la création d'une Agence Spatiale Africaine.
(Coll. Diplomatie et stratégie, 18.50 euros, 188 p.)
ISBN : 978-2-343-05942-6, ISBN EBOOK : 978-2-336-37375-1

UN CHEF-D'ŒUVRE DES ARTS D'AFRIQUE
La plateau de Fa (golfe du Bénin), collection Christoph Weickmann Ulm, 1659
Biton Marlène-Michèle
Dans cet ouvrage, l'auteur a tenté de mener une enquête sur un plateau de divination provenant des côtes de Guinée, importé il y a 350 ans à destination du cabinet de curiosités d'un marchand d'Ulm, Christoph Weickmann. Il s'agit d'abord de replacer cet objet dans son contexte historique et culturel et de retrouver les conditions de son arrivée en Europe. L'auteur entreprend également une analyse plastique précise ouvrant des perspectives sur les modalités de représentations utilisées et l'accès à une mythologie foisonnante.
(Coll. Ethnoesthétique, 30.00 euros, 290 p.)
ISBN : 978-2-343-04282-4, ISBN EBOOK : 978-2-336-37491-8

DE LA CEAO À L'UEMOA
Ou la genèse d'une intégration sous-régionale réussie
Sawadogo Fatimata - Préface de Cheikhe Hadjibou Soumaré
Cet ouvrage est un solide argumentaire de la trajectoire de l'intégration ouest-africaine. Cette analyse historique sur les principales organisations qui ont précédé la CEAO (Communauté économique de l'Afrique de l'Ouest), se concentre sur les acquis et les insuccès de cette dernière. L'auteur analyse le passage de la CEAO à l'UEMOA (Union économique et monétaire ouest-africaine) pour mieux démontrer les grandes avancées sur le difficile chemin de l'intégration sous-régionale. Elle insiste sur le bilan positif de l'UEMOA eu égard aux nombreuses actions concrètes dans tous les secteurs de la vie socio-économique au profit des populations.
(15.50 euros, 152 p.,)
ISBN : 978-2-343-05985-3, ISBN EBOOK : 978-2-336-37437-6

CHEIKH HAMAHOULLAH
Homme de foi et résistant
L'Islam face à la colonisation française en Afrique de l'ouest
Traoré Alioune
Cheikh Hamahoullah fut l'un des principaux propagateurs du tijânisme en Afrique occidentale. Il mena un combat inlassable pour la liberté et la dignité des peuples d'Afrique pendant la période coloniale. En s'appuyant sur des documents d'archives, la tradition orale africaine et des manuscrits conservés par les fidèles et les adversaires du Cheikh, l'auteur rejette l'image d'un Hamahoullah agitateur sans culture et sans foi, que répandaient complaisamment les rapports des administrateurs coloniaux.
(34.00 euros, 404 p.)
ISBN : 978-2-343-04694-5, ISBN EBOOK : 978-2-336-37070-5

QUELLE AFRIQUE POUR LES JEUNES ?
Lettre ouverte
Barry David
Ce livre est une lettre ouverte d'un panafricaniste convaincu. Il s'adresse aux jeunes, car ce sont eux qui peuvent encore nourrir de grands rêves et qui ont encore la capacité de s'indigner. Le panafricanisme est pour l'auteur la seule voie royale qui permettra aux jeunes de retrouver une

certaine cohérence, un sens et surtout de reprendre l'initiative. Cette lettre ne comporte pas de recettes mais propose une démarche en fournissant des repères.
(Harmattan Burkina Faso, Coll. L'Harmattan International Burkina Faso, 16.50 euros, 166 p.,)
ISBN : 978-2-343-06009-5, ISBN EBOOK : 978-2-336-37484-0

DYNAMIQUES DES GUERRES CIVILES EN AFRIQUE
Sous la direction d'Arsène Brice Bado
Cet ouvrage offre un essai de typologie des nombreuses hypothèses concurrentes dans l'analyse des causes des guerres civiles en Afrique. Il distingue 3 éléments dans la chaîne causale de leur émergence : les facteurs structurels, les éléments amplificateurs et les facteurs déclencheurs. Si les causes peuvent être similaires pour certains conflits, il restitue à chacun sa complexité selon les acteurs en présence, l'histoire sociopolitique particulière des sociétés et les conditions matérielles.
(Coll. Études africaines, 21.00 euros, 212 p.)
ISBN : 978-2-343-05586-2, ISBN EBOOK : 978-2-336-37590-8

LES MENACES ÉMERGENTES À LA PAIX ET À LA SÉCURITÉ EN AFRIQUE DE L'OUEST ET DU CENTRE : DE 1990 À NOS JOURS
Bamba Mamadou - Préface du Pr Ismaïla Madior Fall
Cet ouvrage apporte des éléments de réponse aux questions que soulève la problématique de la paix et de la sécurité dans ces deux sous-régions du Continent, si différentes et si proches l'une de l'autre par la géographie, les similitudes socio-historiques et le caractère transnational des défis qui émergeront sur l'un des territoires communautaires et qui ne manqueraient d'atteindre l'autre.
(Coll. Études africaines, 24.00 euros, 242 p.)
ISBN : 978-2-343-06163-4, ISBN EBOOK : 978-2-336-37576-2

VIOLENCES ET CONFLITS EN AFRIQUE DES GRANDS LACS
Polémologie et géo-systémisme
Mashimango Abou-Bakr Abelard - Préface de Daniel Derivois
Ce livre esquisse les diverses recompositions géopolitiques et stratégiques de la région des Grands Lacs et appréhende la problématique de la conflictualité sous l'angle de la polémologie. Il propose une réflexion transversale sur la bellicité en Afrique des Grands Lacs et analyse les facteurs qui se rapportent au «phénomène de guerre», à savoir les «complexes belligènes» et les causes du déclenchement des hostilités, de l'éclatement de la guerre, principalement en RDC et au Rwanda.
(Coll. Études africaines, 20.00 euros, 198 p.)
ISBN : 978-2-343-03586-4, ISBN EBOOK : 978-2-336-37473-4

LE PAGNE AFRICAIN ET SA SYMBOLIQUE
Femmes et féminité au travers de motifs d'un objet majeur de la culture africaine
Mukundila Kembo Dieudonné - Préface de Masiala ma Solo
Ce livre explore la manière dont le signe de la femme est utilisé dans les illustrations des pagnes africains. Il montre le caractère sexué du pagne en relation avec les fonctions sociales de la femme, lesquelles contribuent à la structuration de la société. L'objet n'est pas seulement artistique, il est culturel et social et se trouve à la fondation des croyances, des institutions, des structures sociales. Il cesse d'être uniquement un vêtement et devient un lieu de savoir et de culture, un reflet de la société africaine. (illustrations en couleur)
(Coll. Culture Africaine, 20.00 euros, 174 p.)
ISBN : 978-2-343-04531-3, ISBN EBOOK : 978-2-336-37124-5

L'HARMATTAN ITALIA
Via Degli Artisti 15; 10124 Torino
harmattan.italia@gmail.com

L'HARMATTAN HONGRIE
Könyvesbolt ; Kossuth L. u. 14-16
1053 Budapest

L'HARMATTAN KINSHASA
185, avenue Nyangwe
Commune de Lingwala
Kinshasa, R.D. Congo
(00243) 998697603 ou (00243) 999229662

L'HARMATTAN CONGO
67, av. E. P. Lumumba
Bât. – Congo Pharmacie (Bib. Nat.)
BP2874 Brazzaville
harmattan.congo@yahoo.fr

L'HARMATTAN GUINÉE
Almamya Rue KA 028, en face
du restaurant Le Cèdre
OKB agency BP 3470 Conakry
(00224) 657 20 85 08 / 664 28 91 96
harmattanguinee@yahoo.fr

L'HARMATTAN MALI
Rue 73, Porte 536, Niamakoro,
Cité Unicef, Bamako
Tél. 00 (223) 20205724 / +(223) 76378082
poudiougopaul@yahoo.fr
pp.harmattan@gmail.com

L'HARMATTAN CAMEROUN
BP 11486
Face à la SNI, immeuble Don Bosco
Yaoundé
(00237) 99 76 61 66
harmattancam@yahoo.fr

L'HARMATTAN CÔTE D'IVOIRE
Résidence Karl / cité des arts
Abidjan-Cocody 03 BP 1588 Abidjan 03
(00225) 05 77 87 31
etien_nda@yahoo.fr

L'HARMATTAN BURKINA
Penou Achille Some
Ouagadougou
(+226) 70 26 88 27

L'HARMATTAN SÉNÉGAL
10 VDN en face Mermoz, après le pont de Fann
BP 45034 Dakar Fann
33 825 98 58 / 33 860 9858
senharmattan@gmail.com / senlibraire@gmail.com
www.harmattansenegal.com

L'HARMATTAN BÉNIN
ISOR-BENIN
01 BP 359 COTONOU-RP
Quartier Gbèdjromèdé,
Rue Agbélenco, Lot 1247 I
Tél : 00 229 21 32 53 79
christian_dablaka123@yahoo.fr

Achevé d'imprimer par Corlet Numérique - 14110 Condé-sur-Noireau
N° d'Imprimeur : 126083 - Dépôt légal : février 2016 - *Imprimé en France*

www.ingramcontent.com/pod-product-compliance
Lightning Source LLC
LaVergne TN
LVHW010924061026
849535LV00007B/2220